U0109595

古典文獻研究輯刊

十九編

潘美月・杜潔祥 主編

第 3 冊

群書校補（續）
——傳世文獻校補（第三冊）

蕭 旭 著

國家圖書館出版品預行編目資料

群書校補（續）——傳世文獻校補（第三冊）／蕭旭 著 -- 初
版 -- 新北市：花木蘭文化出版社，2014〔民 103〕
目 4+262 面：19×26 公分
（古典文獻研究輯刊 十九編：第 3 冊）
ISBN 978-986-322-863-9（精裝）
1.古籍　2.校勘
011.08　　　　　　　　　　　　　　　　　　103013708

ISBN-978-986-322-863-9

9 789863 228639

古典文獻研究輯刊
十九編　第三冊　　　　　　　ISBN：978-986-322-863-9

群書校補（續）——傳世文獻校補（第三冊）

作　　者　蕭旭
主　　編　潘美月　杜潔祥
總 編 輯　杜潔祥
副總編輯　楊嘉樂
編　　輯　許郁翎
企劃出版　北京大學文化資源研究中心
出　　版　花木蘭文化出版社
社　　長　高小娟
聯絡地址　235 新北市中和區中安街七二號十三樓
　　　　　電話：02-2923-1455／傳真：02-2923-1452
網　　址　http://www.huamulan.tw 信箱 hml810518@gmail.com
印　　刷　普羅文化出版廣告事業
初　　版　2014 年 9 月
定　　價　十九編 18 冊（精裝）新台幣 32,000 元　　版權所有‧請勿翻印

群書校補（續）
——傳世文獻校補（第三冊）

蕭　旭　著

目次

第九冊

《新語》校補

　　《新語》二卷，12 篇，漢初陸賈撰。王利器《新語校注》以浮溪精舍刻宋翔鳳校本爲底本，校以明清各種版本，吸收清人宋翔鳳、俞樾、孫詒讓、唐晏等人的研究成果，時出新見，是目前最好的校注本 [註1]。孫詒讓《籀廎讀書錄》中另有《新語》札記二卷，與《札迻》大同，而不及後者之詳，此王氏所未見者。學者對《新語》的考據文章不多，余所知者有：徐復《〈新語〉臆解》，徐仁甫《新語辨正》，左松超《陸賈〈新語〉校記》，李鼎芳《王利器〈新語校注〉讀後》，蕭旭《〈新語校注〉商補》，李若暉《〈新語校注〉補義》，胡正之《讀〈新語〉札記》 [註2]。

　　李鼎芳《讀後》一文，補《新語》脫文，多臆說無據。古書脫文，如無確據，則闕疑可也。強事補作，多非古人本義，徒滋紛亂。

〔註1〕 王利器《新語校注》，中華書局 1986 年版。宋翔鳳《新語》校本，收入《浮溪精舍叢書》。俞樾《讀書餘錄二·新語》，中華書局 1995 年版。孫詒讓《札迻·新語》，中華書局 1989 年版。唐晏《陸子新語校注》，收入《龍溪精舍叢書》。

〔註2〕 孫詒讓《籀廎讀書錄·新語》，收入《籀廎遺著輯存》，中華書局 2010 年版，第 352～355 頁。徐復《〈新語〉臆解》，收入《語言文字學叢稿》，江蘇古籍出版社 1990 年版，第 137～139 頁；又題作《〈新語〉雜志》，收入《後讀書雜志》，上海古籍出版社 1996 年版，第 78～81 頁。徐仁甫《新語辨正》，收入《諸子辨正》，成都出版社 1993 年版，第 388～411 頁。左松超《陸賈〈新語〉校記》，《香港浸會學院學報》1984 年第 11 期。李鼎芳《王利器〈新語校注〉讀後》，《河北大學學報》1988 年第 3 期。蕭旭《〈新語校注〉商補》，《古籍整理研究學刊》2000 年古文獻專號。李若暉《〈新語校注〉補義》，《古籍整理研究學刊》2002 年第 6 期，收入《語言文獻論衡》，巴蜀書社 2005 年版，第 92～104 頁。胡正之《讀〈新語〉札記》，《輔仁國文學報》2009 年第 4 期。

　　左松超、胡正之的論文未克目睹，另據李鼎芳自述，他作有《新語會校注》〔註3〕，但尋訪未果，不知此書是否出版。

《道基》第一

（1）傳曰：「天生萬物，以地養之，聖人成之。」

　　王校：《荀子·富國篇》：「故曰：『天地生之，聖人成之。』此之謂也。」楊倞注：「古者有此語，引以明之也。」荀子與陸賈俱引是文，蓋皆有所本也。（P2）

　　徐仁甫曰：《荀子·富國篇》云云，又《荀子·大略》：「故天地生之，聖人成之。」足證古誠有此語。《春秋繁露·爲人者天篇》亦引傳曰：「天生之，地載之，聖人教之。」《立元神篇》又曰：「天地人，萬物之本也。天生之，地養之，人成之。」與此引傳義合。

　　按：《荀子·大略》「故」下無「曰」字，當補。唐晏謂「陸生學出於荀也」〔註4〕，王利器亦謂「陸賈之學，蓋出於荀子」，王氏且舉本書與《荀子》相合者三例〔註5〕。此亦其一證也。《大戴禮記·誥志》：「天生物，地養物，物備興而時用常節曰聖人。」亦此誼也。《中說·魏相》：「子曰：『天生之，地長之，聖人成之。』」亦本於《荀子》。《漢志·諸子略》「儒家」列「《陸賈》二十三篇」，將之歸入儒家。考《莊子·天道》：「天不產而萬物化，地不長而萬物育，帝王無爲而天下功。」陸子觀點正與《莊子》相反，此亦陸子思想非道家之一證。

（2）功德參合，而道術生焉

　　王校：《荀子·天論篇》：「天有其時，地有其財，人有其治，夫是之謂能參。」楊倞注：「人能治天時地財而用之，則是參乎天地。」此文參合，亦謂聖人之功德與天地參也。（P2）

　　按：「參」不讀爲「三」。《國語·越語下》：「夫人事必將與天地相參，然後乃可以成功。」韋注：「參，三也。天、地、人事三合，乃可以成大功。」

〔註3〕　李鼎芳《陸賈〈新語〉及其思想論述——〈新語會校注〉代序》，《河北大學學報》1980年第1期。

〔註4〕　唐晏《陸子新語校注·術事篇》校語，收入《龍溪精舍叢書》。

〔註5〕　王利器《新語校注前言》，中華書局1986年版，第7～8頁。

韋注非也。參亦合也，猶言驗證〔註6〕。

（3）故曰：「張日月，列星辰，序四時，調陰陽。」

王校：尋《淮南子・泰族篇》：「天設日月，列星辰，調陰陽，張四時。」《淮南》與陸氏此文，當出一源，惜尚未能探明耳。（P3）

按：《素問・上古天真論》：「其次有賢人者，法則天地，象似日月，辯列星辰，逆從陰陽，分別四時。」意亦相近。

（4）陽生雷電，陰成霜雪

王校：《意林》卷2引「生」作「出」。（P4）

按：霜雪，《四庫全書》本、《四部叢刊》本作「雪霜」，《意林》卷2引同。

（5）不藏其情，不匿其詐

王校：《荀子・修身篇》：「匿行曰詐。」（P7）

按：《韓子・二柄》：「不掩其情，不匿其端。」

（6）磨而不磷，涅而不淄

王校：《論語・陽貨》：「不曰堅乎？磨而不磷。不曰白乎？涅而不緇。」《集解》：「孔曰：『磷，薄也。涅可以染皂。言至堅者磨之而不薄，至白者染之於涅而不黑。』」緇、淄古通。（P24）

徐仁甫曰：《論語・陽貨》：「涅而不緇。」此借淄為緇，與《史記・孔子世家》合。

按：（a）「磷」亦作𥕠、𥗫、𥗗，《周禮・冬官・考工記》：「則雖敝不𥕠。」鄭注：「𥕠，故書或作𥗫。鄭司農云：『𥗫讀為磨而不磷之磷。』」《釋文》：「𥕠，音吝，或作𥗫，音同。」《集韻》：「𥗫，敝也，通作𥕠。」《隸釋》卷17《吉成侯州輔碑》：「所謂摩而不𥗗，涅而不緇者。」《玉篇殘卷》：「純白明徹者名磷，〔或〕為𥕠字，𥕠、磷，一（亦）弊也。」字亦作剦，《玉篇》、《集韻》並云：「剦，削也。」（b）《文選・崔瑗・座右銘》：「在涅貴不淄。」李善注引《論語》作「淄」，《史記・孔子世家》、《論衡・問孔》、《說文繫傳》「涅」字條引《論語》亦並作「淄」。《太玄・

更》：「化白于泥淄。」皆與此合。「緇」、「淄」亦作滓，《史記・屈原傳》：「皭然泥而不滓。」《索隱》：「泥，音涅。滓，音淄。」劉瓛《辨騷》：「皭然涅而不緇。」《後漢書・隗囂傳》：「賢者泥而不滓。」《隸釋》卷9《費鳳別碑》：「泥而不滓。」洪适曰：「其中『涅而不滓』，蓋用『涅而不緇』。」又卷11《綏民校尉熊君碑》：「遭濁而自靖兮，泥而不滓穢。」皆其證也。《說文》：「滓，澱也。緇，帛黑色也。」《釋名》：「緇，滓也，泥之黑者曰滓，此色然也。」《史記・夏本紀》《正義》引《括地志》：「俗傳云：『禹理水，功畢，土石黑，數里之中波若漆，故謂之淄水也。』」泥之黑爲滓，帛之黑爲緇，水之黑爲淄，其義一也。

（7）將氣養物

王校：俞樾曰：「將亦養也。氣言將，物言養，文異而義同。」（P29）

按：俞說非也。《廣雅》：「將，扶也。」《玉篇》：「將，助也。」《漢書・律曆志》：「蕤賓：蕤，繼也，賓，導也，言陽始導陰氣使繼養物也。」《釋名》：「宧，養也。東北陽氣始出，布養物也。」皆可參證。將氣養物言助陽氣以養物也。《白虎通義・鄉射》：「天子所以親射何？助陽氣達萬物也。」

（8）夫謀事不竝仁義者後必敗，殖不固本而立高基者後必崩

王校：俞樾曰：「『竝』當讀爲傍。」（P29）

按：殖，讀爲植，立也，建也。《淮南子・泰族篇》：「不益其厚而張其廣者毀，不廣其基而增其高者覆。」《文子・上義》同。《潛夫論・班祿》：「此猶薄趾而望高牆，驥瘠而責遠道，其不可得也必矣。」《鹽鐵論・非鞅》：「善鑿者建周而不拔，善基者致高而不壓。」又《未通》：「築城者先厚其基而求其高。」又《詔聖》：「高牆狹基，不可立也。」皆可正反以相參證。此文「基」字疑衍。

《術事》第二

（1）世俗以爲自古而傳之者爲重，以今之作者爲輕，淡於所見，甘於所聞，惑於外貌，失於中情

按：《弘明集》卷1漢・牟融《理惑論》：「不可以所習爲重，所希爲輕，惑

於外類（貌），失於中情。」即本此文。「類」爲「貌」形誤。《六韜・
龍韜・選將》：「太公曰：『夫士外貌不與中情相應者十五……』」

（2）故舜棄黃金於嶄岩之山，捐珠玉於五湖之淵，將以杜淫邪之欲，絕琦瑋之情

王校：棄，宋翔鳳云：「《御覽》卷 81 引作『藏』。」器案：《後漢書・班
固傳》注、《御覽》卷 811 引亦作「藏」。「棄」當作「弄」，「棄」古文作
「弃」，與「弄」形近而誤。《集韻》：「弄，藏也，或作去。」杜，宋翔鳳
曰：「《御覽》作『塞』。」器案：《御覽》卷 811 仍作「杜」。琦瑋，《御覽》
卷 811 引作「覭媚」。（P41）

徐仁甫曰：「嶄岩」即巉岩也。

按：棄，《後漢書・班固傳》李賢注引同，王氏失檢，《黃氏日抄》卷 56 引
亦同，《初學記》卷 7、《記纂淵海》卷 7、《錦繡萬花谷》後集卷 5、《古
今合璧事類備要》前集卷 8 引作「藏」；《路史》卷 21：「藏金巉巖之
山，捐珠五湖之淵。」即本此文，亦作「藏」字。杜，《後漢書》李賢
注、《記纂淵海》卷 60、《路史》卷 21 羅苹注引同，《初學記》、《記纂
淵海》卷 7、《萬花谷》、《事類備要》引作「塞」，蓋以意改之。欲，《後
漢書》李賢注、《御覽》卷 81 引同，《初學記》、《記纂淵海》卷 7、《萬
花谷》、《事類備要》引作「路」，字之誤也。琦瑋，《路史》注、《記纂
淵海》卷 60 引亦作「覭媚」，蓋音之誤也。本書「琦瑋」共三見，《無
爲篇》：「秦始皇博玄黃琦瑋之色，以亂制度。齊桓公好婦人之色，妻
姑姊妹，而國中多淫於骨肉。」即此文作「琦瑋」之確證。秦始皇是
琦瑋之例，齊桓公是淫邪之例。《鬼谷子・飛箝》：「其用或稱財貨、琦
瑋、珠玉、璧白（帛）、采色以事之。」

（3）立事者不離道德，調弦者不失宮商

按：《鹽鐵論・遵道》：「師曠之調五音，不失宮商；聖王之治世，不離仁
義。」《弘明集》卷 1 漢・牟融《理惑論》：「立事不失道德，猶調弦不
失宮商。」皆本此文。

（4）天道調四時，人道治五常

王校：《尚書・舜典》：「慎徽五典。」孔氏傳：「五典，五常之教：父義，

母慈，兄友，弟恭，子孝。」（P42）

按：《弘明集》卷 1 漢·牟融《理惑論》：「天道法四時，人道法五常。」即本此文。「法五常」之「法」爲「治」形譌。「五常」指仁、義、禮、智、信，漢·董仲舒《賢良策》：「夫仁、義、禮、智、信五常之道，王者所當修飭也。」

（5）道為智者設，馬為御者良，賢為聖者用，辯為智者通，書為曉者傳，事為見者明

王校：宋翔鳳云：「子匯本『設』作『說』，姜思復本、抄本『設』作『讒』，誤。《意林》作『設』，與此同。」器案：《御覽》卷 403 引《公孫尼子》：「道爲智者設，賢爲聖者用。」即此文所本，字正作「設」。（P46）

按：徐仁甫據本書屢言「設道」，亦校「說」爲「設」。《書鈔》卷 99 引蔡邕《連珠》：「道爲知者設，馬爲御者良，賢爲聖者用，辨爲知者通。」《弘明集》卷 1 漢·牟融《理惑論》：「道爲智者設，辯爲達者通，書爲曉者傳，事爲見者明。」亦皆作「設」字。「辯爲智者通」之「智」讀爲知。

（6）書不必起仲尼之門，藥不必出扁鵲之方，合之者善，可以為法，因世而權行

王校：俞樾曰：「『之者』字，『可』字並衍文，本作『合善以爲法，因世而權行』，兩句相對成文，而義則相因。」（P47）

按：《弘明集》卷 1 漢·牟融《理惑論》：「書不必孔丘之言，藥不必扁鵲之方，合義者從，愈病者良。君子博取眾善，以輔其身。」即本此文。俞氏拘於對文，其說非也。「合之者善」疑有脫誤，當作「合義者善，愈病者良」，與前文對應。

（7）事以類相從，聲以音相應

按：《淮南子·泰族篇》：「故寒暑燥濕，以類相從；聲響疾徐，以音相應也。」即本此文。

（8）王者行之於朝廷，匹夫行之於田

按：《四庫全書》本、《四部叢刊》本皆無「廷」字，此衍。

（9）治末者調其本，端其影者正其形

　　　　徐仁甫曰：求，漢魏本作「調」，《文選・藉田賦》注引亦作「調」。

　按：《四庫全書》本、《四部叢刊》本皆作「端影者」，《喻林》卷96引同，
　　　此衍一「其」字。

（10）養其根者則枝葉茂

　按：《淮南子・繆稱篇》：「根本不美，枝葉茂者，未之聞也。」又《泰族
　　　篇》：「故食其口而百節肥，灌其本而枝葉美。」《說苑・說叢》：「食
　　　其口而百節肥，灌其本而枝葉茂。」《中論・貴驗》：「故根深而枝葉
　　　茂，行久而名譽遠。」《韓詩外傳》卷5：「根淺則枝葉短，本絕則枝
　　　葉枯。」皆可正反以相參證。

《輔政》第三

（1）自處不安則墜，任杖不固則仆

　　　　王校：仆，《御覽》卷710引作「顛」。（P50）

　按：《書鈔》卷133、《事類賦注》卷14引亦作「顛」，與《御覽》同，皆以
　　　意改之，《治要》卷40引仍作「仆」。

（2）小慧者不可以御大，小辨者不可以說眾

　按：《淮南子・泰族篇》：「小快害義，小慧害道，小辯害治。」《說苑・說
　　　叢》：「窮鄉多曲學，小辯害大知，巧言使信廢，小惠（慧）妨大義。」

（3）故智者之所短，不如愚者之所長

　按：《淮南子・脩務篇》：「知者之所短，不若愚者之所脩。」劉氏避諱，
　　　改「長」爲「脩」也。

（4）文公種米，曾子駕羊

　按：駕，諸書或作「架」、「枷」，皆爲借字〔註7〕。《御覽》卷902引《尸子》：
　　　「羊不任駕鹽車，橡不可爲楣棟。」《意林》卷2引作「駕」，周廣業校
　　　云：「案：枷，原書作『駕』，《淮南子》注：『連枷，所以備之。』舊訛

〔註7〕　參見蕭旭《淮南子校補》，花木蘭文化出版社2014年版，第708頁。

　『牧』，今從《類聚》。」所改非也。

（5）絕恬美之味

　　王校：唐晏曰：「『恬』疑作『甜』。」（P55）

　按：李若暉指出不煩改作，是也。李君引《周禮》二例及孫氏《正義》，
　　茲補舉證據。《天官‧酒正》鄭注：「醴，如今恬酒矣。」《初學記》
　　卷26、《事類賦注》卷17引作「甜酒」。方以智曰：「恬酒，即甜酒。」
　　〔註8〕又《鹽人》鄭注：「飴鹽，鹽之恬者。」《書鈔》卷146、《白帖》
　　卷16引作「甜者」。

（6）疏嗌嘔之情

　　王校：唐晏曰：「嗌嘔，即《荀子》之『倪嘔』，《楚辭》作『嗌喔』，注
　　云：『容媚之聲。』」案：《楚辭》見《九思》。（P55）

　按：《荀子》見《富國篇》，作「呃嘔」，楊注：「呃嘔，嬰兒語聲也。呃，於
　　佳反。嘔與謳同。」音轉作「啞嘔」、「阿嘔」，倒言作「嘔啞」〔註9〕。

（7）讒夫似賢，美言似信，聽之者惑，觀之者冥

　按：《後漢書‧陳蕃傳》：「夫讒人似實，巧言如簧，使聽之者惑，視之者昏。」
　　即本此文。

（8）故干聖王者誅，遏賢君者刑，遭凡王者貴，觸亂世者榮

　按：遏，讀為謁。

《無為》第四

（1）秦始皇設刑罰，為車裂之誅，以斂奸邪

　　王校：宋翔鳳曰：「『刑罰』二字，依《治要》增。」（P62）

　　徐仁甫曰：《長短經‧政體篇》注引「設」下有「刑法」二字。

　按：《治要》卷40引作「刑法」，宋氏失檢。《七國攷》卷12引已脫「刑法」
　　二字。斂，讀為檢，本書《道基》：「檢奸邪，消佚亂。」正作「檢」字。

〔註8〕　方以智《通雅》卷39，收入《方以智全書》第1冊，上海古籍出版社1988
　　　　年版，第1176頁。

〔註9〕　參見蕭旭《「嬰兒」語源考》。

《釋名》：「檢，禁也，禁閉諸物，使不得開露也。」檢、禁以雙聲爲訓。

（2）築長城於戎境，以備胡、越……事逾煩天下逾亂，法逾滋而天下逾熾

王校：宋翔鳳曰：「《治要》作『事愈煩，下愈亂；法愈眾，奸愈縱』。
『天』字當是『而』字之誤。」陳金生曰：「上句『天』爲『而』字之誤，
但下句不誤。」（P64）

按：《淮南子・泰族篇》：「戍五嶺以備越，築修城以守胡，然姦邪萌生，盜
賊群居，事愈煩而亂愈生。」即本此文。劉氏避諱，改「長」爲「修」
也。

（3）民不罰而畏，不賞而勸

王校：宋翔鳳曰：「（『畏』下）本有『罪』字，依《治要》改。（『勸』）本
作『歡悅』二字。」案：天一閣本作「勸悅」，「勸」字不誤。（P64～65）

按：《莊子・天地》：「不賞而民勸，不罰而民畏。」〔註10〕《呂氏春秋・上
德》：「不賞而民勸，不罰而邪止。」《賈子・修政語上》：「故不賞而民
勸，不罰而民治。」〔註11〕《禮記・中庸》：「故君子不賞而民勸，不怒
而民威於鈇鉞。」「威」讀爲畏。

（4）小象大而少從多也

王校：宋翔鳳曰：「本作『小者從大，少者從多』，依《治要》改。」（P67）

按：《長短經・勢運》引同《治要》。象，依隨也，字或作像〔註12〕。

（5）楚平王奢侈縱恣，不能制下，檢民以德

王校：《後漢書・周黃徐姜申屠傳序》：「驃騎執法以檢下。」注：「檢猶察
也。」（P69）

按：檢，讀爲險，字或借作儉。《淮南子・俶眞篇》：「雜道以僞，儉德以
行。」王念孫曰：「雜當爲離，字之誤也。儉，讀爲險。《莊子・繕性
篇》：『離道以善，險德以行。』《文子・上禮》：『離道以爲僞，險德

〔註10〕《新序・節士》同。
〔註11〕《説苑・君道》同。
〔註12〕參見蕭旭《淮南子校補》，花木蘭文化出版社 2014 年版，第 186、694 頁。

以爲行。』」〔註13〕

（6）故上之化下，猶風之靡草也

按：猶，《治要》卷40引作「由」，借字。

（7）故君之御下，民奢應之以儉，驕淫者統之以理

按：《禮記‧檀弓下》：「國奢則示之以儉，國儉則示之以禮。」

《辨惑》第五

（1）故行不敢苟合，言不爲苟容

> 王校：《戰國策‧秦策下》：「言不取苟合，行不取苟容。」語又見《史記‧蔡澤傳》。疑此文「敢」字亦「取」之誤也。（P74）

按：王說未必是，作「敢」字自通。《晏子春秋‧內篇雜上》：「行廉不爲苟得，道義不爲苟合。」二「爲」與此文義同。

（2）曾子母投杼踰垣而去

按：《戰國策‧秦策二》：「其母懼，投杼踰牆而走。」爲此文所本。《新序‧雜事二》、《史記‧樗里子甘茂列傳》並作「其母投杼下機，踰牆而走」。《集韻》：「去，疾走也。」

（3）退而自責大夫

按：《穀梁傳‧定公十年》作「退而屬其二三大夫」，范甯注：「屬，語也。」屬，讀爲囑。

（4）使司馬行法斬焉，首足異門而出

> 王校：宋翔鳳曰：「『門』本作『河』，依《子彙》本改，《穀梁傳》亦作『門』。」俞樾曰：「《新語》作『河』，未可據彼以改此『河』字，實非誤文也。『異河而出』即『異何而出』，《說文》：『何，儋也。』蓋今人所用負荷字，古人止作『何』，『異何而出』，謂使一人何其首，又使一人何其身，則首足異何矣。」（P81）

按：俞氏不改字爲愼，然所釋則迂曲，徐仁甫已駁之。河，讀爲和。《周禮‧

夏官・大司馬》鄭注：「軍門曰和。」此則指門。

（5）邑土單於強齊

王校：唐晏曰：「『單』與『殫』，古通用字。」（P83）

按：「殫」當作「殫」，誤排。

（6）然定公不覺悟，信季孫之計，背貞臣之策，以獲拘弱之名，而喪
丘山之功

王校：「拘弱」無義，疑當作「極弱」，形近而誤。（P84）

按：拘，愚也，字亦作佝、怐、抲、溝、傋、區、穀、瞉，音寇，音轉又
作婁。《廣雅》：「怐愗，愚也。」《玉篇》：「佝，《楚辭》曰：『直佝愗
以自苦。』亦作怐。」《集韻》：「瞉，瞉霿，鄙吝也。或作抲、怐、
佝、傋。」王念孫曰：「《說文》：『瞉，瞉瞀也。』又云：『佝，瞀也。』
《楚辭・九辯》云：『直佝愗以自苦。』《荀子・非十二子篇》云：『世
俗之溝猶瞀儒，嚾嚾然不知其所非也。』《儒效篇》云：『愚陋溝瞀。』
《漢書・五行志》云：『不敬而傋霿之所致也。』又云：『區霿無識。』
竝字異而義同。《說文》：『婁務，愚也。』『婁務』又『怐愗』之轉矣。」
〔註14〕《荀子・非十二子》楊注：「溝，讀爲拘。拘，愚也。猶，猶
豫不定也。瞀，闇也。《漢書・五行志》作『區瞀』，與此義同。拘音
寇。」又《儒效》楊注：「溝，音寇，愚也。溝瞀，無知也。」洪興
祖《楚辭補注》引《釋文》作「抲愗」〔註15〕，朱熹《楚辭集注》亦
云：「佝愗，一作『抲愗』。」《說文》原本作「佝，務（瞀）也」、「瞉，
一曰瞀也」，當連篆讀〔註16〕。字亦作婁，敦煌寫卷 P.3694《箋注本
切韻》：「婁，婁瞀，無暇。」《廣韻》同，蔣斧印本《唐韻殘卷》「暇」

〔註14〕王念孫《廣雅疏證》，收入徐復主編《廣雅詁林》，江蘇古籍出版社 1992 年版，
第 77～78 頁。方以智、段玉裁說並同，茲不具錄。方以智《通雅》卷 7，收
入《方以智全書》第 1 冊，上海古籍出版社 1988 年版，第 283 頁。段玉裁《說
文解字注》，上海古籍出版社 1981 年版，第 132、379、743 頁。

〔註15〕日人竹治貞夫《關於〈楚辭釋文〉的作者問題》一文考定《釋文》的作者是
唐代的陸善經，《成都大學學報》1993 年第 1 期，第 54～60 頁。

〔註16〕段玉裁《說文解字注》逕改作「佝，佝瞀也」、「瞉，一曰瞉瞀也」，《集韻》引
正作「瞉，瞉瞀也」。段玉裁《說文解字注》，上海古籍出版社 1981 年版，第
379、743 頁。

作「暇」，是也。「無暇」猶言無識。「婭督」當訓愚貌。《集韻》：「敧，
敧霶，鄙吝，心不明也，或作毃、區、恂。」《漢書・地理志》上谷
郡縣名「雏督」，顏師古注引孟康曰：「音句無。」地名亦取愚爲義。

（7）故邪臣之蔽賢，猶浮雲之郭日月也

按：郭，《猗覺寮雜記》卷上引作「蔽」。

（8）《詩》云：「有斧有柯。」言何以治之也

王校：宋翔鳳曰：「《文選・檄吳將校部曲》注引此云：『有斧無柯，何以治
之？』」（P88）

按：徐仁甫依《選》注校作「有斧無柯」，是也。無柯，故云「何以治之」。
亦即上文「不操其柄者，則無以制其剛」之誼。《抱朴子外篇・交際》：
「余徒恨不在其位，有斧無柯，無以爲國家流穢濁於四裔，投畀於有
北。」又《疾謬》：「有斧無柯，其如之何哉？」

《愼微》第六

（1）抑定狐疑

王校：唐晏曰：「『定』疑當作『止』。」（P98）

按：「定」字不誤，本書《思務》：「上訣（決）是非於天文，其次定狐疑於
世務。」《方言》卷13：「抑，安也。」

（2）通塞理順

王校：「通」原作「道」，李本、子彙本、唐本作「通」，今據改正。（P98）

按：通塞，謂通其塞也。馬王堆漢墓帛書《合陰陽》：「故能發閉通塞，中
府受輸而盈。」意亦同。李若暉謂作「道塞」不誤，「道」爲「導」
古字，亦有「通」義。今謂李說不確，古書無以「道（導）塞」作通
其塞用者。

（3）察之無兆，遁之恢恢，不見其行，不覩其仁

王校：覩，唐晏曰：「疑當作『施』。」（P99）

按：唐晏曰：「仁，疑當作『施』。」不是指「覩」字，王氏失檢。「遁」當
作「循」，猶尋也。《莊子・秋水》：「請循其本。」成疏：「循，猶尋也。」

《文選‧江賦》：「察之無象，尋之無邊。」與此文意同。行，《四庫全書》本、《四部叢刊》本皆作「形」，此誤；《古今圖書集成‧理學彙編‧學行典》卷 127 引亦誤作「行」。「不覩其仁」疑當作「不聞其聲」。本書《術事》：「聽之無聲，視之無形，世人莫覩其兆，莫知其情。」與此文可互證。

（4）湛然未悟，久之乃殊

按：殊，疑讀爲喻。《山海經‧大荒南經》：「離俞。」郭璞注：「即離朱。」《莊子‧達生》：「紫衣而朱冠。」《釋文》：「朱冠，司馬本作『俞冠』，云：『俞國之冠也，其制似螺。』」

《資質》第七

（1）及隘於山阪之阻

按：《治要》卷 40 引作「及其戾於山陵之阻」。隘，讀爲阸，《說文》：「阸，塞也。」蓋一本作「阸」，脫其偏旁，因而形譌爲「戾」耳。

（2）故事閉之則絕，次之則通

王校：閉，原作「閑」，唐本、《彙函》、《折中》、《拔萃》作「閉」，今從之。李本作「閒」，即「閑」之俗別字。（P107）

按：「閑」爲「閉」俗字，見《廣韻》，俗字亦作「閒」。

（3）夫窮澤之民，據犁接耜之士

王校：接耜，宋翔鳳曰：「本作『嗝報』，依《治要》改。」傅校「嗝」作「嗝」。《折中》曰：「嗝音革，鳴也。」唐晏曰：「『嗝』疑是『韅』之假借字，《說文》：『裏也，以繒附（原誤「傅」）於革也。』『報』當作『服』。」案：「嗝報」不見他書，從宋校依《治要》改正。（P108～109）

按：《四庫全書總目》卷 91：「『據犁嗝報』之語，訓詁亦不可通，古書佚亡，今不盡見，闕所不知可也。」〔註17〕徐復曰：「疑『報』爲『瓡』字之譌，爲『執』之或體。『嗝』疑『槅』字之譌，《說文》：『槅，大

〔註17〕《四庫全書總目》卷 91，景印文淵閣《四庫全書》第 3 冊，臺灣商務印書館 1986 年初版，第 6 頁。

車枙。』『槅』亦與『軶』通，《說文》：『軶，轅前也。』此文當云『據
犂執槅之士』，其義方順。《鹽鐵論・散不足》云：『故行則服枙，止
則就犂。』『枙』與『槅』通。可為證也。」〔註18〕林宜青採從《治
要》〔註19〕。據犂，猶言扶犂。《潛夫論・浮侈》：「丁夫世不傳犂鋤，
懷丸挾彈。」《後漢書・王符傳》、《白帖》卷 14 引作「扶犂」，《書鈔》
卷 124、《御覽》卷 350 引作「傅犂」。「傅」為「傅」形譌，《釋名》：
「扶，傅也。」《路史》卷 8：「神農氏之扶犂。」《治要》改作「接耜」，
文義雖通，然與「嗝報」形聲俱遠，無由致譌。傅校「嗝」作「嗃」，
《折中》嗝訓鳴，唐晏改作「韅服」，皆與「據犂」文義不屬。徐復
改作「執槅」，然「槅」非所「執」也。此文「報」改「服」，從唐說；
「嗝」改「槅」，從徐說。「嗝報」當校作「服槅」，如此乃得之。扶
犂、服槅，皆指耕田。

（4）或懷不羈之能

王校：能，宋翔鳳曰：「本作『才』，依《治要》改。」（P109）

按：「才」字不煩改作。《漢書・司馬遷傳》《報任安書》：「僕少負不羈之才。」

（5）然伏隱於蒿廬之下，而不錄於世

王校：蒿廬，原作「嵩廬」，今改正。唐晏曰：「疑當作『蒿』。」器案：《鹽
鐵論・毀學篇》：「包丘子不免於甕牖蒿廬。」即本陸氏此文，今據改正。
尋《周禮・地官・載師職》注：「故書郊或為蒿。」然則蒿廬蓋謂郊外之廬，
「伏處於蒿廬之下，而不錄於世」，即下文所謂「棄於野」、「或隱於田里」
也。（P113）

按：徐仁甫亦校作「蒿廬」，至確。王氏釋為「郊外之廬」，則非是。蒿廬，
猶言蒿室、蒿宮。《竹書紀年》卷下沈約注：「周德既隆，草木茂盛，蒿
堪為宮室，因名蒿室。」《宋書・符瑞志》作「蒿宮」。《鹽鐵論》之「甕
牖蒿廬」，言以甕為牖，以蒿為廬耳。《列女傳》卷 2：「老萊與妻，逃
世山陽，蓬蒿為室，莞葭為蓋。」《高士傳》卷上：「老萊子者，楚人也，

〔註18〕徐復《校勘學中之二重及多重誤例》，收入《徐復語言文字學論稿》，江蘇教
育出版社 1995 年版，第 238 頁。
〔註19〕林宜青《「據犂嗝報」考》，《商業文化（學術版）》2007 年第 10 期，第 205、
163 頁。

當時世亂，逃世，耕於蒙山之陽，莞葭爲墻，蓬蒿爲室，枝木爲牀，著艾爲席。」「蒿室」就是以蓬蒿爲室，文義甚爲明確。考《大戴禮記·明堂》：「周時德澤洽和，蒿茂大，以爲宮柱，名蒿宮也。」《呂氏春秋·召數》：「故明堂：茅茨蒿柱，土階三等，以見節儉。」《拾遺記》卷3：「條陽山出神蓬如蒿，長十丈，周初，國人獻之，周以爲宮柱，所謂蒿宮也。」是蓬蒿爲室，指以蓬蒿爲宮室之柱耳。又考章太炎《官制索隱》：「明堂在郊，郊字古借用蒿，故『郊宮』或作『蒿宮』。然自《大戴禮記·盛德篇》，已不識蒿、郊同字，乃曰：『周時德澤洽和，蒿茂大，以爲宮柱，名爲蒿宮。』詭誕之言，不可爲典要矣。」〔註20〕此當即王說所本。太炎所論，未遍考群籍，而遽讀爲「郊宮」，亦不可據信也。宋·周去非《嶺外代答》卷8：「大蒿：容梧道中，久無霜雪處，蒿草不凋，年深滋長，大者可作屋柱，小亦中肩輿之杠……古有蒿柱之說，豈其類乎？」宋·范成大《桂海虞衡志》說同。是宋代南方有大蒿可作屋柱的記載，「蒿柱」並非詭誕不經之言。

《至德》第八

（1）懷德者眾歸之，恃刑者民畏之

按：《說苑·說叢》：「德厚者士趨之，有禮者民畏之。」

（2）塊然若無事，寂然若無聲

王校：宋翔鳳曰：「《治要》『塊』作『混』，無兩『若』字。《文選》注引《新語》曰：『君子之治也，混然無事，寂然無聲。』」案：《文選》注見《在懷縣作》詩。（P119）

按：《類聚》卷52引作「君子爲治也，混然無事，寂然無聲」。塊然，猶言晏然、安然。徐仁甫指出「混」當作「塊」。

（3）官府若無吏，亭落若無民

王校：宋翔鳳曰：「《治要》『吏』作『人』。」唐晏曰：「《意林》作『事』。」（P119）

〔註20〕章太炎《官制索隱》，收入《章太炎全集》卷4，上海人民出版社1985年版，第88頁。太炎誤「明堂」爲「盛德」，蓋以《大戴》二篇相連，故致誤也。

按：《治要》卷 40、《類聚》卷 52 引作「官府若無人，亭落若無吏」，《意林》卷 2 引作「官府若無事，亭落若無人」。考《淮南子‧泰族篇》：「聖主在上位，廓然無形，寂然無聲，官府若無事，朝廷若無人。」《文子‧精誠》同，並可參證。「事」當作「吏」〔註21〕，《治要》、《類聚》所引，其文誤倒也。

（4）郵無夜行之卒，鄉無夜召之征

按：本作「郵驛無夜行之吏，鄉閭無夜名之征」，宋翔鳳依《治要》卷 40 刪改。《類聚》卷 52 引作「郵無夜行之卒，鄉無夜召之正」。征，讀為正，官長也。

（5）陵轢諸侯

王校：《史記‧楚世家》：「陵轢中國。」字亦作「轔轢」，《史記‧司馬相如傳》：「觀徒車之所轔轢。」《正義》：「轔，踐也。轢，輾也。」（P122）

按：陵轢，《治要》卷 40 引作「凌鑠」，借字。

（6）規虞山林草澤之利，與民爭田漁薪菜之饒

王校：虞，宋翔鳳曰：「本作『固』，依《治要》改。」案：《治要》是。《尚書‧舜典》孔傳：「虞，掌山澤之官。」此文即謂掌山林草澤之利也。（P124）

徐仁甫曰：「虞」本典禽獸之官，用為動詞，則有守義……但不得改「規固」為「規虞」。范甯注《穀梁》云：「虞，典禽獸之官，言規固而築之，又置官司以守之，是不與民同利也。」則「規固」連文，自是古人成語。「草」當為「藪」字之誤，《穀梁》屢言「藪澤」，不言「草澤」。陸賈治《穀梁》，當以《穀梁》傳文校之。

按：李若暉謂作「規固」是同義連文，字又作「規錮」，可從。菜，《治要》卷 40 引作「採」。採、菜，正、借字。

《懷慮》第九

（1）楚靈王……作乾溪之臺，立百仞之高，欲登浮雲，窺天文

王校：天文，《御覽》卷 177 作「天下」，非是。《文選‧閒居賦》注引作「窺

〔註21〕 參見何寧《淮南子集釋》，中華書局 1998 年版，第 1382 頁。

天文」，不誤。（P135）

按：天文，《初學記》卷 24、《類聚》卷 62、《記纂淵海》卷 8、《天中記》
卷 15、《七國攷》卷 4 引同，《太平寰宇記》卷 10 引脫「文」字，《御
覽》卷 177 引作「天上」，王氏失檢。立，《御覽》引同，《初學記》、《淵
海》、《寰宇記》、《天中記》、《七國攷》引作「五」〔註22〕，《類聚》引
脫。「五」為「立」形誤。本書《本行篇》云：「高臺百仞。」

《本行》第十

**（1）故尊於位而無德者絀，富於財而無義者刑，賤而好德者尊，貧
而有義者榮**

王校：絀，宋翔鳳曰：「本作『黜』，依《治要》。」（P143）

按：李若暉指出「黜」字不當改作，是也。《治要》作「絀」，轉為借字。宋
氏一依《治要》，未之思也。好德，《治要》卷 40 引誤作「好道」。

**（2）夫子陳、蔡之厄，豆飯菜羹，不足以接餒；二三子布弊褞袍，不
足以禦寒**

王校：唐晏曰：「按《周官·虞人》：『則共其接盛。』注：『接讀為扱。』《淮
南·精神訓》：『聖人食足接氣。』」案：《淮南·精神篇》高注：「接，續也。」
接餒、接氣，當與今言維持生命義同。（P144）

按：「接盛」之「接」，據賈疏，義為「收」，顯非此文之誼。「接氣」之「接」，
義為「續」。氣可言續，餒不可言續，唐、王之說並非也。此文「接」、
「禦」對舉同義，猶言對付、抵禦。《韓子·問辯》：「若其無法令，
而可以接詐、應變、生利、揣事者，上必采其言而責其實。」「接」、
「應」對舉，「應」亦猶言對付。

（3）表定六藝，以重儒術

按：表，讀為剽，《廣雅》、《玉篇》並云：「剽，削也。」《隸釋》卷 1《魯
相史晨祠孔廟奏銘》：「（仲尼）乃作《春秋》，復演《孝經》，刪定六藝，
象與天談。」《廣韻》：「刪，除削也。」

〔註22〕《初學記》據《古香齋》刻本，四庫本同，中華書局 1962、2004 年據《古香
齋》本的排印本皆誤作「有」字。

（4）君子篤於義而薄於利，敏於行而慎於言

王校：行，宋翔鳳曰：「本作『事』，依《治要》改。」《論語・學而》：「敏於事而慎於言。」（P148）

徐仁甫曰：《春秋繁露・王道篇》作「君子篤於禮薄於利」。董生被服《新語》，蓋襲此文而稍變之。

按：作「事」與《論語》合，不當改作。《論語・里仁》：「君子欲訥於言而敏於行。」《治要》引作「行」者，蓋涉此而誤。《公羊傳・宣公十二年》：「是以君子篤於禮而薄於利。」此陸生、董生所本。

（5）故聖人卑宮室而高道德，惡衣服而勤仁義

王校：宋翔鳳曰：「『勤』本作『謹』，依《治要》改。」（P149）

按：「謹」字不當改作，《說苑・反質》：「謹仁義，順道理。」謹，嚴也，慎也，言不敢怠慢也。《治要》作「勤」，轉爲借字。

（6）散布泉

按：泉，《治要》卷 40 引作「帛」。《管子・輕重丁》：「天下諸侯載黃金珠玉五穀文采布泉輸齊以收石璧。」王念孫曰：「『泉』當爲『帛』。下文亦云：『有五穀菽粟布帛文采者。』《通典・食貨》十二引此正作『布帛』。」〔註23〕王說是也，《玉海》卷 186、《冊府元龜》卷 736 引亦作「布帛」。《史記・貨殖傳》：「人民多文綵布帛魚鹽。」亦以「布帛」、「文綵」連言。

《明誡》第十一

（1）等高下之宜，設山川之便

按：「設」疑「識」之誤。

《思務》第十二

（1）夫長於變者，不可窮以詐；通於道者，不可驚以怪；審於辭者，不可惑以言；達於義者，不可動以利

〔註23〕王念孫《管子雜志》，收入《讀書雜志》卷 8，中國書店 1985 年版，第 80頁。

王校：達，原作「遠」，《治要》注云：「遠當作達。」利，宋翔鳳曰：「本缺一字，依《治要》補。宋盛如梓《庶齋老學叢談》引《新語》『遠』作『達』，『動以』下有『利』字，與《治要》多同。」（P163～164）

徐仁甫曰：達，各本均作「遠」，惟《子彙》本作「達」。「達於義」與「通於道」互文，作「達」義勝。《治要》注亦云：「遠當作達。」《長短經‧知人篇》注引亦作「達」。

按：《淮南子‧要略》：「使人通迴周備，不可動以物，不可驚以怪者也。」又《脩務篇》：「通於物者，不可驚以怪；喻於道者，不可動以奇；察於辭者，不可燿以名；審於形者，不可遁以狀。」高注：「通，達也。喻，明也。燿，眩。遁，欺也。狀，貌也。」《弘明集》卷1漢牟融《理惑論》：「夫長於變者，不可示以詐；通於道者，不可驚以怪；審於辭者，不可惑以言；達於義者，不可動以利也。」皆本此文。《理惑論》正作「達」、「利」二字。《淮南》作「動以物」，物亦指利也。

（2）雖利之以齊、魯之富而志不移，談之以王喬、赤松之壽，而行不易

按：本作「□□之以晉、楚之富而志不回，談之以喬松之壽而行不易」，宋翔鳳據《治要》改補，王利器從之。《長短經‧知人》引作「雖利以齊、魯之富而志不移，談以喬、松之壽而行不改」〔註24〕。則「王」、「赤」二字不必補。

（3）上訣是非於天文，其次定狐疑於世務

王校：《水經‧河水注》：「《風俗通》曰：『里語稱：狐欲渡河，無如尾何。』且狐性多疑，故俗有狐疑之說。」又見《楚辭‧離騷》《補注》引。（P167）

按：《水經注‧河水》：「《述征記》曰：『盟津、河津恒濁，方江為狹，比淮、濟為闊，寒則冰厚數丈，冰始合，車馬不敢過，要須狐行，云此物善聽，冰下無水〔聲〕乃過〔註25〕，人見狐行，方渡。』余按《風俗通》云：

〔註24〕《長短經》據南宋初年杭州淨戒院刊本，《讀畫齋叢書》本亦同；四庫本以宋刊本作底本，「談」誤作「設」。《叢書集成初編》本、《叢書集成新編》本皆以《讀畫齋叢書》本作底本排印，不誤。周斌《長短經校證與研究》以四庫本作底本，失校，巴蜀書社2003年版，第40頁。

〔註25〕「聲」字據《初學記》卷29、《書鈔》卷159、《事類賦注》卷8、《埤雅》卷

『里語稱狐欲渡河，無如尾何。』且狐性多疑，故俗有狐疑之說，亦未必一如緣生之言也。」《述征記》爲郭緣生所撰，酈道元引《風俗通》謂郭緣生「聽冰」說未必是也，「且狐性多疑」云云，是酈道元語。今本《風俗通·正失》作「俚語：『狐欲渡河，無奈尾何』」。《顏氏家訓·書證》：「狐之爲獸，又多猜疑，故聽河冰無流水聲，然後渡，今俗云狐疑。」與郭緣生說相合。洪興祖《楚辭補注》引《水經注》，朱熹《楚辭集注》、《通鑑》卷 8 胡三省註取「聽冰」說。《漢書·文帝紀》顏師古注：「狐之爲獸，其性多疑，每渡冰河，且聽且渡，故言疑者而稱狐疑。」《後漢書·馬援傳》李賢注：「狐性多疑，故曰狐疑。」《酉陽雜俎》卷 12：「（梁黃門侍郎明少遐曰）：『是狐性多疑，鼬性多豫。狐疑、猶豫，因此而傳耳。』」楊慎因曰：「乃知猶即鼬也。」〔註 26〕諸說皆非也。《楚辭·離騷》：「心猶豫而狐疑兮。」「猶」、「狐」皆非獸名，宋人王觀國、清人黃生已辨其誤〔註 27〕，然未能明其語源；王念孫謂「狐疑」即「嫌疑」之聲轉，姜亮夫謂又轉作「惑疑」〔註 28〕，皆是也。《禮記·曲禮上》：「夫禮者，所以定親疏，決嫌疑，別同異，明是非也。」《史記·太史公自序》：「別嫌疑，明是非，定猶豫。」「決（別）嫌疑，明是非」即此文「訣（決）是非，定狐疑」之誼。

（4）雷不冬發，霜不夏降

按：《御覽》卷 467 引《抱朴子》：「霜不夏繁，雷不冬洩。」即本此文。

（5）爲臣者不思稷、契，則曰今之民不可以仁義正也

王校：思，一本作「師」。（P172）

按：「師」字是，猶法也。《治要》卷 40 引亦作「師」。

4、《翻譯名義集》卷 2、《楞嚴經集註》卷 2 引補，《御覽》卷 909 引伏滔《北征記》作「聽水無聲乃過」，亦有「聲」字。

〔註 26〕 楊慎《秇林伐山》卷 7，明嘉靖刻本。

〔註 27〕 王觀國《學林》卷 9，收入《叢書集成新編》第 12 冊，新文豐出版公司 1985 年版，第 80 頁。黃生《義府》卷下，黃生、黃承吉《字詁義府合按》，中華書局 1954 年版，第 193 頁。

〔註 28〕 王念孫《廣雅疏證》，收入徐復主編《廣雅詁林》，江蘇古籍出版社 1992 年版，第 487 頁；又見王引之《經義述聞》卷 31 所引，江蘇古籍出版社 1985 年版，第 728 頁。姜亮夫《楚辭通故（四）》，收入《姜亮夫全集》卷 4，雲南人民出版社 2002 年版，第 445 頁。

（6）自人君至於庶人，未有不法聖道而為賢者也

　　王校：宋翔鳳曰：「『未有不法聖道而爲賢者也』，本作『未有法聖人』，下
　　缺五字，下又有『爲要者寡，爲惡者眾』八字，依《治要》補改。」案：
　　一本「爲要」作「爲善」。（P173）

　按：《治要》卷 40 引作「自人君至於庶人，未有不法聖道而師賢者也」，宋
　　氏「師」誤「爲」，王亦失檢。

《賈子》校補

賈誼作品，本文統稱爲「《賈子》」〔註1〕。茲以方向東《賈誼集匯校集解》作底本〔註2〕，參考盧文弨、俞樾、孫詒讓、王耕心、劉師培、陶鴻慶、彭鐸、徐復、王洲明、徐超、閻振益、鍾夏等諸家說〔註3〕，作校補。

《過秦上》校補

《史記·始皇本紀》、《史記·陳涉世家》、《漢書·陳勝傳》、《漢紀》卷2、《文選》卷51、《類聚》卷11皆引錄此篇。

（1）秦孝公據崤函之固，擁雍州之地

按：擁，《類聚》引脫作「雍」〔註4〕。

〔註1〕 此本彭鐸說。彭炅乾《關於〈賈子〉的整理》，《西北師大學報》1962年第2期，第14頁。彭鐸字炅乾。

〔註2〕 方向東《賈誼集匯校集解》，河海大學出版社2000年第2版。

〔註3〕 盧文弨《賈誼新書》校本，收入《諸子百家叢書》，上海古籍出版社影印浙江書局本1989年版；又收入《四部備要》第54冊，上海中華書局出版。俞樾《賈子平議》，收入《諸子平議》卷27～28，上海書店1988年版，第543～578頁。孫詒讓《札迻·賈子新書》，中華書局1989年版，第219～225頁。王耕心《賈子次詁》，收入《續修四庫全書》第933冊，上海古籍出版社2002年版，第1～116頁。劉師培《賈子新書斠補》，收入《劉申叔遺書》，江蘇古籍出版社1997年版，第986～1006頁。陶小石《讀諸子札記·賈誼新書》，《制言》第46期，1937年出版；又收入《讀諸子札記》卷10，浙江人民出版社1998年版，第319～340頁。徐復《賈子新書臆解》，收入《徐復語言文字學晚稿》，江蘇教育出版社2007年版，第266～273頁。王洲明、徐超《賈誼集校注》，人民文學出版社1996年版。閻振益、鍾夏《新書校注》，中華書局2000年版。

〔註4〕 《類聚》據宋紹興本，四庫本作「擁」。

（2）脩守戰之具

　　方向東曰：盧文弨曰：「具，潭本從《史記》作『備』。」按：《漢書》、嚴輯本、《賈長沙集》同。（P3）

　按：《文選》、《類聚》引作「具」，《史記》二引，皆作「備」；《漢紀》、《御覽》卷320引亦作「備」。《風俗通義・六國》引《太史公記》、《治要》卷11引《史記》作「備」。是漢代人所見皆作「備」字，作「具」乃蕭統所改易。

（3）蒙故業，因遺策

　　方向東曰：《史記・秦始皇本紀》「策」作「冊」，嚴輯本同。遺策，先人所留下的規劃方略的簡冊。（P4）

　按：《陳涉世家》、《漢書》、《漢紀》、《文選》皆作「策」。「策」是謀略義，而不是簡冊義。

（4）南取漢中，西舉巴蜀

　　方向東曰：劉師培曰：「《史記・始皇本紀》『取』作『兼』。古籍恒『兼』、『舉』並文，當以作『兼』為長。」按：嚴輯本同。（P4）

　按：劉說非也。《陳涉世家》、《漢書》、《漢紀》、《文選》皆作「取」字。李斯《上秦始皇書》：「惠王用張儀之計，拔三川之地，西并巴蜀，北收上郡，南取漢中。」此賈子所本。

（5）諸侯恐懼，同盟而謀弱秦

　　方向東曰：盧文弨曰：「《史記》『同』作『會』。」按：吉府本、《子匯》本、《漢書》、嚴輯本、《賈長沙集》同。（P5）

　按：《史記》二引皆作「會」；《漢紀》、《文選》、《類聚》亦作「會」，作「同」乃後人所改易。

（6）此四君者，皆明知而忠信，寬厚而愛人

　　方向東曰：盧文弨曰：「潭本『君』作『賢』。」按：《漢書》同。（P5）

　按：《類聚》引亦作「四賢」〔註5〕，《風俗通義・六國》引《太史公記》作

_____

〔註5〕　《類聚》據宋紹興本，四庫本作「四君」。

「四豪」。

（7）約從離衡

方向東曰：盧文弨曰：「建本作『連衡』，非。今從潭本，與《始皇本紀》合。」按：《史記·陳涉世家》同建本，《漢書》、《文選》「衡」作「橫」。（P6）

按：《漢書》、《文選》作「離橫」，《類聚》引作「連橫」〔註6〕。「離」字是。

（8）仰關而攻秦

方向東曰：盧文弨曰：「仰關，《始皇本紀》作『叩關』，潭本作『扣關』，小司馬謂『仰』字是。」按：《文選》引亦作「叩關」，當作「仰關」，叩乃仰字形近而誤。（P8）

王耕心曰：司馬貞、顏師古皆謂秦地高，攻者皆仰擊，則以作「仰」為是。近世姚鼐謂叩關、開關文義相承，主用「叩」字。然作「仰」既見地形，尤存古義，以為開必待叩，疏矣。（P8）

按：《陳涉世家》、《漢書》、《漢紀》、《類聚》作「仰關」〔註7〕，《文選·西征賦》李善注引《過秦論》、《治要》卷11引《史記》作「叩關」。當作「叩關」，《漢書·鄒陽傳》《上書諫吳王》：「張耳、陳勝連從兵之據，以叩函谷。」顏師古注：「叩，擊也。」此文亦敘攻秦事，為本文當作「叩關」之確證。本字作「敂關」。《周禮·地官·司徒》：「凡四方之賓客，敂關則為之告。」《儀禮·聘禮》賈公彥疏、《白帖》卷9引作「叩關」。《陳涉世家》《索隱》、顏師古、王念孫、張文虎、瀧川資言、施之勉、王叔岷皆謂「仰」是，其說皆非也〔註8〕。段玉裁曰：「印與仰義別，仰訓舉，印訓望。今則仰行而印廢，且多改印為仰矣。《過秦論》：『印關而攻秦。』俗本作叩、作仰，皆字誤、聲誤耳。」〔註9〕其說謂當作「印」，亦非是。

〔註6〕　《類聚》據宋紹興本，四庫本作「離橫」。
〔註7〕　《類聚》據宋紹興本，四庫本作「叩關」。
〔註8〕　參見蕭旭《〈過秦論〉校札》，《唐山師範學院學報》2007年第3期，第26頁；又參見蕭旭《漢書校補》，收入《群書校補》，廣陵書社2011年版，第256頁。
〔註9〕　段玉裁《說文解字注》，上海古籍出版社1981年版，第385頁。

（9）九國之師逡遁而不敢進

方向東曰：盧文弨曰：「『遁』與『巡』同，建本尚不誤，潭本則從《始皇本紀》訛。本作『逡巡遁逃』。案《陳涉世家》但作『遁逃』，亦誤。」按：嚴輯本、《賈長沙集》與潭本同，吉府本作「逡巡」。逡遁二字同義，爲疊韻成語，稍稍引退、次且不前之義。《漢書》引作「遁巡」。作「遁逃」誤。（P8）

王耕心曰：盧說當已。以「逡巡」爲「逡遁」，乃漢文通用字……《陳涉世家》及《文選》直作「遁逃」，《秦始皇本紀》作「逡巡遁逃」，皆誤。《漢書》又作「遁巡」，尤謬。（P8）

按：四庫本作「逡巡」，《風俗通義・六國》引《太史公記》、《類聚》、《文選・六代論》李善注引作「遁逃」，《治要》卷 11、《文選・過秦論》李善注引《史記》並作「逡巡」，《漢紀》亦作「逡巡」，《文選・西征賦》李善注引《過秦論》作「遯逃」，又《七命》李善注引《過秦論》作「避逃」，《御覽》卷 308 引《史記》作「遯逃」。《匡謬正俗》卷 5 引作「逡遁」，云：「遁者蓋取盾之聲，以爲巡字，當音詳遵反……後之學者，既不知遁爲巡字，遂改爲『遁逃』……且書本好者，今猶爲『逡遁』，不作『遁逃』也。」顏說是也，《始皇本紀》作「逡巡遁逃」者，後人誤合異文耳。王汝璧曰：「師古作『逡遁』是也……《史記》作『逡巡遁逃』，蓋多『遁逃』二字。《文選》作『逃遁』，《西征賦》引用作『遁逃』，則又因『遁巡』而誤也。」〔註 10〕「逡遁」同「逡巡」，字或作「逡循」，《晏子春秋・內篇問下》：「晏子逡循對曰。」《漢書・萬章傳》：「章逡循甚懼。」《漢書》作「遁巡」，亦「逡巡」之音轉〔註11〕，王耕心謂「尤謬」，非也。晉・潘安仁《西征賦》：「或開關而延敵，競遁逃以奔竄。」是誤爲「遁逃」甚早。

（10）奮六世之餘烈

方向東曰：《史記・始皇本紀》、嚴輯本「奮」作「續」，《初學記》卷 5

〔註10〕 王汝璧《芸麗偶存》卷 2，收入《續修四庫全書》第 1462 冊，上海古籍出版社 2002 年版，第 83 頁。

〔註11〕 參見方以智《通雅》卷 7，收入《方以智全書》第 1 冊，上海古籍出版社 1988 年版，第 294 頁。又參見顧炎武《金石文字記》卷 1，收入《叢書集成新編》第 49 冊，新文豐出版公司 1985 年版，第 42～43 頁。

引作「纘」。奮，發揚。（P10）

按：奮，《陳涉世家》、《漢書》、《漢紀》、《文選》、《類聚》、《初學記》卷
24 同，《始皇本紀》作「續」（不作「績」），《治要》卷 11 引《史記》
亦作「續」，《御覽》卷 86 引《史記》作「纘」。「纘」當爲「續」形誤。
《鹽鐵論・論儒》：「及潛王，奮二世之餘烈，南舉楚淮，北并巨宋。」
即仿此文。六世，《初學記》卷 5、24、《記纂淵海》卷 8 引作「六代」，
蓋避唐諱而改；《漢紀》作「六國」，非也。

（11）執搞朴以鞭笞天下

方向東曰：盧文弨曰：「本皆作『敲朴』，案小司馬云賈本論作『搞朴』，
今從之。」按：《史記・始皇本紀》、嚴輯本作「捶拊」。（P10）

按：《漢書》、《文選》、《類聚》、《文選・北山移文》李善注引作「敲扑」，《白
氏六帖事類集》卷 13 引作「敲朴」〔註 12〕，《陳涉世家》作「敲朴」，
《索隱》引臣瓚曰：「短曰敲，長曰朴。」《始皇本紀》作「棰拊」，殿
本作「搞朴」。《集解》引徐廣曰：「拊，拍也，音府。一作『槁朴』。」
《索隱》：「賈本論作『槁朴』。」《治要》卷 11 引《史記》作「棰拊」，
有注：「拊，拍也，一作『槁朴』。」《御覽》卷 86 引《史記》作「捶
拊」「敲」、「扑」皆取捶擊爲義，所以擊之物，亦名「敲」、「扑」，名、
動固相因也，名詞之專字則易作「木」旁作「槁」、「朴」。「捶」、「拊」
亦取捶擊爲義，所以擊之物，亦名「捶」、「拊」，名詞之專字則易作「木」
旁作「棰」、「柎」。「附」則「拊」之音誤。

（12）俛首係頸，委命下吏

按：俛，《漢書》、《漢紀》作「頫」，字同，見《說文》。鄧展曰：「頫，音
俯。」顏師古曰：「頫，古俯字。」

（13）墮名城，殺豪俊

方向東曰：墮，同「隳」。（P11）

按：墮，《治要》卷 11、《御覽》卷 86 引《史記》並作「隳」，《文選》李
善本亦作「隳」。《說文》：「陸，敗城阜曰陸。」「隳」爲俗字，「墮」

〔註 12〕四庫本《白帖》在卷 47，引作「敲扑」。

乃借字。俊，吉府本、四庫本作「傑」。《史記・秦楚之際月表》：「秦既稱帝……墮壞名城，銷鋒鏑，鉏豪桀。」《漢書・吾丘壽王傳》：「（秦）墮名城，殺豪桀。」「桀」爲「傑」省借，《治要》卷 18 引《漢書》正作「傑」。二書皆本於賈子，是漢人所見，有作「豪桀（傑）」者。

（14）然後踐華為城，因河為池

方向東曰：《史記・始皇本紀》、嚴輯本「踐」作「斬」，「池」作「津」。《御覽》卷 320 引「因」作「固」。《漢書》服虔曰：「斷華山爲城，美大之也。」晉灼曰：「踐，登也。」《文選》六臣注呂延濟曰：「登踐華山以爲城，因河水以爲池。」〔註13〕按：踐，循，沿。（P12）

按：服虔訓「斷」，是所據本作「斬」字也。《始皇本紀》「踐」作「斬」，《治要》卷 11 引《史記》同，《御覽》卷 86 引《史記》作「塹」。「斬」爲「塹」之省借，指掘華山而築長城〔註14〕。「因」字各書引同，惟《御覽》卷 320 引作「固」，乃形近之訛。

（15）據億丈之高

方向東曰：盧文弨曰：「《史記》作『據億丈之城』。」《漢書》、《文選》、《子匯》本、嚴輯本、《賈長沙集》「高」皆作「城」。「高」作山陵解，與「淵」同爲名詞。諸本作「城」，誤以「高」爲城廓之廓。（P12）

王耕心曰：「城」複上文，作「高」是也。（P9）

按：《類聚》作「據億丈之城」，《漢紀》作「據億丈之峻」。峻亦高也，用以形容華山，與上文「踐華爲城」相應。「峻」或「高」與下句「深」對舉。王念孫曰：「高，當爲㙻，即城郭之郭，因誤爲高。」〔註15〕疑未是也。

（16）臨百尺之淵以為固

方向東曰：《史記》、《文選》、《子匯》本、嚴輯本、《賈長沙集》皆作「臨

〔註13〕原引「呂延濟」誤作「張濟」，茲徑正。
〔註14〕參見蕭旭《〈過秦論〉校札》，《唐山師範學院學報》2007 年第 3 期，第 26 頁；又參見蕭旭《漢書校補》，收入《群書校補》，廣陵書社 2011 年版，第 256～257 頁。
〔註15〕王念孫《墨子雜志》，收入《讀書雜志》卷 9，中國書店 1985 年版，第 31 頁。

不測之谿」，《漢書》作「臨不測之川」。王耕心云：「以『淵』為『谿』為
『川』，乃唐人避諱所改，作『淵』是也。」盧文弨曰：「（《史記》作）『臨
不測之谿』，潭本『淵』亦作『谿』。」按：吉府本作「不測之淵」。（P12）

王耕心曰：賈子文不必以「億丈」、「百尺」為對，作「不測」是也。（P9）

按：百尺之淵，《漢紀》作「不測之深」，《類聚》、《御覽》卷 320 引作「不
測之谿」，《始皇本紀》、《陳涉世家》、《文選》、《類聚》亦作「不測之谿」
〔註16〕。是宋以前皆作「不測」，無作「百尺」者。疑本當作「深」，用
以形容黃河，與上文「因河為池」相應。「深」誤作「溪」，因又改作「谿」
字，復又改作「淵」、「川」，以與「城」字相對。

（17）餘威於殊俗

方向東曰：振，吉府本作「震」。（P14）

按：《漢書》、《文選》亦作「震」，《文選・為石仲容與孫皓書》李善注引同。

（18）甕牖繩樞之子

方向東曰：《始皇本紀》「甕」作「罋」。《漢書》服虔曰：「以繩係戶樞。」
孟康曰：「瓦甕為窗也。」〔註17〕（P14）

按：甕，《陳涉世家》、《漢書》、《文選》、《類聚》同。「甕」同「罋」，亦作
「瓮」。樞，《類聚》作「摳」。

（19）甿隸之人，而遷徙之徒也

方向東曰：盧文弨曰：「潭本『甿』作『畮』。」按：《史記》、《漢書》、《文
選》同。（P14）

按：甿，《史記》二引皆作「畮」；《類聚》亦作「畮」。田民謂之畮，野民
謂之甿，散文則通，古亦借「萌」字為之。

（20）非有仲尼、墨翟之賢，陶朱、猗頓之富

方向東曰：盧文弨曰：「仲尼，別本作『仲弓』。案荀子常以仲尼子弓並
稱……作『仲尼』者，或轉據《史記》本改之耳。」王耕心曰：「盧氏

〔註16〕《治要》卷 11、《御覽》卷 86 引《史記》同今本。
〔註17〕原引「為窗」誤作「為樞」，茲徑正。

蓋不知孔、墨並稱屢見晚周諸子。改『尼』爲『弓』，乃出淺人妄竄，決非賈子原文也。」按：弘治本作「仲弓」。章太炎曰：「盧校從『仲弓』，甚是。賈子爲荀子再傳弟子，故稱述仲弓。」沈延國案：「章先生說是也。王耕心蓋不知賈誼乃荀卿再傳弟子，《荀子·非十二子篇》：『上則法舜、禹之制，下則法仲尼、子弓之義。』荀子承學子弓，故賈生亦稱述仲弓。王說非是。」（P14～15）

閻振益校：仲尼，何本、遞修本、鄭藏本、王國維校本作「仲弓」。（P11）

按：王耕心說是也。「仲尼、子弓」，不可省稱「仲弓」。《始皇本紀》、《陳涉世家》、《文選》並作「仲尼」。又考《史記·平津侯主父列傳》徐樂上書曰：「陳涉無千乘之尊，尺土之地，身非王公大人，名族之後，無鄉曲之譽，非有孔、墨、曾子之賢，陶朱、猗頓之富也。」《漢書·徐樂傳》同。是明顯的襲自賈子。其言「孔、墨之賢」，可證賈子舊本必作「仲尼」也。鍾夏襲章太炎說，而抹其出處。

（21）躡足行伍之間，俛起阡陌之中

方向東曰：盧文弨曰：「俛起，潭本作『而倔起』，與《始皇本紀》同。《陳涉世家》作『俛仰』。『阡陌』與《漢書》同，《史記》並作『什佰』。」俞樾曰：「『俛』當從《始皇本紀》作『倔』。『阡陌』亦當從《史記》作『什佰』。」王念孫曰：「『阡陌』本作『什佰』。」王耕心曰：「作『倔』作『阡陌』者皆是也。」李周翰曰：「言在兵行伍而起於道路，謂涉行至蘄遇雨，不得已而舉事也。俛，下也。阡陌，道路也。」按：「俛」字有據。《漢書》作「免」，顏師古曰：「免者，言免脫徭役也。免字或作俛，讀與俯同。」《陳涉世家》作「俛仰」，即屈伸之義。作「阡陌」義長。（P15～16）

王耕心曰：「免」乃「俛」字之誤。（P9）

閻振益校：俛起，即俯仰。（P12）

按：俛起阡陌，《始皇本紀》作「倔起什伯」，《集解》：「《漢書音義》曰：『首出十長百長之中。』如淳曰：『時皆辟屈在十百之中。』」《陳涉世家》作「俛仰什佰」，《索隱》：「什佰謂千人百人之長也，音千百。《漢書》作『阡陌』，如淳云：『時皆僻屈在阡陌之中。』」《漢書》作「免起阡陌」，《文選》作「俛起阡陌」，李善注引如淳曰：「時皆卑屈在阡陌之中。」《治要》卷 11 引《史記》作「出倔起什佰」，《記纂淵海》卷 59

引《史記・秦紀》賈生論作「倔起阡陌」。當作「俛起阡陌」爲是。《治要》引作「出倔起」者，「出」涉「倔」而誤衍。《文選・陸機・豪士賦序》：「而時有袨服荷戟，立于廟門之下；援旗誓衆，奮於阡陌之上。」李善注引《過秦論》作「俛起阡陌之中」，李周翰注：「阡陌，道路也。」是陸機所見，亦作「阡陌」也。「俛」、「免」並讀爲勉，與「倔」同義。《漢書》顏師古注：「免字或作俛，讀與俯同。」官本「俯」作「免」，是也〔註18〕。「俛起阡陌」、「倔起阡陌」，謂從田間道路而倔起，亦即「奮於阡陌」也。「阡陌」之言千百，言田間道路、溝渠縱橫也。青川縣出土秦更修田律木牘：「正彊（疆）畔，及發千百之大草。」此例正作本字「千百」。字亦作「千佰」，睡虎地秦簡《爲吏之道》：「千佰津橋。」如淳注語「辟（僻）屈」即「卑屈」之音借，是誤以「俛」爲「俯」字。

（22）率疲弊之卒，將數百之衆，轉而攻秦

方向東曰：盧文弨曰：「潭本作『率罷散之卒』，同《史記》。」《漢書》、《文選》、《賈長沙集》同，嚴輯亦同。《子匯》本作「疲散」。轉，掉轉頭來。（P16）

按：《治要》卷11引《史記》作「疲散」，《類聚》、《御覽》卷300引作「罷散」，《文選》李善本作「罷弊」，五臣本作「疲散」（不作「罷散」）。顏師古注：「罷，讀曰疲。」《漢紀》「數百」作「數萬」，「轉」下有「鬬」字。

（23）山東豪傑並起而亡秦族矣

方向東曰：盧文弨曰：「潭本『傑』作『俊』。又有一『遂』字。」按：《子匯》本、《賈長沙集》、嚴輯本、《史記》、《文選》同。（P16～17）

王耕心曰：作「傑」是也。（P9）

按：豪傑並起，《漢紀》同，《漢書》亦作「豪俊遂並起」，《類聚》作「豪俊蜂起」。

〔註18〕 參見蕭旭《〈過秦論〉校札》，《唐山師範學院學報》2007年第3期，第27頁；又參見蕭旭《漢書校補》，收入《群書校補》，廣陵書社2011年版，第257～258頁。

（24）鉬耰棘矜

方向東曰：《始皇本紀》「耰」作「櫌」。李善注曰：「孟康曰：『耰，鋤柄也。』張晏曰：『矜音槿。』《爾雅》曰：『棘，戟也。』言鋤柄及戟槿也。」王念孫曰：「《方言》：『矜謂之杖。』」（P17）

按：櫌、耰，正、俗字。鉬耰，《類聚》作「鋤耰」。《方言》卷 9：「矛，其柄謂之矜。」字亦作䅹、槿，《玉篇》：「䅹，矛柄。」又「槿，柄也。」《廣韻》：「䅹，矛柄也，又鉬耰也，古作矜。」《鹽鐵論・論勇》：「然陳勝無士民之資，兵甲之用，鉬耰棘橿，以破衝隆。」是「棘矜」即「棘橿」也。《淮南・兵略篇》許慎注：「棘棗，酸棗也。矜，矛柄也。」《說文》：「矜，矛柄也。」又「橿，一曰鉬柄名。」《釋名》：「鋤，助也，去穢助苗長也。齊人謂其柄曰橿，橿然正直也。」是許慎亦解「矜」為矛柄，此固二漢人舊說。《始皇本紀》《集解》：「服虔曰：『以鉬柄及棘作矛槿也。』如淳曰：『耰，椎塊椎也。』」《陳涉世家》《索隱》：「棘，戟也。矜，戟柄也。」《漢書》顏師古注：「服虔曰：『以鉬柄及棘作矛䅹也。』晉灼曰：『耰，椎塊椎也。』師古曰：服說非也。耰，摩田器也。棘，戟也。矜與䅹同，謂矛鋋之把也。言往者秦銷兵刃，陳涉起時，但用鉬耰及戈戟之䅹以相攻戰也。」《漢書・徐樂傳》顏注亦云：「棘，戟也。矜者，戟之把也。時秦銷兵器，故但有戟之把耳。」王念孫曰：「棘矜，謂伐棘以為杖也。《淮南・兵略篇》曰：『陳勝伐棫（棘）棗而為矜。』義與此同……師古以棘為戟，非也。」〔註19〕朱起鳳曰：「矜、橿古讀同聲……《方言》卷 9：『矜謂之杖。』古音矜讀如鰥，今俗呼杖為棍，即鰥音之通，亦即矜字之變。然則棘非戟也，矜亦非戟把也。蓋以棗木為棍，藉作武器耳。小顏戟把之說，附會無據。」〔註20〕「矜」字服虔、王念孫、朱起鳳說是也，與《淮南子・兵略篇》合。「棘」當指棘棗，即酸棗。「耰」字顏師古訓摩田器是也，《國語・齊語》：「及耕，深耕而疾耰之，以待時雨。」韋昭注：「耰，摩平也。」故用以摩平土塊之器亦名為「耰」。晉灼、如淳訓椎塊椎者，謂椎擊土塊之槌也，與顏說是同一物。二「椎」字一動一名。《淮南子・氾論篇》：

〔註19〕 王念孫《漢書雜志》，收入《讀書雜志》卷5，中國書店 1985 年版，第 31 頁。王氏引「棘」誤作「棫」。
〔註20〕 朱起鳳《辭通》，上海古籍出版社 1982 年版，第 996 頁。

「耒耜櫌鉏。」高誘注：「櫌，讀曰優，椓塊椎也，三輔謂之僖，所以覆種也。」《廣韻》：「櫌，打塊槌。」其說亦同。「椓」、「打」與「椎」同義。《文選·長楊賦》：「使農不輟櫌，工不下機。」李善注：「韋昭曰：『櫌，所以覆種。』顏監曰：『摩田器也。』晉灼云：『以耒推（椎）塊曰櫌。』」「推」當作「椎」。段玉裁曰：「（櫌訓）椎塊尙近之，鉏柄之說，未可信矣。」〔註21〕《管子·輕重乙》：「一農之事，必有一耜、一銚、一鎌、一鎒、一椎、一銍，然後成爲農。」所云「一椎」，即指櫌器，亦即椎塊之椎。《農政全書》卷 21：「櫌，槌塊器……今田家所制，無齒，杷首如木椎，柄長四尺，可以平田疇，擊塊壤，又謂木斫，即此櫌也。」

（25）不敵於鈎戟長鎩也

> 方向東曰：盧文弨曰：「潭本『不敵』作『非銛』，《始皇本紀》作『〔非〕鋌』。『鋌』與『銛』同。」按：《陳涉世家》、《文選》、《賈長沙集》作「非銛」，嚴輯本作「非鋌」。（P17）

> 王耕心曰：「不敵」殊謬，「銛」、「鋌」皆《說文》正字，是也。（P9）

按：舊注：「鎩，所賣切，矛也。」不敵，《漢書》同，《文選》作「不銛」，《類聚》作「非銛」。銛、鋌，並讀爲剡，《說文》：「剡，銳利也。」鈎，《漢書》、《文選》、《類聚》同，《始皇本紀》、《陳涉世家》作「句」。

（26）試使山東之國，與陳涉度長絜大，比權量力，則不可同年而語矣

> 方向東曰：絜大，盧文弨曰：「潭本作『挈』。」按：《陳涉世家》「試」上有「嘗」字。《索隱》：「絜，謂如結束知其大小也。」李善曰：「《莊子》曰：『大樹其絜百圍。』司馬彪曰：『絜，帀也。』李周翰曰：「絜，圍也。」（P17～18）

按：絜，《類聚》引作「挈」〔註22〕。《始皇本紀》《集解》引《漢書音義》曰：「『絜束』之『絜』。」顏師古曰：「絜，謂圍束之也。度，音徒各反。」挈、挈，並讀爲絜，指用繩索捆束以度量大小。《管子·幼官》尹注：「絜，圍度也。」字亦作揳，《荀子·非相》：「故士不揣長，不

〔註21〕段玉裁《說文解字注》，上海古籍出版社 1981 年版，第 259 頁。
〔註22〕《類聚》據宋紹興本，四庫本作「挈」。

揳大，不權輕重。」楊倞注：「揳，與絜同，約也。謂約計其大小也。」
「絜大」謂圍度其直徑。度音徒各反，讀如鐸，俗字作「庹」，謂伸
長兩臂以測量長度，亦可用爲量詞，其距離曰「一庹」，動、量詞固
同源也。《字彙補》：「兩腕引長謂之庹。」《冥通記》卷 1：「書一大度，
簿，白麻相接續，滿紙。」黃生曰：「度，待洛切。今人以橫展兩臂
爲一度。」〔註23〕《紅樓夢》第 105 回：「倭緞三十二度，洋呢三十
度。」又作借音字「托」，宋・龐元英《文昌雜錄》卷 3：「水纔深八
托。」《續通志》卷 86：「今吳中人以兩臂量物曰托。」「度長」謂量
度其長短。

（27）序八州而朝同列

方向東曰：盧文弨曰：「《陳涉世家》『序』作『抑』，《始皇本紀》作『招』，
《漢書》同。」按：《文選》、《子匯》本、嚴輯本、《賈長沙集》皆作「招」。
俞樾曰：「序者，次第之。《陳涉世家》作『抑』，蓋字之誤，因而《始
皇本紀》又誤爲『招』矣。」王耕心曰：「作『序』未安，『招』乃『抑』
字形近之誤。」按：序，安排，此有統轄之意。（P18）

按：四庫本、《類聚》、《通鑑》卷 9 引作「招」，《治要》卷 11、《御覽》卷
86 引《史記》同。《陳涉世家》《索隱》：「謂秦強而抑八州使朝己也。
《漢書》作『招八州』，亦通也。」《漢書》顏師古注引蘇林、《文選》
李善注引鄧展並曰：「招，舉也。」「序」字義長。《史記・孟子荀卿
傳》：「中國名曰赤縣神州，赤縣神州內自有九州，禹之序九州是也。」
《鹽鐵論・論鄒》：「堯使禹爲司空，平水土，隨山刊木，定高下而序
九州。」

（28）一夫作難而七廟墮

方向東曰：盧文弨曰：「墮，潭本作『隳』。」按：「墮」同「隳」。（P19）

按：墮，《史記》二引同，《漢紀》、《類聚》引作「隳」，《御覽》卷 86 引
《史記》亦作「隳」。《文選》李善本作「隳」，五臣本作「墮」。本字
爲「隓」。

〔註23〕黃生《義府》卷下，收入《字詁義府合按》，中華書局 1954 年版，第 254 頁。

《過秦中》校補

（1）天下之士，斐然嚮風

方向東曰：《史記考證》：「斐，讀爲靡。」按：斐然，輕貌，於義自通。（P21）

王洲明、徐超曰：斐然，同「靡然」，順風勢而倒的樣子。（P10）

閻振益校：斐然，強進之貌。夏按：斐然蓋猶靡然，《史記・儒林傳》：「天下之學士靡然鄉風矣。」義與此同。（P17）

按：嚮，四庫本作「鄉」，《始皇本紀》作「鄉」，《治要》卷 11 引《史記》作「向」。《考證》讀斐爲靡，甚確。王洲明、鍾夏說即本《考證》，而未著出處。《後漢紀》卷 22：「故欲進之士，斐然向風。」《漢書・儒林傳》顏師古注：「鄉，讀曰嚮。」《文選・石闕銘》：「於是天下學士，靡然向風。」靡，披靡、倒伏。

（2）專威定功

方向東曰：《史記》、嚴輯本、《賈長沙集》「專」作「守」。王耕心曰：「『專威』非古人語，作『守』是也。」按：專，猶言專擅。字或作「顓」，《漢書・諸侯王表》：「顓作威福廟堂之上。」從蕭旭說。（P22）

按：《越絕書・外傳記地傳》：「（石買）欲專威，服軍中。」漢・孔融《六言詩》：「董卓作亂乘衰，借上虐下專威。」此皆漢人用「專威」之例，後代猶用之。《弘明集》卷 12：「而庾君專威，妄起異端。」《抱朴子外篇・臣節》：「專威若趙高，擅朝如董卓。」

（3）廢王道而立私愛

方向東曰：《史記》、嚴輯本、《賈長沙集》「愛」作「權」。王耕心曰：「作『愛』謬甚。」按：當作「愛」。（P22）

按：「權」字是，《治要》卷 11、《御覽》卷引《史記》同今本。《漢書・朱買臣傳》：「秦兼天下，廢王道，立私議，滅詩書而首法令。」又《王莽傳》：「昔秦燔詩書以立私議。」當本賈子。考《管子・法法》：「明君在上位，民毋敢立私議自貴者。」又「私議立則主道卑矣。」《商君書・修權》：「世之爲治者，多釋法而任私議，此國之所以亂也。」又《賞刑》：「不可獨立私議以陳其上。」「立私議」是所禁止者也。「私議」謂私下評判，亦即「私權」。

（4）焚文書而酷刑法

　　方向東曰：《史記》、王謨本「焚」作「禁」。（P22）

　　王耕心曰：禁，《史記》如文，是也。（P10）

按：「焚」字是，與上引《漢書》作「燔」、「滅」相合。《韓子·和氏》：「燔詩書而明法令。」文，《始皇本紀》同，疑「詩」之誤。漢人言「文書」，指公文案牘，非此文之誼。《漢書·刑法志》：「文書盈于几閣。」是其例也。《治要》卷11、《御覽》卷86引《史記》作「禁」、「文」，是唐代已誤矣。

（5）夫并兼者高詐力，安危者貴順權

　　方向東曰：《史記》「危」作「定」。王耕心曰：「作『安危』，謬矣。」順，遵循。（P22）

按：高，《始皇本紀》同，崇尚也。《史記·淮南衡山傳》：「昔秦……尚詐力，任刑罰。」順，因循。

（6）並殷、周之迹

　　方向東曰：並，比較。（P23）

　　王洲明、徐超曰：並，通「傍」，因循。（P12）

　　閻振益校：朱駿聲曰：「並，假借為傍。」夏按：此謂依傍。（P19）

按：讀並為傍是也。《列子·黃帝》：「使弟子並流而承之。」殷敬順《釋文》：「並音傍，《史記》、《漢書》『傍海』、『傍河』皆作『並』。」《史記·始皇本紀》：「自榆中並河以東。」《集解》引服虔曰：「並，音傍。傍，依也。」《漢書·武帝紀》：「遂北至琅邪，並海。」顏師古曰：「並，讀曰傍。傍，依也。音步浪反。」《漢紀》卷14、《類聚》卷27引《漢書》正作「傍海」。

（7）夫寒者利短褐，而飢者甘糟糠

按：《孟子·盡心上》：「孟子曰：『飢者甘食，渴者甘飲。』」此賈子所本。《漢書·循吏朱邑傳》：「猶饑者甘糟糠，穰歲餘梁肉。」又《食貨志》：「夫寒之於衣，不待輕煖；饑之於食，不待甘旨。」《淮南子·說林篇》、《文子·上德》並云：「幾（飢）易助也，濕易雨也。」《越絕書·越

絕外傳本事》：「濕易雨，饑易助。」敦煌寫卷 S.1380《應機抄》：「夫寒人於衣，不待華鮮；饑人於食，不待甘胞（脆）。」又「夫寒則利短褐，飢者嗜糟糠。」皆足參證。

（8）天下囂囂，新主之資也

方向東曰：盧文弨曰：「囂囂，潭本作『嗸嗸』，音義同，此從建本。」按：《史記》、王謨本、嚴輯本、《賈長沙集》同潭本。（P25）

按：囂囂，四庫本、《通鑑》卷 174 胡三省註引作「嗷嗷」，《治要》卷 11 引《史記》亦作「嗷嗷」。《長短經‧君德》：「古語曰：『天下嗷嗷，新主之資也。』靈帝承疲民之後，易為善政。」「嗷嗷」音義亦同。

（9）此言勞民之易為仁也

方向東曰：盧文弨曰：「《意林》『仁』作『治』。」劉師培曰：「《意林》引『仁』作『政』。」（P25）

按：仁，《始皇本紀》同，《意林》卷 2 引「仁」作「政」，盧氏失檢。《長短經》亦作「政」，作「政」字蓋唐人所改。

（10）虛囹圄而免刑戮

按：囹圄，《治要》卷 11 引《史記》同，《始皇本紀》作「囹圉」，音義同。

（11）雖有狡害之民，無離上之心

方向東曰：盧文弨曰：「潭本作『狡猾』。」按：《史記》同。（P26）

王耕心曰：「狡猾」是也，今改正。（P10）

王洲明、徐超曰：狡害，狡猾。（P14）

閻振益校：狡害，猶言狡猾。朱起鳳曰：「害讀入聲，與猾音近。」《史記》即作「狡猾」。（P20）

按：害，讀為愒。《爾雅》：「愒，貪也。」朱起鳳說不可信。《呂氏春秋‧恃君》：「服狡蟲。」高誘注：「狡蟲，蟲之狡害者。」此「狡害」別為一詞。

（12）則不軌之臣無以飾其智，而暴亂之奸弭矣

方向東曰：《史記》、嚴輯本、《賈長沙集》「弭」作「止」，同義。吉府本

誤作「彌」。（P26）

閻振益校：《集韻》：「彌，止也，通作弭。」（P20）

按：閻說是也。古書「彌節」即通作「弭節」。

（13）（陳涉）奮臂於大澤

方向東曰：「臂」字據《史記》補。（P26）

王耕心曰：「臂」涉下篇誤衍。（P11）

閻振益校：「臂」字據《史記》補。夏按：原本可通。然下又云「奮臂大呼」，知此脫「臂」字。（P21）

按：不當補「臂」字。《鹽鐵論・襃賢》亦言陳涉「奮於大澤」。又作「興於大澤」、「起於大澤」，《淮南子・兵略篇》：「陳勝興於大澤，攘臂祖右。」又《人間篇》：「陳勝起於大澤，奮臂大呼。」《史記・淮南衡山傳》：「陳勝、吳廣……起於大澤，奮臂大呼。」《史記》「臂」字轉當據此刪，《治要》卷11引已衍。

（14）故曰：「安民可與為義，而危民易與為非。」

方向東曰：《史記》、嚴輯本、《賈長沙集》上「為」字作「行」。此引用成語，所引書不詳。（P27）

按：「義」疑當作「善」，字之譌也。本書《連語》：「故上主者，堯、舜是也。夏禹、契、后稷與之為善則行，鯀、讙兜欲引而為惡則誅。故可與為善，而不可與為惡。下主者，桀、紂是也。推侈、惡來進與為惡則行；比干、龍逢欲引而為善則誅。故可與為惡，而不可與為善。」《漢書・古今人表》引《傳》曰：「譬如堯、舜、禹、稷、离，與之為善則行，鯀、讙兜欲與為惡則誅。可與為善，不可與為惡，是謂上智。桀、紂，龍逢、比干欲與之為善則誅，于莘、崇侯與之為惡則行。可與為惡，不可與為善，是謂下愚。桓公，管仲相之則霸，豎貂輔之則亂。可與為善，可與為惡，是謂中人。」又《谷永傳》：「臣聞上主可與為善，而不可與為惡；下主可與為惡，而不可與為善。」諸書皆出於《呂氏春秋・驕恣》：「則人主可與為善，而不可與為非；可與為直，而不可與為枉。」

《過秦下》校補

（1）陳涉率散亂之眾數百

方向東曰：《史記》、嚴輯本、《賈長沙集》「率」作「以戍卒」。（P29）

按：《御覽》卷 353 引《過秦論》亦作「以戍卒」。盧校本「率」為「卒」形誤，又脫「以戍」二字。

（2）鉏耰白梃

方向東曰：鉏，同「鋤」。耰，木棒。（P29）

按：耰，《始皇本紀》作「櫌」，同。《集解》引徐廣曰：「櫌，田器，音憂。」《索隱》：「徐以櫌為田器，非也。孟康以櫌為鉏柄，蓋得其近也。」「田器」上脫「摩」字。「櫌（耰）」當從徐廣說。《御覽》卷 353 引《過秦論》作「鉏擾白挺」。「擾」為「櫌」形誤。梃，《始皇本紀》同，《御覽》卷 86 引《史記》作「挺」。梃之言挺，直也。故直木之杖亦謂之挺，「梃」則為後出分別字。《廣雅》：「梃，杖也。」《呂氏春秋‧簡選》：「鉏耰白挺。」高誘注：「耰，椎。挺，杖也。」《玉篇》「櫌」字條引作「櫌」。「椎」即指椎塊之椎。

（3）楚師深入，戰於鴻門，曾無藩籬之難

方向東曰：《史記》、嚴輯本、《賈長沙集》「難」作「艱」。（P30）

按：難，《文選‧辨亡論》李善注引同，四庫本、吉府本作「艱」，《御覽》卷 86、353 引亦作「艱」。《集韻》：「難，阻也。」《廣韻》：「艱，險難也。」

（4）自繆公以來至于秦王，二十餘君，常為諸侯雄

方向東曰：《史記考證》梁玉繩曰：「『秦王』當作『始皇』，下同。《陳涉世家》並作『始皇』。」按：《賈長沙集》正作「始皇」。（P31）

按：《鹽鐵論‧論功》：「自孝公以至於始皇，世世為諸侯雄。」即本賈子，亦其確證。

（5）其勢居然也

方向東曰：《史記考證》：「居然，猶安然也。」按：居，通「踞」。勢居，秦地形勢所處。（P31）

按：「勢居」爲詞。朱起鳳曰：「勢居，猶俗言地位。」〔註24〕王利器說同〔註25〕。本書《藩強》：「其形勢然矣。」「形勢」是其誼也。

（6）然固于嶮阻而不能進

按：固，各本作「困」。阻，盧校本作「岨」。

（7）承解誅罷以令國君

方向東曰：盧文弨曰：「潭本作『收弱扶罷以令大國之君』，俱依《史記》。」劉師培曰：「『解』當作『懈』。『承』蓋『懲』字之假。」按：劉說是。誅，與「懲」同義。（P33）

按：劉氏讀解爲懈是也，而讀承爲懲則未得。承，當讀爲拯。承解，言拯其疲懈者也。「誅」當是「扶」形誤。

（8）秦王足己而不問，遂過而不變

方向東曰：遂過，一直錯誤下去。（P34）

王洲明、徐超曰：遂過，遂順錯誤，堅持錯誤。（P20）

按：王洲明、徐超說是。《呂氏春秋・審應》：「公子食我之辯，適足以飾非遂過。」高誘注：「飾好其非，遂成其過。」《韓子・難二》：「李子之奸弗蚤禁，使至於計，是遂過也。」《孟子・公孫丑下》：「順過飾非，就爲之辭。」又「且古之君子，過則改之；今之君子，過則順之。」《論衡・寒溫》：「縱過飾非。」亦言「遂非」，《逸周書・芮良夫》：「遂非不悛。」《漢書・董賢傳》：「將軍遂非不改。」遂過猶言順過、縱過，謂順遂其過也。高氏釋爲「遂成」，非是。朱起鳳曰：「遂字叚作善，此方言之異。」〔註26〕亦非是。

（9）然所以不敢盡忠拂過者

方向東曰：盧文弨曰：「『拂』與『弼』同。」《史記考證》：「拂，讀爲怫。」王謨本作「弗」。拂，輔導糾正之意。（P34～35）

按：作「弗」是本字。《說文》：「弗，撟（矯）也。」「怫」是抑鬱義，《考

〔註24〕朱起鳳《辭通》，上海古籍出版社 1982 年版，第 247 頁。
〔註25〕王利器《鹽鐵論校注》，中華書局 1992 年版，第 47 頁。
〔註26〕朱起鳳《辭通》，上海古籍出版社 1982 年版，第 218 頁。

證》說大誤。

（10）䰇口而不言

方向東曰：《史記》、嚴輯本「䰇」作「拑」，義同。（P35）

按：䰇，四庫本作「箝」，《治要》卷 11 引《史記》作「鉗」，義亦同。

《宗首》校補

此篇以下又見《漢書‧賈誼傳》者，皆省稱作《漢書》。

（1）黃帝曰：「日中必熭，操刀必割。」

方向東曰：盧文弨曰：「熭，建本訛加『竹』，《漢書》加『艸』作『蘥』。案《顏氏家訓》引賈誼策作『熭』，潭本正合，從之。」孟康曰：「熭，音衛，日中盛者必暴熭也。」顏師古曰：「此語見《六韜》，熭，謂暴曬之也。」王先謙曰：「《說文》：『熭，暴乾火也。』《玉篇》：『熭，曝乾也。』此作熭，後人妄加『艸』也。」（P40）

按：《六韜‧文韜‧守土》作「𥜗」，《廣韻》：「𥜗，日中必𥜗。」皆省借字。《說文繫傳》「熭」字條、《類說》卷 39 引《六韜》作「熭」。漢‧王褒《僮約》：「日中早熭。」皆用本字。銀雀山漢簡《六韜》作「衛」〔註27〕，借音字。

《數寧》校補

（1）可痛惜者一，可為流涕者二

方向東曰：《漢書》「惜」作「哭」。（P43）

按：《三國志‧華覈傳》引作「哭」。

（2）夫曰「天下安且治」者，非至愚無知，固諛者耳，皆非事實知治亂之體者也

方向東曰：固，必。（P43）

按：裴學海曰：「固，猶則也。」〔註28〕《漢書》正作「非愚則諛」。

〔註27〕《銀雀山漢墓竹簡（壹）》，文物出版社 1985 年版，第 111 頁。
〔註28〕裴學海《古書虛字集釋》，中華書局 1954 年版，第 311 頁。

（3）陛下試擇焉

方向東曰：蕭旭曰：「試，當作請。《韓非子・外儲說左上》王曰：『吾試觀客爲棘刺之母猴。』《文選・魏都賦》注引試作請。《史記・樗里子傳》：『臣試爲公入戒蒲守。』《戰國策・衛策》試作請。」（P44）

按：余舊說有未盡者，且引文有誤，謹訂正於此。《戰國策・衛策》：「臣請爲公入戒蒲守。」《史記・樗里子傳》作「臣試爲公入言之」。「試」當作「誠」，形之誤也。「請」音轉爲「誠」，又形誤爲「試」耳。《晏子春秋・內篇雜上》：「嬰誠革之。」王念孫曰：「誠，讀爲請。」〔註29〕

（4）則萬生遂茂

按：遂，育也。

（5）髮子曰：「至治之極，父無死子，兄無死弟，塗無繈緥之葬，各以其順終。」

方向東曰：髮子，不詳。（P47）

閻振益校：髮子，未詳。夏按：《子華子・神氣》：「羣有攻心者，族攻於外，是以父哭其子，兄哭其弟，四方疫癘，道有繈負。」與此文意同而反說之耳。華、髮音近，或通或訛，疑即一人。（P34）

按：鍾夏謂「華、髮音近」，非也。且所引文未經核對。《子華子》原文「攻心」作「詐心」，「於外」上有「之」字，「兄哭」作「兄喪」，「疫癘」作「疾癘」。《文子・道原》：「父無喪子之憂，兄無哭弟之哀，童子不孤，婦人不孀。」〔註30〕王利器引賈子以證之〔註31〕。疑「文子」二字形誤爲「犮子」，後人又改作「髮子」。楊愼《丹鉛餘錄》卷1：「賈誼《新書》引髮子云云，髮姓僅見此。」所據本已誤，故其人不可考也。《韓詩外傳》卷3引《傳》曰：「太平之時……父不哭子，兄不哭弟，道無繈負之遺育，然各以其序終者，賢醫之用也。」《董子・王道》：「五帝三王之治天下……父不哭子，兄不哭弟。」《漢書・公孫弘傳》上制曰：「蓋聞上古至治……父不喪子，兄不哭弟。」〔註32〕

〔註29〕 王念孫《晏子春秋雜志》，收入《讀書雜志》卷9，中國書店1985年版，第7頁。
〔註30〕 《淮南子・原道篇》同。
〔註31〕 王利器《文子疏義》，中華書局2000年版，第8頁。
〔註32〕 《漢紀》卷11作「父不哭子，兄不哭弟」。

諸書並足參證〔註33〕。

（6）以宰天下，以治群生

方向東曰：《漢書》「宰」作「幸」。《玉篇》：「宰，治也。」（P50）

按：治，《漢書》作「育」。「幸」爲「宰」形誤，《治要》卷16引已誤。

（7）後雖有愚幼不肖之嗣

方向東曰：章太炎曰：「幼者，冥也。」（P50）

按：「幼」爲「坳」省，即「執坳」義之本字。《廣韻》：「坳，很也，戾也，出《字林》。」《玉篇》：「坳，很坳也。」字亦作詏，《集韻》：「詏，言逆也。」又「拗，戾也。」「愚幼」即「愚拗」，言其性很戾不從也。

《藩傷》校補

（1）夫樹國必審相疑之勢

方向東曰：《漢書》「必審」作「固必」。鄭氏曰：「今建立國泰大，其勢必固相疑也。」臣瓚曰：「樹國於險固，諸侯強大，則必與天子有相疑之勢也。」顏師古曰：「鄭說是也。」王先謙曰：「『齊如南曰：『按如鄭說，則本文「固」字應倒在「必」字之下，於義不順。如瓚說則「樹國固」當一讀，於義甚長。』錢大昕曰：『沈彤云：「『夫』當作『大』。」』」……按：諸家之爭，在「固必」二字上。「固」、「必」同義，《新書》中有連用者。諸家之說皆非。疑「固」字爲賈誼原疏所有，或爲《漢書》所脫。（P52～53）

按：疑此文是。《漢書》「固」涉「國」字形誤而衍，又脫「審」字，《治要》卷16、《通鑑》卷14引已誤。言設立諸侯國，必審其相擬之勢也。

（2）何異于善砥莫邪而予邪子

方向東曰：「邪子」原作「射子」，陶鴻慶曰：「『射子』當爲『邪子』，形近而誤。」今據改。如同把好的磨刀石和寶劍給不肖之子。（P53～54）

鍾夏曰：陶說似是，然朱駿聲曰：「射，假借爲斁。」《說文》：「斁，敗也。」於文亦通。（P38）

按：陶說是。《易・井》：「井谷射鮒。」《釋文》：「射，荀作邪。」亦其例。

〔註33〕參見屈守元《韓詩外傳箋疏》，巴蜀書社1996年版，第257頁。

「砥」當是動詞。「善砥莫邪」謂磨好寶劍。朱駿聲未說此文「射」借爲殬。

《大都》校補

（1）我欲大城陳、蔡、葉與不羹均

按：《左傳·昭公十二年》：「今我大城陳、蔡、不羹。」《釋文》：「羹，舊音郎。」「羹」音郎，自是古音，詳見王觀國《學林》卷6。《釋名》：「歠，汪也，汁汪郎也。」「歠汪也」三字，《初學記》卷26引作「羹，汪也」，《御覽》卷861引作「羹，注也」。劉氏以聲爲訓，疑當作「羹，郎也，汁汪郎也」。《左傳》脫「葉」字，已詳方向東下文注引錢大昕、劉師培等說〔註34〕。

（2）臣聞大都疑國，大臣疑主，亂之媒也

方向東曰：劉師培曰：「『疑』字均『擬』之假文。」吉府本「媒」作「謀」。俞樾曰：「『謀』當爲『媒』。」（P60）

按：《左傳·閔公二年》：「內寵並后，外寵二政，嬖子配適，大都耦國，亂之本也。」《黃石公三略》卷下：「大臣疑主，眾奸集聚。臣當君尊，上下皆昏；君當臣處，上下失序。」《慎子·德立》：「臣疑君而無不危國，孽疑宗而無不危家。」黃生曰：「疑，當讀爲儗……《國語》范無宇云：『大都疑國，大臣疑主。』《韓非子》：『內有疑妻之妾，外有疑相之臣。』皆作此讀。」〔註35〕《說文》：「儗，僭也。」「儗」爲本字，劉師培說尚未探本。《國語》無此文，黃生誤記。

（3）本細末大，弛必至心

方向東曰：章太炎曰：「『弛』字當讀從《莊子·胠篋篇》『萇弘胣』之『胣』，崔注曰：『胣，裂也。』」（P61）

閻振益校：此弛字當與害字義近。弛，廢也，毀也，壞也，皆有害義。（P45）

〔註34〕 錢說見《潛研堂文集》卷7《答問四》，收入《嘉定錢大昕全集（九）》，江蘇古籍出版社1997年版，第92～93頁。王筠《蒹葭肊說》亦謂《左傳》脫「葉」字，收入《叢書集成初編》第365冊，中華書局1985年影印，第13頁。

〔註35〕 黃生《義府》卷上，黃生、黃承吉《字詁義府合按》，中華書局1954年版，第110頁。

王洲明、徐超曰：弛，毀壞。（P40）

按：弛，讀爲斯。《說文》：「斯，析也。」字或作柴，《廣韻》：「柴，析薪。」
《戰國策・秦策三》：「《詩》曰：『木實繁者披其枝，披其枝者傷其心。』
大其都者危其國，尊其臣者卑其主。」此逸詩爲賈子《大都篇》所本。
「弛」即披其枝之誼，言披析之也。弛訓毀壞，本字爲阤、陁，崩壞
也，非此文之誼。

（4）平居不可屈信

方向東曰：《漢書》顏師古曰：「信，讀曰伸。」（P61）

按：《治要》卷 16 引《漢書》、《通鑑》卷 14 正作「伸」。

（5）一二指搐，身固無聊也

方向東曰：《漢書》顏師古曰：「搐謂動而痛也。聊，賴也。」按：搐，抽
搐，微動之意。（P61～62）

按：宋祁曰：「越本搐作畜。」《通志》卷 97、《冊府元龜》卷 534、《通鑑
紀事本末》卷 2 作「愊」。《玉篇》：「愊，音夙，愊愊，不伸。」《增韻》：
「愊，痛也。」《集韻》：「搐，牽制（掣）也。」「制」字各本同，《類
篇》、《五音集韻》亦同，當爲「掣」脫誤。《六書故》：「搐，抽掣也，
通作愊。」二書引《漢書》作「愊」。字亦作僑，《廣韻》：「僑，僑佩，
不伸。」《集韻》：「僑，一曰僑佩，不舒也。」字亦作抶、瘈，《玉篇》：
「抶，歐抶，痛。」《廣韻》：「抶，病抶貌。」《集韻》：「抶，抶歐，
痛至兒。」又「歐，歐抶，痛也。」又「瘈，腹痛。」又「瘈，瘛瘈，
痛兒。」「瘈」之言「掣」，亦作「瘛」字。手指抽搐而痛爲搐，歐擊
抽搐而痛爲抶，胸腹抽搐而痛爲瘈，其義一也。本字疑爲「蹙」，《廣
雅》：「蹴（蹙），縮也。」「愊佩」即「僑佩」，亦即「蹙縮」，又作「蓄
縮」。《漢書・息夫躬傳》：「方今丞相王嘉，健而蓄縮，不可用。」顏
師古曰：「蓄縮，謂丟（怯）於事也。」〔註36〕蓄亦縮也，同義連文。
《集韻》：「蹜，足也。」其釋義未備，「蹜」從足，當指足抽縮。胡文
英曰：「指搐，猶指摘也，今吳諺謂發人之短曰指搐。」〔註 37〕胡說

〔註36〕《冊府元龜》卷 918 引「丟」作「怯」，是。《駢雅》卷 2：「蓄縮，怯劣也。」
〔註37〕胡文英《吳下方言考》卷 10，收入《續修四庫全書》第 195 冊，上海古籍出

非是，「發人之短」當作「指歡」。固，猶將也，《漢書》、《通鑑》卷14作「慮」，一聲之轉也。

《等齊》校補

（1）郎中謁者受謁取告，以官皇帝之法予之

　　方向東曰：劉師培曰：「官皇帝，即官于天子之朝。」按：官，取法。（P64）

按：劉說是。官，仕宦也，作動詞用。《韓子·飾邪》：「越王勾踐恃大朋之龜與吳戰而不勝，身臣，入官于吳。」又《喻老》：「勾踐入官於吳，身執干戈，爲吳王洗馬。」《越絕書·請糴內傳》云：「越王去會稽，入官于吳，三年，吳王歸之。」「官」字用法並同，言句踐仕宦于吳三年也。《國語·越語下》：「與范蠡入宦于吳，三年，而吳人遣之。」章昭注：「宦，爲臣隸也。」「宦」字同義。裘錫圭謂「官」爲「宦」之譌〔註38〕，實不必改作。

（2）然則天子之與諸侯，臣之與下，宜撰然齊等若是乎

　　方向東曰：劉師培曰：「『撰』當作『選』。《詩·齊風》：『舞則選兮。』毛傳：『選，齊也。』」何劍熏曰：「《說文》無『撰』字，古只作『選』或『譔』，俱可訓齊。」（P64～65）

按：「撰」古通「選」、「譔」，不必改字。王念孫曰：「毛說是也。《史記·平準書》曰：『吏道益雜不選。』謂雜出不齊也。《仲尼弟子傳》：『任不齊，字選。』是選與齊同義。字亦作撰。」王氏正舉此文爲證〔註39〕。

（3）人主登臣而尊

　　方向東曰：盧文弨曰：「『登』當如《左傳》『各自其四以登於釜』之『登』。」按《左傳》文見昭公三年，杜預注：「登，成也。」楊伯峻曰：「疑『登』即『升』。」（P65）

版社 2002 年版，第 87 頁。

〔註38〕 裘錫圭《讀書札記九則》，收入《裘錫圭學術文集》卷4，復旦大學出版社 2012年版，第 392～393 頁。

〔註39〕 王念孫說轉引自王引之《經義述聞》卷5，江蘇古籍出版社 1985 年版，第 134頁。

閻振益校：登，高也。夏按：此謂登於臣。（P49）

按：諸說皆未安。登，讀爲得，見《公羊傳‧隱公五年》何休注。

（4）天子宮門曰司馬

方向東曰：《類聚》卷 63、《永樂大典》卷 3519 引「馬」下有「門」字。
（P65）

按：《玉海》卷 169 引亦有「門」字，今本脫之。

（5）其嚴一等，罪已鈞矣

方向東曰：劉師培曰：「案此猶言『其嚴同等』。」陶鴻慶曰：「一，皆也。」
（P65）

按：劉說是，陶說非也。一，亦齊也，同也，等也。

（6）亂且不息，滑曼無紀

方向東曰：盧文弨曰：「潭本『曼』作『漫』。」滑曼，紛亂抵突。章太
炎曰：「『滑曼』即『黜嫚』。『滑』之訓短，即《爾雅》『鶌（鷢）鳩，鶝
䳡』之『鶌』。『鶝䳡』二字本皆取短義，『鶌』與『鷢』同，猶『滑』與
『黜』同也。太傅此篇說天子諸侯之無別，故曰短長無紀。」（P67～68）
鍾夏曰：《廣韻》：「滑（音骨），亂也。」朱駿聲：「漫，假借爲曼。」（P51）
王洲明、徐超曰：滑漫，混亂。（P45）

按：《爾雅》作「鷢鳩」，方引誤作「鶌鳩」。（a）章氏「滑曼」訓短長，
「滑」當讀爲屈（屈）、𥄂，「黜」無短義（疑章氏本作「𥄂」字，未
得原文核對）。《說文》：「屈，無尾也。」引申則爲短義，《集韻》引
《博雅》：「屈，短也。」《方言》卷 13：「𥄂，短也。」《玉篇》：「𥄂，
吳人呼短物也。」凡從叕得聲之字皆有短義，今吳語尚有「短𥄂𥄂」、
「禿𥄂𥄂」之言〔註40〕。《說文》：「曼，引也。」引申則爲長義，《玉
篇》：「曼，長也。」不當讀爲「嫚」。（b）此文「滑」讀古忽切，亂
也。曼，讀爲漫。《方言》卷 13：「漫、淹，敗也。湮敝爲漫，水敝爲
淹。」郭璞注：「皆謂水潦漫潒壞物也。」滑漫，謂敗亂，以大水壞

〔註40〕參見章太炎《新方言》卷 2，收入《章太炎全集（7）》，上海人民出版社 1999
年版，26 頁。

物爲喻也。

（7）沐瀆無界

方向東曰：弘治本「沐」作「氺」，形近而誤。章太炎曰：「沐瀆，即『瀆美』，如《管子》『沐塗樹之枝』，借『沐』爲『美』也。」朱起鳳曰：「沐乃汰之訛。古泄字亦作汏，泄與媟同音通用。《漢書・五行志》：『尊卑不別，茲謂媟。』」（P68）

閻振益校：《韓非子・難三》注：「《太玄經》：『或得其沐。』注：『沐，潔也。』」瀆，濁也。（P52）

按：四庫本「沐」亦誤作「冰」，《大事記解題》卷 11、《喻林》卷 100 引誤作「沭」，《詩經世本古義》卷 17 引誤作「泳」。朱起鳳說見《辭通》卷 21〔註41〕，朱氏未引《漢書・五行志》，此余舊稿引以申證朱說者。（a）今謂章氏讀「沐瀆」爲「瀆美」是，煩瑣眾多義。《說文》：「美，瀆美也。」《繫傳》：「臣鍇曰：瀆，美瀆也。」《宋書・禮志二》：「煩瀆無準，非禮意也。」（b）章氏引《管子》「沐塗樹之枝」，則非也。《管子》之「沐」，動詞。《玉篇》：「沐，斬樹枝也。」《黃氏日抄》卷 55《讀諸子・管子》：「沐，去樹枝也。」字或作杣，《玉篇》：「杣，莫鹿切，杣桑也。」《原本玉篇殘卷》：「沐，《管子》：『沐樹之枝，日中無天蔭。』野王案:斬樹之枝也。《字書》爲杣字，在木部。」敦煌寫卷 S.617《俗務要名林》：「杣，杣桑也。」《慧琳音義》卷 97：「杣樹：《說文》：『杣，斫桑也。』」字亦作木，《淮南子・說林篇》：「漁者走淵，木者走山。」「木」用如動詞，指砍木。（c）沐訓潔者，由洗沐義引申而來，閻說非也。

《服疑》校補

（1）故天子之于其下也，加五等已往，則以爲臣；臣之于下也，加五等已往，則以爲僕

方向東曰：盧文弨曰：「建本作『已往則爲臣例』，訛。今從潭本改正。」按：《子匯》本、吉府本、王謨本同建本。（P70）

〔註41〕朱起鳳《辭通》，上海古籍出版社 1982 年版，第 2231 頁。

鍾夏曰：疑「例」係衍文。（P54）

按：《黃氏日抄》卷 56 引同建本，四庫本亦同。「例」當屬下句，讀爲列。「列臣」爲詞，猶言諸臣。

（2）故高則**此品周高**，下則**此品周下**

方向東曰：盧文弨曰：「周，齊也。或改作『同』字，非。潭本訛作『用』。下並同。」王耕心曰：「周，徧也，皆也。」（P71）

按：周，適合。《淮南子・原道篇》：「貴其周於數而合於時也。」周亦合也。下文「貴周豐，賤周謙」，亦同。

（3）故眾多而天下不**眩**，傳遠而天下識**衹**

方向東曰：眩，惑。傳，至。衹，章太炎曰：「按衹當爲眡之借，古文視也。」按：《說文》：「衹，敬也。」蕭旭曰：「衹，讀爲越，《說文》：『趣也。』此言天下知所**趨**歸也。」可備一說。（P71～72）

按：「越」當作「越」。

（4）**卑尊已著，上下已分，則人倫法矣**

方向東曰：著，明。法，形成法規。（P71）

按：「法」古字作「金」，見《說文》。「人倫法」不辭，「法」疑「正」之誤。《漢書・師丹傳》：「故尊卑之禮明，則人倫之序正。」與賈子同，正作「正」字。《家語・三恕》：「至量必平之，此似法。」《大戴記・勸學》、《說苑・雜言》「法」作「正」。《論語・憲問》：「齊桓公正而不譎。」《漢書・鄒陽傳》引「正」作「法」。皆其相訛之例〔註 42〕。

《益壤》校補

（1）**諸侯猶且人恣而不制，豪橫而大強也**

按：橫，《漢書》作「植」，疑形近而誤。顏師古注：「植，立也。」《通鑑》卷 15 胡三省註：「言其矜豪自植立，太過於強也。」是所見本已誤。

〔註 42〕另參見朱起鳳《辭通》，上海古籍出版社 1982 年版，第 1758～1759 頁。朱氏未及此二例。

（2）今淮陽之比大諸侯，懰過黑子之比于面耳

方向東曰：盧文弨曰：「『懰』與『僅』同，建、潭本並作『勮』，字書無『勮』字。《漢書》作『厪』。」按：吉府本亦作「勮」。（P74）

按：吉府本、四庫本作「僅」。「勮」爲「懰」形誤字。《長短經‧七雄略》作「瘴」〔註43〕，《通鑑》卷15作「厪」，《御覽》卷387引《漢書》作「僅」。胡三省註：「厪與僅同。」

（3）剽去不義諸侯，空其國

方向東曰：盧文弨曰：「《漢書》『剽』作『蘄』。」按：《書鈔》卷70引「剽」作「削」，《御覽》卷151引「剽」作「是故」。徐復先生曰：「《廣雅》：『剽，削也。』」（P76）

按：剽去，《書鈔》卷70、《類聚》卷45引作「故削去」〔註44〕，《御覽》卷151、《職官分紀》卷31引作「是故去」，《漢書》作「故蘄去」。今本「剽」上脫「故」或「是故」。《御覽》、《職官分紀》引脫「剽」或「削」字。顏師古注：「蘄，讀與芟同，謂芟刈之。」

（4）故大人者，不忧小廉，不牽小行

方向東曰：忧，同「訹」，誘。（P76）

闇振益校：俞樾曰：「忧，當讀爲訹。」夏案：訹，誘也。（P61）

按：忧，讀爲述。《禮記‧祭統》鄭玄注：「忧，或爲述。」是其例也。述，修也。《管子‧權修》：「欲民之有廉，則小廉不可不修也。」

（5）梁起新鄭以北著之河，淮陽包陳以南揵之江

方向東曰：盧文弨曰：「揵，關揵也。潭本作『截』，訛。」按：吉府本作「揵」，王謨本作「槤」。晉灼曰：「包，取也。」如淳曰：「揵，謂立封界也。或曰：揵，接也。」王念孫曰：「『揵』當爲『捷』，字之誤也。捷之言接也。如淳前說是解『揵』字，故訓爲立；後說是解『捷』字，故訓爲接。後說是也。『著』音直略反，謂相聯屬也。『捷』與『接』同，亦謂相聯屬也。」按：王說是。（P78～79）

〔註43〕此據南宋初年杭州淨戒院刊本，四庫本作「厪」。
〔註44〕《書鈔》據陳本，孔本未引此句。

按：揵，《漢書》同，《通鑑》卷 15 引作「楗」，《通鑑紀事本末》卷 2 引作「犍」，亦誤。《通志》卷 97、《通鑑地理通釋》卷 7、《大事記解題》卷 10、《崇古文訣》卷 3、《文章正宗》卷 8、《古文集成》卷 60、《冊府元龜》卷 524、534 並作「揵」，是宋人所見，皆誤從「建」作「揵」。《長短經·七雄略》引正作「捷」字〔註45〕。包訓取者，讀爲捊。《說文》：「捊，引取也。」字亦作抱、俘、苞〔註46〕。

《五美》校補

（1）海內之勢，如身之使臂，臂之使指，莫不從制

按：「海內」上，《漢書》、《漢紀》卷 7 有「令」字，《文選》魏·曹冏《六代論》引同〔註47〕，《長短經·七雄略》引作「令天下之制」，亦有「令」字。今本脫之。《後漢紀》卷 7 引有「使」字，與「令」同義。

（2）細民鄉善，大臣效順

　　方向東曰：吉府本、《漢書》「效」作「致」。顏師古曰：「鄉，讀曰嚮。」
　　王先謙曰：「作『效』義較長，形近而訛。」（P88）

按：《治要》卷 16 引《漢書》作「細民向善，大臣致順」。「向」正字，「嚮（鄉）」借字。效，致也，古書常詁。

《制不定》校補

（1）夫地制不得，自黃帝而以困

　　方向東曰：盧文弨曰：「潭本作『已困』。」劉師培曰：「『自』蓋『臬』字之壞形。臬，法也。『以』係衍文。『而困』猶『以困』也。」按：自，自從。以，通「已」。劉說衍文，非是。（P91）

按：自，推縱之辭，猶雖也〔註48〕。本書《親疏危亂》：「自高皇帝不能以是

〔註45〕 此據南宋初年杭州淨戒院刊本，四庫本、《讀畫齋叢書》本誤作「犍」。
〔註46〕 參見王引之《經義述聞》卷 25 引王念孫說，江蘇古籍出版社 1985 年版，第 592 頁。
〔註47〕 《三國志·武文世王公傳》裴松之注引《六代論》同。
〔註48〕 參見吳昌瑩《經詞衍釋》，中華書局 1956 年版，第 140～141 頁；又參見楊樹達《詞詮》，中華書局 1954 年版，第 270～272 頁。

一歲爲安，陛下獨安能以是自安也？」亦同。

（2）屠牛坦一朝解十二牛，而芒刃不頓者

方向東曰：顏師古曰：「坦，屠牛者之名也，事見《管子》。」蘇林曰：「孔子時人也。」沈欽韓曰：「《管子・制分篇》：『屠牛坦朝解九牛而刀可以莫（磨）鐵。』《淮南子・齊俗訓》作『屠牛吐』。」按：頓，通「鈍」。（P93）

按：顏師古曰：「頓，讀曰鈍。」屠牛坦，《韓詩外傳》卷 9：「齊王厚送女，欲妻屠牛吐。」同《淮南子》作「吐」字，《初學記》卷 22、《御覽》卷 346、828、《記纂淵海》卷 55 引《淮南子》作「坦」。「坦」、「吐」聲轉。

（3）所排擊，所剝割，皆象理也

方向東曰：盧文弨曰：「當謂仿像其支節也，《漢書》作『皆眾理解也』，潭本無『解』字。」俞越曰：「當從《漢書》，『象』即『眾』字之誤。」章太炎曰：「《御覽》卷 828 引作『剝割皆中理』，『中』字義誠明瞭，然恐是『眾』之音誤。」王先謙曰：「理，肌肉也。」按：解，支解。象理，指順著肌理。（P93）

按：顏師古曰：「解，支節也。」「象」爲「眾」形誤。眾，讀爲中，去聲，應也，合也。《鹽鐵論・繇役》：「屠者解分中理，可橫以手而離也。」《御覽》卷 763 引桓譚上事曰：「孔子問屠牛坦曰：『屠牛有道乎？』曰：『刺必中解，割必中理。』」皆漢代人舊說，是「中」爲正字，明矣。《記纂淵海》卷 6、《韻府羣玉》卷 14「芒刃」條引《漢書》作「皆中理解也」〔註49〕。「眾理解」即中其理、中其解。「解」是名詞，當取顏說。

《審微》校補

（1）善不可謂小而無益，不善不可謂小而無傷

方向東曰：引用古諺，語出不詳。（P94）

〔註49〕《記纂淵海》據北京圖書館古籍珍本叢刊本，書目文獻出版社 1998 年版，第 71 冊，第 50 頁；四庫本在卷 55。

闔振益校：《易·繫辭下》：「小人以小善爲無益而弗爲也，以小惡爲無傷而弗去也。」誼文本此。（P75）

按：二句又見本書《連語》。《淮南子·繆稱篇》：「君子不謂小善不足爲也而舍之，小善積而爲大善；不爲（謂）小不善爲無傷也而爲之，小不善積而爲大不善。」又《主術篇》：「夫聖人之於善也，無小而不舉；其於過也，無微而不改。」《古文苑》卷 10 漢·鄒長倩《遺公孫賢良書》：「勿以小善不足修而不爲也。」《御覽》卷 459 引《諸葛亮集》載先主遺詔敕後主：「勿以惡小而爲之，勿以善小而不爲。」亦皆本於《繫辭下》。

（2）彼人也，登高則望，臨深則窺，人之性非窺且望也，勢使然也

按：此漢代諺語。《淮南子·說山篇》：「登高使人欲望，臨深使人欲闚，處使然也。」《說苑·說叢》：「登高使人欲望，臨淵使人欲窺，何也？處地然也。」是其證。《金樓子·雜記篇上》：「登高而望，臨深而闚，事使然也。」《文選·雜詩》李善注引《顧子》：「登高使人意遐，臨深使人志清。」

（3）夫事有逐姦，勢有召禍

方向東曰：陶鴻慶曰：「『逐』蓋『起』字之誤。《鑄錢篇》云：『夫事有召禍，而法有起奸。』是其證。」劉師培曰：「『逐姦』乃『遂姦』之訛，猶言長姦也。」按：劉說是。遂，帛《易》皆作「逐」。「遂」有「長」義，與「召」義近。（P95）

鍾夏曰：逐，此訓速，於文可通。（P76）

按：《大戴禮記·勸學》：「故言有召禍，行有招辱。」《荀子·勸學》同。《論衡·累害》：「言有招患，行有召恥。」皆足參證。徐超引《五美篇》「無起禍召亂之業」，謂「蓋『起』、『逐』二字篆文形近，陶說爲長」〔註 50〕。「起」、「逐」二字篆文不近，不得致譌。「逐」字不誤。「逐」古讀攸音〔註 51〕，此借爲「由」，生也，與「起」同義，另詳

〔註 50〕徐超《讀賈誼〈新書〉札記》，《古籍整理研究學刊》1992 年第 4 期，第 27 頁。

〔註 51〕《易·頤》：「其欲逐逐。」《釋文》：「逐逐，《子夏傳》作『攸攸』，《志林》云：『攸當爲逐。』蘇林音迪，荀作『悠悠』，劉作悜。」上博楚簡三《周易》作「攸攸」。是其證也。

下文「姦由」校補。

（4）語曰：「焰焰弗滅，炎炎奈何？」

方向東曰：盧文弨曰：「焰焰，舊本皆訛作『爓□』，字書未有所考，今從《金人銘》作『焰焰』。」（P95）

鍾夏曰：疑「爓」係「焰」之異體。（P76）

按：「爓爓」即「焰焰」，不煩改字。《楚辭・九歎》：「撥諂諛而匡邪兮。」宋・洪興祖《補注》：「諂，一作讇。」「焰」之或作「爓」，猶「諂」之或作「讇」也。

（5）事之適亂，如地形之惑人也，機漸而往，俄而東西易面，人不自知也

方向東曰：劉師培曰：「『機漸』蓋周旋之義。『機』義同『轉』，『漸』或『轉』字之訛。」按：劉說非。「機漸」乃「積漸」之誤。《韓非子・有度》云：「夫人臣之侵其主也，如地形焉，即漸以往，使人主失端，東西易面而不自知。」王先慎曰：「『即』當作『積』，聲之誤也。《御覽》引作『既』，亦誤。」王氏之說是也。「機漸而往」即「即漸以往」。「機」、「既」通假。「既」、「即」亦聲轉通用。《管子・明法解》：「姦臣之敗其主也，積漸積微，使主迷惑而不自知也。」（P95～96）

閻振益校：《爾雅》：「適，往也。」機漸而往，猶言由始而往。機者，動之微。《廣雅》：「漸，進也。」（P76）

按：《御覽》卷638引《韓子》作「即漸」，王氏失檢。適訓往不通，當訓逢遇。機，讀爲幾，《說文》：「幾，微也。」走動之微的專字，則從走旁作「趨」。《說文》：「趨，走也。」治《說文》諸家，於「趨」字無說，據此可補。《易・序卦》：「漸者，進也。」走動之漸進的專字，則從走旁作「趣」。《說文》：「趣，進也。」《管子》「積漸積微」，言積其漸微也。「機漸」二字同義連文，即「趨趣」，謂微微漸進、慢慢走動，亦即《管子》「漸微」之義。

（6）故墨子見衢路而哭之，悲一蹉而繆千里也

方向東曰：衢，歧路。《說文》：「四達謂之衢。」（P96）

閻振益校：《荀子・王霸》：「楊朱哭衢塗曰：『此夫過舉蹞步而覺跌千里者夫！』」《淮南子・說林訓》：「楊子見逵路而哭之，爲其可以南可以北；墨子見練絲而泣之，爲其可以黃可以黑。」《呂氏春秋・疑似》：「墨子見岐道而哭之。」梁玉繩曰：「此與《新書》並作墨子，恐因泣絲事而誤。」（P77）

按：梁說是，「墨子」當作「楊子」，賈子誤記。《列子・說符》：「楊子之鄰人亡羊，既率其黨，又請楊子之豎追之。楊子曰：『嘻！亡一羊，何追者之眾？』鄰人曰：『多歧路。』既反，問：『獲羊乎？』曰：『亡之矣。』曰：『奚亡之？』曰：『歧路之中又有歧焉，吾不知所之，所以反也。』楊子戚然變容，不言者移時，不笑者竟日。」《論衡・率性》：「是故楊子哭歧道，墨子哭練絲也。」又《藝增》：「墨子哭於練絲，楊子哭於岐道。」朱駿聲曰：「衢，叚借爲岐。」〔註52〕朱起鳳曰：「衢、逵，古文讀岐。」〔註53〕二氏說是，古音魚部與支部旁轉也〔註54〕。《荀子・勸學》：「行衢道者不至。」楊倞注：「《爾雅》云：『四達謂之衢。』孫炎云：『衢，交道四出也。』或曰：衢道，兩道也。下篇有『楊朱哭衢塗』，今秦俗猶以兩爲衢，古之遺言歟？」楊氏後說是，「衢」爲兩出之道，而非四達之路。《大戴禮記・勸學》作「行跂塗者不至」，「跂」同「歧」。

（7）叔孫于奚者，衛之大夫也

方向東曰：盧文弨曰：「《左傳》作『仲叔于奚』。」（P98）

按：《家語・正論解》亦作「仲叔于奚」，《漢書・古今人表》作「中叔于奚」，本書誤。

（8）宓子治亶父，於是齊人攻魯，道亶父

方向東曰：王謨本「道」作「過」，訛。道，取道，即經過。（P99）

按：道亶父，《御覽》卷468引作「道自單父」，今本脫「自」字。《家語・屈節解》作「道由單父」，由亦自也。

〔註52〕 朱駿聲《說文通訓定聲》，武漢市古籍書店1983年版，第430頁。
〔註53〕 朱起鳳《辭通》，上海古籍出版社1982年版，第1754頁。
〔註54〕 例證詳見蕭旭《「首鼠兩端」解詁》。

（9）俄而麥畢資乎齊寇

　　　方向東曰：盧文弨曰：「資，建、潭本作『還』。」按：吉府本同。當作「資」。資，助。與上文「資寇」相應。（P99）

　按：《御覽》卷 468 引同今本。還，《家語・屈節解》作「逮」。「還」當作「遝」，與「逮」同義，及也，言食相接續於麥也。

（10）民乎寒耕熱耘，曾弗得食也

　按：熱，《家語・屈節解》同，吉府本誤作「熟」。

（11）今年無麥，明年可樹

　按：無，《家語・屈節解》同，《御覽》卷 468 引作「失」。「失」爲「无」形誤。

（12）令不耕者得獲，是樂有寇也

　　　方向東曰：盧文弨曰：「建、潭本脫『令』字，今從別本增。」按：吉府本亦脫。樂有寇，使敵寇樂。（P99）

　按：《御覽》卷 468 引有「令」字，今本脫之。《家語・屈節解》作「若使不耕者穫，是使民樂有寇」，使亦令也。樂有寇，言其民樂意有敵寇進犯。

（13）且一歲之麥，於魯不加強，喪之不加弱

　按：上句《家語・屈節解》作「且得單父一歲之麥」。有「得」字是，與「喪」對舉。

（14）令民有自取之心，其創必數年不息

　　　方向東曰：創，傷。息，止。（P99）

　按：創，《家語・屈節解》同，《御覽》卷 838 引《家語》作「其瘡必數世不悉」。創、瘡，古今字。「悉」字誤。息，生長、長愈。《戰國策・楚策四》：「故瘡未息。」

（15）故明者之感姦由也蚤，其除亂謀也遠，故邪不前達

　　　方向東曰：姦由，產生姦之緣由。（P99）

　　　王洲明、徐超曰：「媒」原作「謀」。按「姦由」與「亂媒」爲對文，「由」、

「媒」義相近，「謀」字誤。《大都篇》：「大都疑國，大臣疑主，亂之媒也。」《權重篇》：「亂媒日長，孰視而不定。」並其證。（P74）

按：「謀」字不當改。由，讀爲曳。《說文》：「曳，木生條也。《商書》曰：『若顛木之有曳枿。』古文言『由枿』。」《繫傳》：「謂之已倒之木更生孫枝也。」今《書·盤庚上》「曳枿」作「由蘖」。「曳」本義爲樹木生出枝條，引申則爲「生」義，經傳皆借「由」字爲之。《左傳·昭公八年》：「今在析木之津，猶將復由。」顧炎武引鶴山魏氏曰：『由』義如《書·盤庚》『若顛木之有由蘖』，木生條也。」〔註55〕《詩·由儀》序：「由儀，萬物之生，各得其宜。」分別以「生」、「宜」釋「由」、「儀」。字亦作蘨、蘪，《書·禹貢》：「厥草惟蘨。」孔傳：「蘨，茂。」《釋文》引馬融注：「蘨，抽也。」《說文》：「蘪，艸盛貌。《夏書》：『厥草惟蘪。』」所生出之枝亦名「由」，音變則爲「條」。奻由，謂奻之生，亦即《鑄錢篇》「起奻」之誼。王筠曰：「『由』、『謀』二字對文，則『由』即『猶』也。《詩》作『謀猶』，《書》作『謀猷』，分『猷』、『猶』爲二者，誤也。經典『由』、『猶』通假者甚多，然是『相似』之『猶』，獨此借爲『遠猶辰告』之『猶』，故記之。」〔註56〕王氏拘於對文，亦未得其義。

《階級》校補

（1）施及庶人，等級分明

按：施，《漢書》作「延」。延、施，正、借字。

（2）況乎貴大臣之近于主上乎

方向東曰：盧文弨曰：「建、潭本『上』訛作『帝』，今據下文改。」按：吉府本、《子彙》本同。《類聚》卷 95 引「主上」作「帝王」。（P101～102）

按：四庫本「主帝」作「帝主」。《類聚》卷 95 引作「況貴大臣之近於帝王乎」，《御覽》卷 496 引作「況貴大之臣近於主帝乎」，又卷 911 引

〔註55〕顧炎武《左傳杜解補正》卷下，收入《叢書集成新編》第 109 冊，新文豐出版公司 1985 年版，第 277 頁。「魏氏」指「魏了翁」。

〔註56〕王筠《葉友肊說》，收入《叢書集成初編》第 365 冊，中華書局 1985 年影印，第 14 頁。

作「況貴大之臣近於帝王乎」，《漢書》作「況於貴臣之近主乎」。疑賈子本作「況乎貴大臣之近于帝主乎」，「帝主」是漢人恒言，《漢書》單作「主」字，故或誤作「帝王」，或倒作「主帝」。「貴大臣」亦賈子語，下文云「故貴大臣定有其罪矣」，是其例。《御覽》誤倒作「貴大之臣」。

（3）尊君之勢也

按：勢，《漢書》作「故」。

（4）所以體貌群臣而厲其節也

方向東曰：顏師古曰：「體貌，謂加禮容而敬之。」體，通「禮」。厲，鼓勵。（P103）

按：俞樾曰：「按禮、貌二字同義，《周易・繫辭傳》：『知崇禮卑。』蜀才本『禮』作『體』。《詩・谷風篇》：『無以下體。』《韓詩外傳》『體』作『禮』。然則『禮貌』即『體貌』也。《戰國・齊策》：『令人體貌而親郊迎之。』《漢書・賈誼傳》：『所以體貌大臣而厲其節也。』並『體貌』連文之證。」〔註57〕所引《齊策》，《呂氏春秋・報更》作「禮貌」。厲，讀爲礪，砥礪。下文「所以厲寵臣之節也」，亦同。《漢書・鼂錯傳》：「和輯士卒，底厲其節。」顏師古注：「底，與砥同。」

（5）司寇、牢正、徒長、小吏罵詈而榜笞之

按：司寇，盧文弨、王念孫、陳直皆謂當作「司空」。裘錫圭據睡虎地秦簡，謂「司寇」不誤〔註58〕。

（6）賤人安宜得此而頓辱之哉

方向東曰：頓，困窘，折磨。（P106）

王洲明、徐超曰：頓辱，挫傷而凌辱。（P79）

按：《通鑑》卷 120：「命武士頓辱之。」胡三省註：「頓辱，挼其首，使頓地以辱之。」「頓」謂下其首。楊樹達曰：「頓，遽也，急也。」〔註59〕

〔註57〕俞樾《古書疑義舉例》卷 7，中華書局 1956 年版，第 143 頁。

〔註58〕裘錫圭《談談地下材料在先秦秦漢古籍整理中的作用》，收入《裘錫圭學術文集》卷 4，復旦大學出版社 2012 年版，第 386～387 頁。

〔註59〕楊樹達《詞詮》，中華書局 1954 年版，第 59 頁。

亦非是。

（7）豫讓豐面變容，吸炭變聲

方向東曰：王謨本「吸」作「吞」，《漢書》同，並「豐」作「釁」，《永樂大典》卷 1454 引同。鄭氏曰：「釁，漆面以易貌，吞炭以變聲也。」顏師古曰：「釁，熏也，以毒藥熏之。」劉奉世曰：「釁，謂以物塗之，取以釁鼓，故謂之釁爾。訓熏與漆皆非也。」按：豐面，用漆塗面以毀壞容貌。（P106）

按：《御覽》卷 388 引作「釁面變容，吞炭變聲」。顏氏謂「釁」訓熏，是也。古「熏」字多借用「釁」爲之〔註60〕。

（8）頑頓無恥，奰苟無節

方向東曰：盧文弨曰：「《漢書》作『奰詬』，師古曰：『謂無志分也。』建本『奰』作『斷』，訛。」按：陸良弼本亦作「斷」。劉台拱曰：「『奰』本作『譈』，古字省耳。《說文》：『譈詬，恥也；譈或從奰。』」（P107）

按：吉府本亦誤作「斷苟」，四庫本作「奰詬」。苟，讀爲詢。《荀子·非十二子篇》：「無廉恥而忍譈詢。」《集韻》：「詬、詢：譈詬，恥也，或作詢。」明本《冊府元龜》卷 534 誤作「呰詬」〔註61〕。

（9）見利則趨，見便則奪

方向東曰：吉府本、王謨本「趨」作「逝」，訛。（P107）

按：四庫本、《漢書》作「逝」，顏師古曰：「逝，往也。」作「逝」蓋其舊本，古楚語，字亦作跰，謂跳往也。《方言》卷 1：「鰐苔、踃，跳也。楚曰跰。」郭店楚簡《語叢四》：「一逝一來。」〔註62〕

（10）主上有敗，因而擘之矣

方向東曰：盧文弨曰：「《漢書》作『則因而挺之矣』。潭本有『則』字，

〔註60〕參見惠士奇《禮說》卷6，收入《叢書集成三編》第 24 冊，新文豐出版公司 1997 年版，第 344 頁。
〔註61〕宋本作「奰詬」不誤。
〔註62〕逝，林素清、劉釗並誤釋作「遣」。林素清《郭店竹簡〈語叢四〉箋釋》，收入《郭店楚簡國際學術研討會論文集》，湖北人民出版社 2000 年版，第 390 頁。劉釗《郭店楚簡校釋》，福建人民出版社 2005 年版，第 232 頁。

『困』作『因』。」按：有「則」字是。吉府本、王謨本作「則因而推之矣」。章太炎曰：「『困』非『因』之誤字，讀與梱同，《方言》：『梱，就也。』彼注言成就貌，引申則亦爲即就，與『因』同義也。」擥，同「攬」，當從《漢書》作「挺」。《廣雅》：「挺，取也。」《淮南子‧俶眞訓》：「撢挱挺捔。」高誘注：「挺捔，猶上下也，以求利便也。」《方言》：「秦晉之間凡取物而逆謂之篡，楚部或謂之挺。」（P107～108）

王洲明、徐超曰：擥，同「攬」，抓住。（P81）

按：四庫本同吉府本。（a）「困」乃「因」形誤。《方言》卷 3 之「梱」，當據戴震訂作「梱」，郭注訓成就貌，是指穀物成熟貌〔註63〕，不得引申爲「即就」義。章說非是。（b）所引《廣雅》、《淮南》、《方言》三證，說本沈欽韓《漢書疏證》，王先謙亦採其說〔註64〕。《淮南》「挺捔」，當據景宋本、道藏本作「挺捔」，《六書故》「撢」字條引同。《俶眞篇》又云：「挺捔萬物。」《漢書‧百官公卿表》晉灼注：「捔，音『挺捔』之捔。」《方言》卷 12 郭璞注：「侗，〔音〕『挺捔』〔之捔〕。」〔註65〕《顏氏家訓‧勉學篇》：「揰捔，此謂撞擣挺捔之。」可知「挺捔」爲漢、晉成語。其同源詞有「徔侗」、「恫娗」〔註66〕。皆是其證。沈氏引《淮南》，非也。（c）《漢書》之「挺」，服虔曰：「挺，音挺起也。」「挺起」不辭，疑當作「烻起」，服氏以「烻」爲「挺」注音。《文選‧景福殿賦》李善注：「烻，起貌。」又《魯靈光殿賦》李善注引崔駰《七依》：「丹柱彫牆，烻光盛起。」顏師古注：「挺，式延反。」《附釋文互註禮部韻略》卷 2：「挺，取也。」此宋人說，早於沈欽韓。《六書故》：「挺，掌擊也，挺重於批。」朱駿聲曰：「挺，爲挺之誤字。」〔註67〕朱說無版本依據。明本《冊府元龜》卷 534 亦誤作「則因而挺之」，宋本作「挺」不誤。《康熙字典》：「挺，遁也。」《欽定音韻述微》卷 6 說同。挺訓遁，其義甚合，然不知所據。疑「挺」當讀爲延，俗作踫，《說文》：「延，長行也。」

〔註63〕戴震《方言疏證》，收入《戴震全集（5）》，清華大學出版社 1997 年版，第 2343 頁。

〔註64〕王先謙《漢書補注》，中華書局 1983 年版，第 1064 頁。

〔註65〕缺字據戴震說補。戴震《方言疏證》，收入《戴震全集（5）》，清華大學出版社 1997 年版，第 2444 頁。

〔註66〕參見蕭旭《淮南子校補》，花木蘭文化出版社 2014 年版，第 61 頁。

〔註67〕朱駿聲《說文通訓定聲》，武漢市古籍書店 1983 年版，第 762 頁。

《玉篇》：「踹，行也。」言主上有敗，其臣則因而逃行矣。

（11）所託財器職業者率於群下也

王洲明、徐超曰：率，都。（P81）

按：率，當從《漢書》作「粹」。粹，讀爲萃〔註68〕，聚集。《續資治通鑑長編》卷415、《寶眞齋法書贊》卷16正作「萃」。顏師古曰：「粹，純也，言其執悉在群下。」非也。

（12）其中罪者，聞命而自弛，上不使人頸盭而加也

方向東曰：顏師古曰：「弛，廢也，自廢而死。」王先謙曰：「顏訓其義不明。弛，毀也，自毀其容儀。」俞樾曰：「弛讀爲繷。《說文》：『繷，繷繋也。』聞命而自繷者，聞命而自繋也。」按：俞說是。（P110）

按：《說文》：「繷，繋繷也。」方引誤倒作「繷繋」。考《說文》：「繋，繋繷也，一曰惡絮。」段玉裁曰：「一曰猶一名也。繋繷讀如谿黎，疊韻字，音轉爲縴繷。縴苦堅切。《廣韻》十二齊、一先皆曰：『縴繷，惡絮。』是也。」〔註69〕是「繷繋」義指惡絮，俞樾誤解爲「繋縛」義。弛，讀爲襰。《說文》：「襰，奪衣也，讀若池。」「奪衣」即脫衣〔註70〕，引申則爲剝脫、解除義。

（13）上不使人捽抑而刑也

方向東曰：王謨本、弘治本「刑」下有「之」字。顏師古曰：「捽，持頭髮也。抑，謂按之也。」（P110）

按：四庫本、《漢書》、《漢紀》卷7、《通鑑》卷14「刑」下並有「之」字，當據補。《家語·五刑解》作「刑殺之」。捽抑，《漢書》同，《漢紀》作「挫拆（折）」，《家語》、《通典》卷166作「捽引」。

（14）厲以廉恥，故人務節行

方向東曰：劉師培曰：「『務』當從《漢書》作『矜』。《大戴禮·小辨篇》：

〔註68〕《漢語大字典》（第二版）正舉此例，崇文書局、四川辭書出版社2010年版，第3361頁。

〔註69〕段玉裁《說文解字注》，上海古籍出版社1981年版，第659頁。

〔註70〕參見蕭旭《〈說文〉「襰」字音義辨正》，《中國語學研究·開篇》第31卷，2012年10月日本好文出版，第197～203頁。

『矜行以事君。』為此文所本。」按：「務」有致力、追求義，不必改。
（P111）

王洲明、徐超曰：周本、何本及《漢書》「務」並作「矜」，似可從。（P86）

按：屬，《漢書》作「嬰」。顏師古曰：「嬰，加也。矜，尚也。」劉說是。
《大戴》盧辯注：「矜，猶屬也。」《漢書·刑法志》：「未有安制矜節
之理也。」顏師古曰：「矜，持也。」亦其證。《漢紀》卷7：「上設廉
恥以遇其臣，臣下則屬節行以報其上。」正用賈子此文，此尤為當作
「矜」字之確證。

（15）守衛捍敵之臣誠死城廓封境

方向東曰：誠，忠誠。（P111）

按：廓，吉府本、四庫本作「郭」，是也。《漢書》作「守圉扞敵之臣誠死
城郭封疆」。誠，讀為請，猶願也。

（16）顧行而忘利，守節而服義

方向東曰：王謨本「服」作「伏」。劉師培曰：「程本作『伏』，《漢書》作
『仗』。當以作『仗義』為長。《漢書·高帝紀》：『杖義而西。』『杖義』
即『仗義』。」（P112）

按：劉說非也。《漢書》作「仗」，乃「伏」字形誤，《治要》卷16引已誤，
《通鑑》卷14、《通志》卷97皆作「伏」字。本書《道術》：「伏義誠
必謂之節，反節為罷。」

《俗激》校補

（1）因恬弗知怪

方向東曰：王念孫曰：「『因』當為『固』，字之誤也。『固』與『顧』同，
反也。賈子正作『固』。」王先謙曰：「盧校《新書》本作『因』，王蓋引別
本。」按：王謨本作「固」。（P114）

按：四庫本亦作「固」。疑作「因」是賈子舊本。因，猶乃也，反也。《戰國
策·韓策三》：「秦之欲伐韓，以東闚周室甚，唯寐忘之，今韓不察，因
欲與秦，必為山東大禍矣。」言韓反欲與秦也。此篇下文：「豈為人子
背其父，為人臣因忠於主哉？」因亦反也。

（2）民相然席于無廉醜，行義非循也

　　方向東曰：盧文弨曰：「潭本『相』作『怡』，『醜』作『恥』。」按：弘治本作「恥」，「行」作「禮」。劉師培曰：「席者，因也。『循』當作『脩』。」（P114）

　　閻振益校：相然，李本作「怡然」。《廣韻》：「循，善也。」夏按：相然猶云相互，然語頗生澀，「怡然」義長。（P93）

按：四庫本同弘治本。「相」當作「怡」，「行」當作「禮」。「禮義」上不當點斷。下文引《管子》：「四維：一曰禮，二曰義，三曰廉，四曰醜。」今本《管子・牧民》作「四曰恥」。此文即與之相應。《玉篇》：「席，安也。」

（3）則是豈不可為寒心

按：《漢書》作「則是豈可不為寒心哉」。今本脫「哉」字，《漢書》「可不」誤倒。「可為寒心」、「足為寒心」是秦漢間人成語。

（4）今世以侈靡相競

　　方向東曰：競，訓誇，從蕭旭說。（P116）

按：《廣雅》：「競，高也。」《史記・太史公自序》：「大臣宗室以侈靡相高。」猶言矜尚、誇耀。本書《時變》：「今俗侈靡……以富過其事相競。」義亦同。又《瑰瑋》：「以相競高。」競亦高也。又「世以俗（俗以）侈相耀。」「耀」字是其誼。《說文》：「競（競），競也，讀若矜。」

（5）剟大父矣，賊大母矣，踝嫗矣，刺兄矣

　　方向東曰：盧文弨曰：「『踝』當與『剮』同，割也。」按：賊，吉府本作「財」，王謨本、弘治本作「則」，皆因形近而訛。章太炎曰：「與《管子・七臣七主》『春無殺伐，無割大陵、倮大衍』聲誼並同，是『踝』亦殺也。《說文》：『䂲，擊踝也。讀若踝。』擊踝，猶云擊殺。則踝、䂲聲義皆同矣。」（P116）

按：賊，四庫本作「刵」，《西漢文紀》卷6作「刺」。「踝」有名、動二用，用為名詞指腳踝骨，俗言孤拐（「拐」即「踝」俗字），《說文》：「踝，足踝也。」用為動詞則為擊打腳踝，《玉篇》：「踝，擊踝也。」專字又

作「玜」字，從戈從丮會意，戈亦聲。《說文》：「丮，持也，象手有所
丮據也。」徐鍇《繫傳》曰：「玜，亦謂相鬭也。踝，腳脛下骨也。《春
秋左傳》：『以戈刜林雍，斷足。』此會意。」《類經》卷 7 明張介賓注：
「蓋孤拐即名踝骨，古有擊踝之說，即今北人所謂打孤拐也。」章太炎
謂「擊踝，猶云擊殺」，失之。章氏又引《管子》「倮大衍」，亦不確。「倮」
當作「傮」，讀爲「膠」，《管子·輕重己》作「毋戮大衍」，「戮」亦借
字。《說文》：「膠，燒穜也。」〔註71〕字亦作敤、攷（敂），《廣雅》：「敤、
攷，擊也。」又「敤，椎也。」敦煌寫卷 P.2011 王仁昫《刊謬補缺切韻》：
「攷：擊，亦作敤。」字亦作妔、𡚾，《廣雅》：「妔，投也。」王念孫
曰：「妔字音義未詳，曹憲音內有『本作𡚾，未詳，弋音』七字，考字
書、韻書皆無妔、𡚾二字。……則妔與搥、擿同意……砍與妔字相似。
又《說文》：『玜，擊踝也，讀若踝。』玜與𡚾字亦相似。未知誰是《廣
雅》原文，姑竝記之，以俟考正。」〔註72〕P.2011 王仁昫《刊謬補缺切
韻》：「𡚾，擊踝。」此唐人殘卷，乃王氏所未及見者。妔訓投者，謂投
擊。「攷」、「妔」、「𡚾」皆「玜」俗字〔註73〕。義又轉爲擊刺，字從刀
作剨、划，《玉篇》：「剨，割也。」《集韻》：「剨、划，割也，或從戈。」
《唐文粹》卷 77 載劉寬夫《剨竹記》，注：「剨，音果，割也，出《玉
篇》。」唐·白居易《池畔》：「持刀剨密竹，竹少風來多。」〔註74〕宋·
張煒《題友人深居》：「剨竹招山色，栽梅結歲寒。」今吳語尚謂割爲「剨」，
讀如倮，見母轉讀爲來母，如云「剨草」、「剨肉」是也。音轉又作咼，
俗作剐、剮，《說文》：「咼，剔人肉置其骨也。」《玉篇》：「剐，刀剔肉
値（置）骨，《說文》作『咼』。」又「剮，割也。」馬敘倫曰：「賈誼
書『踝嫗矣』，即借踝爲玜者。」〔註75〕大父大母，謂祖父母。嫗，母

〔註71〕 以上參見王念孫《管子雜志》，收入《讀書雜志》卷 8，中國書店 1985 年版，
　　　　第 32～33 頁。

〔註72〕 王念孫《廣雅疏證》，收入徐復主編《廣雅詁林》，江蘇古籍出版社 1992 年版，
　　　　第 196 頁。

〔註73〕 參見劉心源《奇觚室吉金文述》卷 4，轉引自《古文字詁林》第 3 冊，上海教
　　　　育出版社 2001 年版，第 366 頁；又參見朱駿聲《說文通訓定聲》，武漢市古
　　　　籍書店 1983 年版，第 478 頁。

〔註74〕 《全唐詩》卷 431「剨」注：「一作間。」《萬首唐人絕句》卷 3 亦作「間」，
　　　　蓋不知其義而改。《唐詩鏡》卷 45 又誤作「開」。

〔註75〕 馬敘倫《讀金器刻詞》卷下，中華書局 1962 年版，第 171 頁。

也。四句《漢書》作「殺父兄矣」，則踝宜解爲擊刺。

（6）攓兩廟之器

方向東曰：吉府本「攓」作「搴」，注云：「搴，取也。」攓，同「搴」。如淳曰：「搴，取也。」顏師古曰：「搴，拔也。」（P116）

按：《廣雅》：「搴，舉也。」不訓拔取。攓、搴，並讀爲撅，扛舉也〔註76〕。

（7）以臣之意，吏慮不動於耳目，以為是時適然耳

方向東曰：盧文弨曰：「潭本『時』作『特』。」按：吉府本、王謨本同。陶鴻慶曰：「『意吏』句絕。意，度也。」按：意，陶說是，然不必以「意吏」句絕，義自明。顏師古曰：「適，當也。謂事理當然。」（P117）

按：四庫本亦作「特」。《漢書》無「以臣之意吏」五字，則「吏」當從陶讀屬上。「時」當作「特」。適然，猶言偶然，與「必然」相對之義〔註77〕。特適然耳，猶言只是偶然而已。

（8）父子六親殃僇而失其宜

方向東曰：殃僇，遭殃被殺。（P118）

按：殃僇，《漢書》作「殃戮」，正字。

《時變》校補

（1）勇劫懼

方向東曰：盧文弨曰：「懼，建、潭本作『惧』，別本作『懦』。」（P120）

按：《漢書》作「勇威怯」，是也。《管子·樞言》、《事語》並云：「勇勝怯。」本書《道術》：「持節不恐謂之勇，反勇爲怯。」皆以「勇」、「怯」對舉。今本「怯」誤作「劫」，後人因改作「勇劫懼」或「勇劫懦」。

（2）胡以孝弟循順為？善書而為吏耳

按：循順，《野客叢書》卷4引作「循善」。

〔註76〕參見蕭旭《「高屋建瓴」解詁》。
〔註77〕參見朱起鳳《辭通》，上海古籍出版社1982年版，第646頁；又參見裴學海《古書虛字集釋》，中華書局1954年版，第797頁。

（3）行惟狗彘也，苟家富財足，隱機盱視而為天子耳

方向東曰：盧文弨曰：「『惟』當作『雖』，潭本作『為』，亦訛。又『天子』二字訛，或下有脫文。」按：王謨本、吉府本「惟」作「為」。劉師培曰：「盧改『惟』為『雖』是也。《貢禹傳》作『故黥劓而髡鉗者，猶復攘臂為政於世，行雖犬彘，家富埶足，目指氣使，斯為賢耳』，即本於此文。『隱機』蓋『隱指』之訛。『隱指盱視』與『目指氣使』語同。『天子』者，『誇』字之訛也。」按：隱，憑靠。機，案。「天子」疑「天下」之譌。（P122）

按：惟，四庫本亦作「為」，《經濟類編》卷 11 引同，《野客叢書》卷 4 引作「雖」。「為」字是其舊本。為，猶雖也〔註78〕。盱，吉府本誤作「盰」。機，盧校本、吉府本作「机」，四庫本作「几」。「隱机」即「隱几」。

（4）欺突伯父

方向東曰：欺突，欺侮。（P122）

按：《廣雅》：「遁、突，欺也。」王念孫《疏證》「遁」引《過秦論》「上下相遁」為證，「突」引此文為證〔註79〕。王說並是也，而猶未悟「突」、「遁」乃一聲之轉。

（5）矯誣而家美

方向東曰：矯誣，假託名義，進行誣陷。劉師培曰：「『美』字無義，乃『羨』字之訛。羨者，有餘也。」按：劉說是。（P122）

閻振益校：謳，《莊子·至樂》《釋文》：「以是為非，以非為是，是為謳謳。」夏按：他本皆作「誣」，意近，然係以「謳」不習見而改，賴此而存真。（P100）

按：《莊子》《釋文》作「以是為非以非為是為謳謳」，閻氏引多一「是」字。「謳謳」謂言之強直，堅確貌。閻氏引之，不當。鍾夏謂「謳」與「誣」意近，殊為無據。「謳」當是「誣」的誤字。《淮南子·氾論篇》：「篡弒矯誣，非人之性也。」高誘注：「矯，擅作君命。誣，以惡覆人也。」

〔註78〕訓見王叔岷《古書虛字新義》，聯經出版事業公司 1978 年版，第 13 頁。蕭旭《古書虛詞旁釋》有補證，廣陵書社 2007 年版，第 42 頁。

〔註79〕王念孫《廣雅疏證》，收入徐復主編《廣雅詁林》，江蘇古籍出版社 1992 年版，第 183～184 頁。

（6）商君違禮義，棄倫理

　　方向東曰：「違」當從《漢書》作「遺」，與「棄」同義。（P123）

按：《漢書》作「商君遺禮義，棄仁恩」，與此不同。「違禮義」亦通，《荀子·性惡》：「今之人化師法積文學道禮義者爲君子，縱性情安恣睢而違禮義者爲小人。」《廣雅》：「違，俏也。」

（7）抱哺其子，與公併踞

　　方向東曰：顏師古曰：「哺，飲也。言婦抱子而哺之，乃與其舅併倨，無禮之甚也。」按：踞，坐。（P124）

按：併踞，《漢書》作「併倨」。踞、倨，正、借字。

（8）婦姑不相說，則反脣而睨

　　方向東曰：「而睨」當從《漢書》作「相稽」。應劭曰：「稽，計也，相與計校也。」（P124）

按：而睨，《野客叢書》卷4引作「而相睨」，《漢書》作「而相稽」，則今本《賈子》脫一「相」字。「睨」、「稽」音轉，當以「睨」爲正字。《說文》：「睨，衺視也。」言不正目相視也。

（9）其慈子嗜利而輕簡父母也

　　方向東曰：輕簡，指怠慢無禮。（P124）

按：嗜，《漢書》作「耆」，古字。《淮南子·俶眞篇》高誘注：「簡，賤也。」

（10）然不知反廉恥之節、仁義之厚

按：然，《漢書》作「終」。然，猶終也、卒也。《史記·孔子世家》：「靈公曰：『善！』然不伐蒲。」《家語·困誓》作「卒不果伐」。《說苑·敬愼》：「夫飛鳥以山爲卑，而層巢其巔；魚鼈以淵爲淺，而穿穴其中，然所以得者，餌也。」《說苑·說叢》、《潛夫論·忠貴》、《大戴禮記·曾子疾病》「然」作「卒」。並其證。

《瑰瑋》校補

（1）民棄完堅而務雕鏤纖巧，以相競高

　　方向東曰：完堅，完好耐用之物。競高，爭高下。（P127）

按：完亦堅固義。《荀子・王制》：「尙完利。」楊倞注：「完，堅也。」競高，猶言矜尙。

（2）世以俗侈相耀

方向東曰：「以俗」二字疑倒。（P128）

按：方說是。本書《俗激》：「今世以侈靡相競。」《史記・太史公自序》：「大臣宗室以侈靡相高。」是其比。四庫本、吉府本改「以」作「之」，亦誤。

（3）悚迫於俗，願其所未至

方向東曰：悚迫，懼迫。（P128）

按：「悚迫」疑「怵迫」之譌，「怵迫」爲二漢成語。《史記・賈生傳》《服鳥賦》：「怵迫之徒兮，或趨西東。」《集解》引孟康曰：「怵，爲利所誘怵也。迫，迫貧賤，東西趨利也。」《索隱》引應劭曰：「群小怵然，內迫私家。」又引李奇曰：「怵者，誘也。」顏師古曰：「誘訹之訹，則音戌。或曰怵，怵惕也，音丑出反。其義兩通，而說者欲改字爲鈗，蓋穿鑿耳。」《後漢書・李固傳》《奏記梁商》：「全名養壽，無有怵迫之憂。」

（4）故以文繡衣民而民愈寒，以褫民，民必煖而有餘布帛之饒矣

方向東曰：盧文弨曰：「別本作『以衣帛褫民』，衍『衣帛』二字。潭本無『餘』字。」劉師培曰：「潭本是。」徐復先生曰：「《說文》褫訓奪衣，在此亦不可通。疑本作『繫緤』二字，《說文》：『繫，繫緤也，一曰惡絮。』此句當爲『以繫緤衣民』。」按：褫，剝去衣服，此指去文繡，原文可通。（P128～129）

王洲明、徐超曰：褫，剝去衣服。（P101）

按：四庫本作「以布帛褫民」。褫，讀爲弛，寬縱也，緩解也。上文云「黼黻文繡纂組害女工」，故此云如果寬緩於民，不作文繡，則民必有布帛之饒矣。

（5）遊食之民，形佚樂而心縣愍

方向東曰：縣，同「懸」。懸愍，此言末食之民心志放蕩，形體逸樂。（P129）

按：縣，讀爲眩，迷惑也。《釋名》：「眩，懸也，目視動亂，如懸物遙遙（搖搖）然不定也。」〔註80〕《淮南子‧精神篇》：「殖華可止以義，而不可縣以利。」《文子‧九守》「縣」作「懸」，吳承仕、楊樹達並讀縣爲眩〔註81〕。愆，疑讀爲衍，《說文》：「衍，行喜貌。」字或作嗺、嗎，《方言》卷 10：「嗺，樂也。」郭璞注：「嗺，音譽。嗺嗺，歡貌。」《集韻》：「嗺，或作嗎。」

（6）今歐民而歸之農，皆著於本，則天下各食於力，末技遊食之民，轉而緣南畞，則民安性勸業而無縣愆之心，無苟得之志，行恭儉，蓄積〔足〕而人樂其所矣

按：則天下，《漢書》、《通典》卷 1、《通鑑》卷 13 作「使天下」。

（7）君臣相冒，上下無辨

按：冒，吉府本誤作「胃」。冒，錯亂也，雜亂也，字亦作瞀、眊、耗、秏、霿、貿、瞶〔註82〕。《後漢書‧五行志》：「自此之後，朝廷霿亂，政在私門，上下無別。」「君臣相冒」即指朝廷霿亂也。

《孽產子》校補

（1）入之閑中

方向東曰：服虔曰：「閑，賣奴婢闌。」（P132）

按：入，《漢書》作「內」。

（2）且帝之身自衣皁綈

方向東曰：盧文弨曰：「建、潭本『且』下衍『主』字。」陶鴻慶曰：「『且主』二字蓋『皇』字之誤。」按：吉府本、王謨本亦有「主」字。且，今也，訓見王氏《經傳釋詞》，此從蕭旭說。（P133）

按：「主帝」是「帝主」倒文，另參見《階級》校補。《漢書》無「主」字，

〔註80〕《御覽》卷 741 引「遙遙」作「搖搖」。
〔註81〕吳承仕《淮南舊注校理》，北京師範大學出版社 1985 年版，第 58 頁。楊樹達《淮南子證聞》，上海古籍出版社 2006 年版，第 67 頁。
〔註82〕參見王繼如《「冒亂」考源》，《文史》第 39 期，1994 年版，第 263～266 頁。王先生未舉此例。

省文。

（3）此臣之所謂蹐也

　　方向東曰：盧文弨曰：「『蹐』與『舛』同。」（P133）

按：蹐，四庫本作「舛」，《漢書》、《通鑑》卷 14 同。

（4）國已素屈矣

　　閻振益校：素，猶始也。（P109）

按：《漢書》無「素」字。「素」當作「索」。「索屈」同義連文，盡也。

（5）若夫不爲見室滿，胡可勝撫也

　　方向東曰：盧文弨曰：「十二字難曉，必是妄竄入。」按：盧說無據。疑當
　　標點爲：「若夫不爲見室滿，胡可勝撫也？」見，同「現」。云如果不好的
　　年成出現，國家倉庫裏的錢糧再多，又怎能撫恤天下之人？（P133）

　　鍾夏曰：疑「室」字係「寓（宇）」之壞訛。「宇滿」即「滿宇」。（P110）

按：方說得其義，然當從王洲明、徐超點作「若夫不爲，見室滿，胡可勝
　　撫也」。「見」同「現」，即今「現錢」的「現」，不是「出現」義。句
　　言如果收成不好，即使倉庫錢糧再多，也不能盡撫難民。

（6）夫錞此而有安上者，殆未有也

　　方向東曰：盧文弨曰：「『錞此』猶言際此。《山海經》：『魃山是錞于西海。』
　　『敦題之山是錞于北海。』」孫詒讓曰：「『錞』當讀爲準。《說文》：『埻，
　　讀若準。』」（P133～134）

按：孫說是也。《說文》：「隼，一曰鵻字。」《廣韻》：「埻，射的。《周禮》
　　或作準。」《莊子・天下》：「配神明，醇天地，育萬物，和天下。」
　　章太炎曰：「醇，借爲準。《地官・質人》：『壹其淳制。』《釋文》：『淳，
　　音準。』是其例。《易》曰：『易與天地準。』『配神明，準天地』，二
　　句同意。」〔註 83〕《管子・君臣上》：「丈尺一綧制。」尹注：「綧，
　　古準字。」《周禮・天官・冢宰》：「出其度量淳制。」朱駿聲曰：「淳，

────────────

〔註83〕章太炎《莊子解故》，收入《章太炎全集（六）》，上海人民出版社 1980 年版，
　　　　第 167 頁。

叚借爲準或崏。」〔註84〕朱氏前說是。馬王堆帛書《春秋事語》:「口口謀而曉朝得之,梆其心也。」「梆」當作「惇」,讀爲準〔註85〕。皆其證。準,猶言依據。盧氏所引《山海經》二例,分別見《西山經》、《北山經》,《西山經》郭璞注:「錞,猶堤埻也,音章閏反。」《玉篇》「埻」字條引作「埻」,郭注作「埻,猶隁也」。郭氏所釋非也,音則近之,上、去聲之別耳。朱駿聲謂「錞」借爲「緣」〔註86〕,亦未得。又《中山經》:「嬰梁之山,上多蒼玉,錞于玄石。」郭璞注:「言蒼玉依黑石而生也。」釋爲「依」,則是也。袁珂曰:「錞,汪紱釋爲蹲,引申固亦有依附之義也。」〔註87〕斯未達通假也。

《銅布》校補

(1) 銅布於下,采銅者棄其田疇,家鑄者損其農事

方向東曰:章太炎曰:「按《通典》卷8『損』作『捐』,當從之。」(P137)

按:章說是也。《通典》余所見4本,光緒重刊武英殿本、中華書局1988年據浙江書局本作「捐」不誤,嘉靖十八年西樵方獻夫刊本、四庫本則誤作「損」。捐亦棄也。下文云:「農事不爲,有疑爲菑。」本書《鑄錢》:「夫農事不爲,而采銅日煩。」《漢書・食貨志》、《漢紀》卷7並引賈誼諫曰:「今農事棄捐,而采銅者日蕃。」「棄捐」即「不爲」,此其確證也。《意林》卷2引亦誤作「損」。

(2) 穀不為則隣于飢

按:《漢書・食貨志》、《通典》卷8引作「五穀不爲多」。此文脫「五」字。《漢書》、《通典》衍「多」字;不爲,不成也〔註88〕。

(3) 農事不為,有疑為菑

方向東曰:盧文弨曰:「疑,別本作『罪』。」劉師培曰:「『疑』當爲『凝』。

〔註84〕 朱駿聲《說文通訓定聲》,武漢市古籍書店1983年版,第795頁。
〔註85〕 參見蕭旭《馬王堆漢墓帛書〈春秋事語〉校補》,收入《群書校補》,廣陵書社2011年版,第46頁。
〔註86〕 朱駿聲《說文通訓定聲》,武漢市古籍書店1983年版,第795頁。
〔註87〕 袁珂《山海經校注》,巴蜀書社1993年版,第178頁。
〔註88〕 參見王念孫《漢書雜志》,收入《讀書雜志》卷4,中國書店1985年版,第38頁。

『凝』義訓成訓結。『有』與『或』同。『有疑爲菑』猶言『或結爲菑』。」
陶鴻慶曰：「『有』讀爲『又』。疑猶恐也。」按《通典》卷 8 引作「有類
爲災」。則「疑」即「擬」。又疑爲菑，言農事不爲，與災無異。（P137）

按：「有疑」當讀如字。上文云「錢用不信，民愈相疑」，下文云「僞錢不
繁，民不相疑」。此言民有相疑之心則爲災也。《通典》引作「有類」，
非也。

**（4）……故民鑄錢不可不禁。上禁鑄錢，必以死罪。鑄錢者禁，則錢
必還重，錢重則盜鑄錢者起，則死罪又復積矣，銅使之然也**

方向東曰：王謨本、弘治本「上」作「止」，連上讀。本篇無有「禁止」連
用者，「止」乃「上」形近而訛。（P137）

按：方說是也。吉府本、四庫本亦誤作「止」。《通典》卷 8 引賈誼諫曰：
「……故人鑄錢不可不禁，四禍也。上禁鑄錢必以死罪，鑄錢者禁，
則錢必還重，則盜鑄者起，則死罪又復積矣，其禍五也。」尤作「上」
字之明證。今本《賈子》脫「此四禍也」、「此五禍也」八字，與上文
「此一禍也」、「此二禍也」、「此三禍也」相應。

（5）今顧退七福而行博禍，可爲長大息者

方向東曰：顧，反。（P138）

按：顧，《漢書・食貨志》、《通典》卷 8 作「久」。「久」即「反」形誤。劉
奉世曰：「『久』當作『乃』。」其說未洽。

《壹通》校補

（1）疏山東，蘖諸侯

方向東曰：蘖，與「蘗」通，有萌生之義，引申爲分枝，與「疏」同義。（P140）
閻振益校：《漢書・鼂錯傳》：「通關出塞，不蘖諸侯。」注：「蘖，疑也。」
（P115）

按：如方說，「蘗」當是「蘖」誤書。《鼂錯傳》「不蘖諸侯」，應劭曰：「接
之以禮，不以庶蘖畜之。」如淳曰：「蘖，疑也。」顏師古曰：「應說
是。」王念孫曰：「《廣雅》：『讞，疑也。』（讞，今作讞）讞與蘖同
聲，故字亦相通。不疑諸侯即承上句言之。如說是也。《賈子・壹通

篇》：『疏山東，擘諸侯。』亦謂疑諸侯也。」〔註89〕王說是也，《說文》「欉」或體作「欁」，亦其證。

（2）其精於此矣

方向東曰：陶鴻慶曰：「『其』爲『莫』字之誤。精猶甚也。」按：《藩傷篇》云「孰精於此」。（P140）

按：其，讀爲豈，表反詰語氣〔註90〕。矣，猶乎也，表疑問語氣〔註91〕。「豈精於此乎」與「孰精於此」同義。

（3）天子都長安，而以淮南東南邊為奉地

按：東南邊，《通典》卷10、《冊府元龜》卷498、《文獻通考》卷25引作「東道」，「道」字是。

（4）彌道數千，不輕輸致

方向東曰：盧文弨曰：「『致輸』誤倒。」今據改。彌道，猶言遠道。賈誼《上都輸疏》作「鑢道」。（P141）

按：盧說非也。不輕致輸，《通典》卷10、《冊府元龜》卷498、《文獻通考》卷25引同，今本不誤。宋‧陳傅良《與王德脩書》引賈誼曰：「漢都長安，而以淮南口口爲奉，（上缺）致輸。」是唐宋人所見，皆與今本合。本書《屬遠》：「輸將起海上而來，一錢之賦耳，十錢之費，不輕能致也。」亦「不輕致」連文之證。不輕，猶言不易。「輸」是「致」的賓語。彌道，《通典》、《冊府元龜》、《文獻通考》引作「鑢道」。「鑢」字無義，乃「弥」之誤〔註92〕。《勸學》：「彌道千餘。」亦稱「彌地」，《戰國策‧燕策一》：「彌坒踵道數千里。」《史記‧蘇秦傳》作「彌地數千里」。王念孫曰：「彌，亦縣也。彌道數千，猶縣

〔註89〕 王念孫《漢書雜志》，收入《讀書雜志》卷5，中國書店1985年版，第75頁。其說又見《廣雅疏證》，收入徐復主編《廣雅詁林》，江蘇古籍出版社1992年版，第414頁。

〔註90〕 參見楊樹達《詞詮》，中華書局1954年版，第161頁。又參見裴學海《古書虛字集釋》，中華書局1954年版，第395～396頁。

〔註91〕 參見王引之《經傳釋詞》，嶽麓書社1984年版，第92頁。

〔註92〕 本書《匈奴》：「臣聞強國戰智，王者戰義。」吉府本「強」誤作「弥」，亦其比。

道數千也。」〔註93〕

《屬遠》校補

（1）古者天子地方千里，中之而為都，輸將繇使，其遠者不在五百里而至

方向東曰：劉師培曰：「『繇使』均『繇役』之誤也。」按：劉說是。盧文弨曰：「『不在』當作『不出』。」章太炎曰：「按《通典》卷10引自作『在』，盧說非也。」（P143）

按：劉說非也。繇使，《通典》卷10、《冊府元龜》卷498、《文獻通考》卷25引同。《禮記・檀弓下》鄭玄注：「使，謂時繇役也。」《呂氏春秋・音律》、《知化》高誘注並曰：「使，役也。」「繇使」為漢人成語，即「繇役」。《史記・項羽本紀》：「諸侯吏卒異時故繇使屯戍過秦中，秦中吏卒遇之多無狀。」《漢書・蓋寬饒傳》：「常為衛官繇使市買。」是其例也。朱起鳳曰：「役、使兩字形近而義亦通，故書傳多混用也。」〔註94〕其語猶含混。不在，《文獻通考》引亦同，疑乃「不至」形譌。《冊府元龜》卷498引作「不出」，猶言不過。

（2）輸將者不苦其勞，繇使者不傷其費

方向東曰：勞，盧文弨曰：「潭本作『力』。」按：吉府本、《子匯》本作「傜」。（P143）

鍾夏曰：作「勞」、「力」義長，此當係涉下句首字之「繇」而衍訛。（P117）

按：《通典》卷10、《文獻通考》卷25引作「輸者不苦其繇，繇者不傷其費」，《冊府元龜》卷498引作「輸者不苦其繇，繇者使不傷其費」。《冊府》「使」字衍，或乙於「者」上，上句「輸」下補「將」字。「勞」為「繇（傜）」音誤。

（3）上之所得者甚少，而民毒苦之甚深

方向東曰：毒苦，勞役之苦。毒，役也。（P143）

王洲明、徐超曰：毒苦，痛苦。（P116）

〔註93〕王念孫《史記雜志》，收入《讀書雜志》卷2，中國書店1985年版，第22頁。
〔註94〕朱起鳳《辭通》，上海古籍出版社1982年版，第2576頁。

按：毒亦苦也，同義連文。《廣雅》：「毒，痛也。」《廣韻》：「毒，痛也，苦也。」

《親疏危亂》校補

（1）令六七諸公皆無恙

方向東曰：俞樾曰：「按『六七』下又言『諸』，不辭甚矣。『諸公』當作『公諸』，『諸』讀爲『者』。《漢書》正作『六七公者』」按：「諸」蓋涉下文「諸公」而衍。（P147）

按：「諸公」與下文「諸公」同義，《漢書》作「公者」，當據此訂正，俞說傎矣。劉師培從俞說，斯亦失考矣。《治要》卷 16 引已誤倒。《漢紀》卷 7 作「假使韓信、彭越、黥布此數公存者」，「數公」是其誼。

（2）當是時，陛下即天子之位，試能自安乎哉

按：「試」疑「誠」字形譌。

（3）諸侯率倖者乃得爲中涓，其次僅得爲舍人

方向東曰：劉師培曰：「諸侯，當從《漢書》作『〔諸〕公』。」（P147）

按：劉說是。吉府本、四庫本作「諸公牽幸者」。「率」乃涉「幸」字而誤衍，當刪，《漢書》無「率」字。

（4）然且吟猷而堅控守之，爲何如制，以纏相懸

方向東曰：盧文弨曰：「『吟猷』疑當作『噤齗』，《方言》作『馮齗』，怒也。纏，字書無考，其義未詳。」劉師培曰：「『吟猷』當從盧說。『纏』蓋『纞』字之別體，『纞』即『繿』也。懸者，繫也。『以纏』二字當互乙。『爲』係衍文。當作『何如制纏以相懸』。」章太炎曰：「控，借爲鞏。」徐復先生曰：「盧說是也。吟與噤通。」按：疑當斷句爲「然且吟猷而堅控守之爲何？如制以纏相懸」。（P150～151）

鍾夏曰：《集韻》：「纏，母果切，行皃。」（P123）

按：舊注：「猷，音休。」蓋據誤字作音。盧說是也。噤齗，切齒怒也，字亦作「顤齗」、「噤齗」、「齽齗」、「噤齘」、「顤害」、「噤害」、「禁害」

〔註95〕。「控守」爲詞，而非「堅控」爲詞。爲何，猶言如何。爲何如制即如何而制，「如」、「而」一聲之轉。「纚」即「縻」俗字，指繩索。以纚相懸，謂以繩索繫縛之。《集韻》「纚」訓行兒者，是「儷」字形譌〔註96〕，鍾氏引之，非其誼也。

《憂民》校補

（1）即不幸有方二三千里之旱，天下何以相救

按：救，本書《無蓄篇》、《漢書·食貨志》、《通典》卷1作「恤」，《漢紀》卷7作「邺」。

（2）卒然邊境有數十萬之眾聚，天下將何以饋之矣

方向東曰：劉師培曰：「『聚』字係衍文。《漢書·食貨志》無『聚』字。」

按：劉說非是。參照《無蓄篇》，此有「聚」字句義完整。（P155）

按：本書《無蓄篇》：「卒然邊境有急，數十百萬之眾聚，國何以餽之矣？」又《匈奴》：「旁午走急，數十萬之眾，積於北方，天下安得食而饋之？」「積」、「聚」義同。《漢書·食貨志》、《通鑑》卷13：「卒然邊境有急，數十百萬之眾，國胡以餽之？」《漢紀》卷7「卒然邊境有急，數〔十〕百萬之眾，國家何以饋之？」《通典》卷1引作：「卒然邊境有急，數十〔百〕萬之眾，國胡以餽之？」此文脫「急」、「百」二字。「饋」同「餽」。

（3）兵旱相承，民填溝壑

方向東曰：兵旱相承，戰爭和災荒相接。（P155）

按：承，讀爲乘，陵逼。本書《無蓄篇》、《漢書·食貨志》、《通典》卷1：「兵旱相乘，天下大屈。」

（4）魄然事困，乃驚而督下

方向東曰：魄，通「迫」。《白虎通》：「魄者，白也。白者，迫然著人也。」

〔註95〕 參見蕭旭《〈慧琳音義〉「譀　　」正詁》。

〔註96〕 參見方成珪《集韻考正》卷6，收入《續修四庫全書》第253冊，上海古籍出版社2002年版，第256頁。

（P155）

閻振益校：《論衡・雷虛》劉注：「魄然，猶今人言砰然。」夏按：砰然象
聲詞，引申之即突然。（P127）

按：閻說非也。《韓詩外傳》卷 2：「迫然禍至，乃始憂愁。」文例相同。《治
要》卷 8 引「迫」誤作「泊」。本字爲「欨」，《說文》：「欨，迋也。」
即倉猝、突然義〔註97〕。

《解縣》校補

（1）蠻夷徵令，是主上之操也；天子共貢，是臣下之禮也

方向東曰：顏師古曰：「共，讀曰恭。」楊樹達曰：「共，當讀爲供。」（P157）

按：楊說是，《漢紀》卷 7 正作「供」。

（2）非特倒縣而已也

按：特，《漢書》作「亶」，《通典》卷 194、《冊府元龜》卷 534 引作「但」。
顏師古曰：「亶，讀曰但。」

（3）斥候者望烽燧而不敢臥

按：敢，《漢書》作「得」。本書《匈奴》：「夫無道之人，何宜敢捍〔若〕此
其久？」又「夫或人且安得久捍若此？」又《勢卑》：「奚宜敢悍若此？」
敢，猶得也〔註98〕。

（4）請陛下舉中國之禍而從之匈奴

方向東曰：盧文弨曰：「『從』字疑『徙』。」劉師培曰：「『從』即『縱』字
之省。」（P159）

按：四庫本作「徙」字。

（5）而久爲戎人欺傲若此

方向東曰：徐復先生曰：「傲與驁通。欺傲，謂慢侮也。」（P159）

〔註97〕參見蕭旭《〈韓詩外傳〉補箋》，《文史》2001 年第 4 期，第 55 頁；又收入《群
書校補》，廣陵書社 2011 年版，第 450 頁。
〔註98〕參見蕭旭《古書虛詞旁釋》，廣陵書社 2007 年版，第 133 頁。

按：傲，讀爲嫯。《說文》：「嫯，侮易也。」上文云「而匈奴欺侮侵掠」，「欺傲」即「欺侮」也。

《威不信》校補

（1）德厚焉，澤湛焉，而後稱帝

方向東曰：湛，與「厚」同義。（P160）

按：湛，讀爲戡。《廣雅》：「戡戡，盛也。」

（2）譬如伏虎，見便必動，將何時已

方向東曰：章太炎曰：「『將』字《通典》卷 194 作『特』，『特』或『待』之誤。」（P161）

按：章說非也。《太平寰宇記》卷 189 引亦作「將」。《四庫全書考證》卷 41：「刊本『將』訛『特』，據賈誼《新書》改。」〔註99〕嘉靖十八年西樵方獻夫刊本《通典》作「待」，亦誤。

（3）昔高帝起布衣而服九州，今陛下杖九州而不行於匈奴

方向東曰：杖，持。（P161）

按：《鹽鐵論·結和》：「高皇帝仗劍定九州，今以九州而不行於匈奴。」即本《賈子》。

（4）足反居上，首顧居下，是倒植之勢也

方向東曰：植，立，與「懸」義近。（P161）

按：植，讀爲置。《莊子·繕性》：「喪己於物，失性於俗者，謂之倒置之民。」

（5）德可遠施，威可遠加，舟車所至，可使如志。而特捫然數百里，而威令不信，可為流涕者此也

方向東曰：盧文弨曰：「『捫然』疑『撊然』，《左傳》『撊然授兵登陴』。」劉師培曰：「『捫然』蓋小義。」章太炎曰：「按『捫』非『撊』之誤。《莊子·德充符》：『悶然而後應。』崔注：『有頃之間也。』『捫』又通『璊』

〔註99〕《四庫全書考證》卷 41，收入景印文淵閣《四庫全書》第 1498 冊，臺灣商務印書館 1986 年初版，第 510 頁。

……『捫然數百里』者，謂於舟車所至之地，中有數百里之間隙耳。」按：盧云疑作「擱然」，是。然訓「猛貌」，義似未安。劉說、章說，亦覺未切。「擱」通「憪」。《史記·孝文本紀》：「朕既不能遠德，故憪然念外人之有非。」蘇林曰：「憪然，寢視不安之貌。」「憪然」當屬上爲句。（引者按：引文有誤字，皆徑據原書訂正）（P161）

王耕心曰：「捫」乃譌文。盧疑當作「擱」，與此尤不合，非也。（P19）

閻振益校：捫，何孟春曰：「一作悶。」（P132）

按：此句《漢書》作「而直數百里外威令不信」，「而特」即「而直」，一聲之轉也。雖刪去「捫然」，然可知「而特捫然」當屬下讀。朱起鳳曰：「『憪』字古或作『擱』，『捫』即『擱』之譌缺。」〔註 100〕其說亦未得。何孟春所見一本作「悶」，據《集韻》，「悶」俗字亦作「們」，與「捫」形聲皆近。「捫然」當作「們（悶）然」，憂悶貌。《說文》：「悶，懣也。懣，煩也。」悶、懣音之轉耳。又音轉爲「瞞然」，慚愧貌，義亦相因。《莊子·天地》：「子貢瞞然慙，俯而不對。」《釋文》引李頤曰：「瞞，慙貌。」《集韻》：「瞞，瞞然，慙皃。」音轉亦作瞢，《小爾雅》、《廣雅》并云：「瞢，慙也。」字或作懵，《慧琳音義》卷10引《韻英》：「懵，悶也，慙也。」又卷31：「懵，悶也，賈注《國語》云：『慙也。』」《文選·魏都賦》：「有醜懵容。」呂向注：「懵，愧也。」字或作懜，《廣韻》：「懜，慙也。」

《匈奴》校補

（1）自隴西延至遼東

方向東曰：盧文弨曰：「別本『延』下有『安』字，衍。」按：吉府本亦有。王國維曰：「『延安』二字當是宋人旁注後訛入正文。」（P164）

按：四庫本作「延安」二字，《通典》卷194、《太平寰宇記》卷189、《文獻通考》卷340引同。

（2）然後罷戎休邊，民天下之兵

方向東曰：盧文弨曰：「『戎』疑當作『戍』。」劉師培曰：「『民』當作『泯』，

〔註 100〕朱起鳳《辭通》，上海古籍出版社1982年版，第628頁。

猶言弭天下之兵。」章太炎曰：「『民』字《通典》卷 194 作『收』。此以後世文法改古書也。且此兵以人言，如彼改，則以器言矣。」按：當作「戍」，《通典》卷 194 作「戍」。「休邊民天下之兵」疑當作一句讀，言使邊民及兵皆休息也。《漢書・匈奴傳》：「願寢兵，休士養馬，除前事，復故約，以安邊民。」不作「泯兵」，又「邊民」連用，是其證。（P164～165）

按：《太平寰宇記》卷 189 引同今本，《文獻通考》卷 340 引作「然後罷戍，休邊人」；明刊本《通典》卷 194 引作「然後罷戍，休邊，收天下之兵」，北宋本「戍」作「戎」，「收」作「人」。「邊人」即「邊民」。「戍」字是，《漢書・匈奴傳》：「罷戍卒。」又「願罷北邊吏士屯戍。」亦其證。「收」疑「寢」之脫誤。此文疑當作「然後罷戍，休邊民，寢天下之兵」。「寢天下之兵」即《匈奴傳》之「寢兵」。本書《立後義》：「（高皇帝）興利除害，寢天下之兵，天下之至德也。」「兵」以事言，章說未得。

（3）四荒悅服

方向東曰：吉府本、王謨本、《子匯》本「方」作「荒」。（P165）

按：四庫本作「荒」，《通典》卷 194、《文獻通考》卷 340 引同；《太平寰宇記》卷 189 引作「方」。

（4）不大興不已，旁午走急數十萬之眾，積於北方，天下安得食而饋之

方向東曰：旁午，交錯紛繁。（P165）

按：不已，《通典》卷 194 誤作「不足以」。「旁午」是漢以前人成語。《漢書・霍光傳》：「使者旁午。」如淳曰：「旁午，分布也。」顏師古曰：「一縱一橫爲旁午，猶言交橫也。」橫曰旁，縱曰午。《儀禮・大射》：「度尺而午。」鄭玄注：「一從一橫曰〔旁〕午。」《玉篇》：「午，交也。」字亦作「旁迕」，《文選・王褒・洞簫賦》：「氣旁迕以飛射兮，馳散渙以逐律。」李善注：「旁迕，言氣競旁出，遞相逆迕也。」呂向注：「迕，觸也。」二氏皆失之。《古文苑》卷 2 宋玉《笛賦》：「聲淫淫以黭黮，氣旁合而爭出。」此爲王褒所本，「合」當是「午」之誤。

（5）臣聞強國戰智，王者戰義，帝者戰德

　　　　方向東曰：盧文弨曰：「潭本『強』作『伯』。」按：若作「伯」，當作「伯者戰智」。吉府本誤作「彌」。（P166）

　　　　閻振益校：《文中子·問易》：「霸國戰智，王國戰義，帝國戰德。」（P141）

　　按：《御覽》卷 800 引同盧校本，《錦繡萬花谷》前集卷 15 引作「強國戰兵，王者戰義，帝者戰德」，各有脫文。「強國戰智」當作「強國戰〔兵，伯國戰〕智」，並非「強」、「伯」為異文。《文中子·問易篇》：「強國戰兵，霸國戰智，王國戰義，帝國戰德，皇國戰無為。」〔註101〕閻氏所引不全，失之交臂。

（6）又孰敢忿然不承帝意

　　　　方向東曰：盧文弨曰：「『忿』與『紛』音義同，建本訛作『盼』。」（P166）

　　按：《御覽》卷 800、《錦繡萬花谷》前集卷 15 引皆刪「忿然」二字。「紛然」非其誼，盧說非也。「忿」同「忿」，忿怒也。

（7）所孤莫不行矣

　　　　方向東曰：盧文弨曰：「『圖』建本作『孤』，今依潭本。」按：陸良弼本、《子匯》本、王謨本同建本，皆誤。（P167）

　　　　閻振益校：孤，假借為顧。顧，念也。夏案：李本「孤」作「圖」，雖文從字順，疑其臆改。（P143）

　　按：四庫本亦作「孤」，《經濟類編》卷 68 引作「圖」。作「孤」是其舊本。孤，讀為弧，實讀為豫。《說苑·修文》：「弧之為言豫也。」《荀子·大略》：「先患慮患謂之豫。」

（8）猶弱子之遷慈母也

　　　　方向東曰：盧文弨曰：「潭本『弱子』作『若子』。」按：吉府本同潭本。王謨本亦作「若子」。「弱」、「若」音近而誤。吉府本「遷」下注：「音誤，逆也。」遷，遇。（P167）

　　按：四庫本同吉府本。《御覽》卷 800 引作「若子」，「遷」作「於」。作「若

〔註101〕《鐔津文集》卷 6《問兵》引《文中子》作「亡國戰兵，霸國戰智，王國戰仁義，帝國戰德，皇國戰無為」。

子」是其舊本。《集韻》：「若，一曰今人謂弱爲若。」又「箬，或作篛。」
亦其證。《禮記‧雜記下》鄭玄注：「既笄之後去之，猶若女有鬌紒也。」
「若女」即「弱女」〔註 102〕。下文「其南面而歸漢也，猶弱子之慕慈
母也」，疑舊本亦作「若子」。

（9）愛人之狀，好人之技

按：技，《御覽》卷 800 引誤作「役」。

（10）令視之足見也，誦之足語也

　　　方向東曰：誦，講。（P169）

按：視，讀爲示。誦，讀爲頌。言令受賞者炫示人足以有見，誇頌之則足
以有語。

（11）聞之者、見之者希心而相告

　　　方向東曰：希心，心中仰慕。（P170）

按：希，讀爲欣，一聲之轉也〔註 103〕。

（12）將以壞其目

　　　方向東曰：劉師培曰：「『壞』字均當作『懷』。」按：劉說是。（P170）

按：《御覽》卷 800 引作「懷」。

（13）上必有所召賜食焉，飯物故四五盛，美莡腊炙肉，具醯醢

　　　方向東曰：盧文弨曰：「腜，字書無之，一本作『豬』，即『猪』字，亦
　　　非辭。疑『腜』、『肉』二字爲衍文。」孫詒讓曰：「『美』當爲『羹』，『腜』
　　　當爲『膹』，並形之誤。後文云『美臛炙膹者』（『美』亦『羹』之誤），
　　　又云『飯羹啗膹炙』，皆其證也。《說文》：『膹，臛也。』《急就篇》云：
　　　『膹膾炙莡各有形。』此當讀『羹莡膹炙』爲句，『肉具醯醢』爲句。」
　　　俞樾曰：「『炙肉』二字衍文也。『腜』即『炙』之異文。」按：吉府本
　　　注：「莡，音忝，切肉曰莡。」「故」通「固」，必。《禮記》注：「盛，
　　　謂今時杯杅也。」（P171）

〔註 102〕參見王利器《呂氏春秋注疏》，巴蜀書社 2002 年版，第 720 頁。
〔註 103〕相轉之證，參見張儒、劉毓慶《漢字通用聲素研究》，山西古籍出版社 2002
　　　年版，第 898 頁。

按：膴，四庫本同，吉府本作「膳」。具，四庫本作「且」。下三句《御覽》
卷 800 引作「飯物盛美，裁炙醢醢」。俞樾說近之。故，猶言特地、故
意。「飯物故四五盛美」為句。「炙肉具」三字衍文。

（14）一國聞之者、見之者垂涎而相告

方向東曰：盧文弨曰：「『漾』與『涎』同。建、潭本作『洟』，別本作『涕』，
皆訛。」（P171）

按：四庫本、吉府本亦誤作「洟」。《御覽》卷 800 引作「涎」。「漾」、「涎」
同，《說文》作「次」，云：「次，慕欲口液也。」

（15）人悇憛其所自，以吾至亦將得此

方向東曰：盧文弨曰：「悇憛，《淮南子》作『憛悇』，高誘注云：『貪欲
也。音探豫。』當讀為貪圖，今人猶有此語。」按：吉府本「悇」作「徐」，
「憛」下注云：「他甘切，思也，憂也。」《子匯》本、王謨本「悇」亦
作「徐」，皆形近之誤。章太炎曰：「《御覽》卷 800 引此有刪節，云『人
自以吾至亦將得此』。『所』字當斷句，『自』當屬下讀。」按：《御覽》
有刪節不足據。徐復先生說：「『自』有盈欲義，《方言》卷 12：『自，
盈也。』亦借為『嗜』。」（P171～172）

王耕心曰：悇憛所自，謂憂其所自有耳。盧氏據誤本《淮南》倒其文，且
據鄙語讀為「貪圖」，非也。（P38）

按：四庫本同吉府本。章太炎讀是也。上文「味皆所嗜而所未嘗得也」，
此文「所」下當脫「得」字，「自以吾至亦將得此」之「得」，與之相
應。本書《勸學篇》：「孰能無悇憛養心而顛一視之？」「悇憛」倒言
則作「憛悇」。《楚辭·七諫》：「心悇憛而煩冤兮。」王注：「悇憛，
憂愁貌。」《淮南子·修務篇》：「則雖王公大人有嚴志頡頏之行者，
無不憛悇癢心而悅其色矣。」高注：「憛悇，貪欲也。憛悇，讀慘探
之探也。」景宋本作「憛悇」。此詞當是楚語，後進入通語矣。憂思
之深為「憛悇」，貪欲之甚亦為「憛悇」，二義相因，所謂患得患失也。
音轉為「憛忒」或「譸詆」，俗作「貪圖」、「忐忑」〔註104〕。

〔註104〕參見蕭旭《「忐忑」考》。

（16）令婦人傅白墨黑

方向東曰：盧文弨曰：「猶言『粉白黛黑』也。」（P172）

鍾夏曰：墨亦傅也。（P145）

按：《御覽》卷 800 引作「令婦傅白黑」。「墨」爲「黛」之誤。本書《勸學》：「傅白臕黑。」「臕」同「黛」。《戰國策・楚策三》：「彼鄭、周之女，粉白墨黑。」姚宏注：「別本作『黛黑』。」《文選・西都賦》、《子虛賦》李善注引並作「黛黑」，《渚宮舊事》卷 3、《後漢書・班彪傳》李賢注、《類聚》卷 18、《御覽》卷 380、《容齋四筆》卷 3 引作「黛黑」。亦其比。「墨」字或爲衍文。《後漢紀》卷 11：「今若乃衣綺縞，傅白黑，豈梁鴻所願者哉？」

（17）上使樂府幸假之但樂

方向東曰：盧文弨曰：「別本『但』作『俾』。」俞樾曰：「『但』乃『具』字之誤。」孫詒讓曰：「『但』當作『倡』。《文子・上德篇》：『使倡吹竽。』《淮南子・說林訓》『倡』譌作『但』。」劉師培曰：「案孫說是。」章太炎曰：「孫說非也。徒歌不被管弦，故稱『但歌』，此云但樂，亦猶但歌。《淮南》『使但吹竽』，亦謂使能徒歌者吹竽也。《文子》作『倡』，乃校者不解而妄改耳。」按：章說是。（P172）

按：章說又見《新方言》卷 3〔註 105〕，其說「但樂」是也，而謂《淮南》「但」字同則非。《淮南》「但」字，王念孫、陶方琦校爲「伹」，是也；而釋爲「鈍人」亦非。《六書故》引正作「伹」。「伹」高注讀鉏音，當借爲姐，女伎也，故《文子》易作「倡」字〔註 106〕。《鹽鐵論・散不足》：「奇蟲胡妲。」陳遵默引此文及《淮南》，謂「妲」、「但」皆借爲「誕」；吳梅謂「『妲』即唐、五代以後戲曲中之旦字」。王利器從二氏說，亦皆未得〔註 107〕。

（18）倒挈、面者更進

方向東曰：盧文弨曰：「倒挈，即今所謂筋斗也。面，假面也。」章太炎

〔註 105〕章太炎《新方言》卷 3，收入《章太炎全集（7）》，上海人民出版社 1999 年版，第 88 頁。

〔註 106〕參見蕭旭《淮南子校補》，花木蘭文化出版社 2014 年版，第 564～566 頁。

〔註 107〕參見蕭旭《鹽鐵論校補》。

曰：「此云『倒挈』，即逆行連倒之謂。」（P172～173）

按：《列子・說符》：「又有蘭子，又能燕戲者。」張湛注：「如今之絕倒投狹
（挾）者。」〔註108〕「倒挈」或即絕倒投挾之燕戲也。又疑「挈」讀
爲趨。《說文》：「趨，超特也。」字亦作趹，超踰、騰跳之誼也★〔註109〕。
字亦作趌、趰、迣、跇，《龍龕手鏡》：「趹、跇、趰：丑例反，趹踰，
跳躍也。又音曳。」《御覽》卷358後漢・李尤《鞍銘》：「驅騖馳逐，
騰躍覆跇。」賈子「挈」與「踰」對舉。「倒挈」蓋即李尤《鞍銘》之
「覆跇」，指馬上倒躍的動作。

（19）舞者、蹈者時作

方向東曰：盧文弨曰：「潭本『蹈』作『踰』。」按：吉府本、王謨本同，
皆訛。時作，指時時起舞。（P173）

按：四庫本亦作「踰」，《經濟類編》卷68引同。作「踰」是其舊本。「踰」
有騰跳義。字或作「趫」，《玉篇》：「趫，馬跳也。」音轉又爲「蹧」、
「趠」，亦音轉爲「蹈」〔註110〕。時，更迭，輪流，與上句「更」互
文同義。時作，謂輪流爲之也。

（20）携手胥彊上客之後

方向東曰：胥彊，未詳。彊，蓋音將，疑作相帶領解。《校注》釋爲「都
在」。（P173）

王洲明、徐超曰：胥，相。彊，勸勉。（P144）

閻振益校：胥彊，猶下句之「扶侍」。《廣雅》：「胥，助也。」《太玄經》
注：「彊，助也。」（P146）

按：胥彊，疑讀爲「醑漿」、「湑漿」，指清酒、美酒。言美酒上客之後，婦
人乃攜使者、降者之手也。

（21）一國聞之者、見之者希盱相告

方向東曰：盧文弨曰：「希盱，喜悅貌。」蕭旭曰：「希讀爲睎。睎、盱皆

〔註108〕《白氏六帖事類集》卷9引「狹」作「挾」，《御覽》卷569引無「狹」字。
〔註109〕參見蕭旭《〈爾雅〉「猰貐」名義考》。
〔註110〕參見蕭旭《〈爾雅〉「猰貐」名義考》。

爲仰望義，引申爲仰慕、愛欲。」（P173）

按：旴，四庫本、吉府本皆誤作「旴」。朱起鳳謂「希旴」即「恂旴」，

曰：「恂、希雙聲字。」〔註111〕未見音轉之證。

（22）陛下必時有所富

方向東曰：盧文弨曰：「建本『富』作『官』，訛。」俞樾曰：「盧校非是。

『官』者，『館』之古文。」按：《御覽》卷800引「富」作「居」，則作

「官」字是。（P173）

按：四庫本、吉府本並作「富」，景宋本《御覽》卷800引亦作「富」，四庫

本《御覽》作「居」。「居」當爲「富」形譌。時有所富，謂時加賞賜也。

「富」、「福」同源字，用爲動詞，謂福祿之也。

（23）善厨處

方向東曰：章太炎曰：「《御覽》卷800引『善』作『膳』，無『處』字。」

按：善，好。（P174）

按：景宋本、四庫本《御覽》卷800引皆作「善」，章氏所據本誤，或失檢。

（24）令此其居處樂虞，困京之畜，皆過其故王，慮出其單于或，時時賜此而為家耳

方向東曰：俞樾曰：「『王』乃『土』字之誤，屬上讀。『慮出其單于或』

六字爲句。『或』讀爲『域』，邦也。『慮』與『無慮』同，猶大氏也。」

按：俞說是。（P174）

按：俞說「慮」是，餘則非也。「慮出其單于」與「皆過其故王」對舉同

義。「故王」即指「單于」。

（25）匈奴一國傾心而冀，人人伋伋惟恐其後來至也

按：伋伋，《御覽》卷800引作「汲汲」。

（26）且出則從，居則更侍

方向東曰：盧文弨曰：「建本脫『居』字，別本有之，潭本作『入』。」按：

吉府本亦脫「居」字。（P174）

〔註111〕朱起鳳《辭通》，上海古籍出版社1982年版，第355頁。

按：各本皆有脫文。《御覽》卷 800 引作「出則從出，入則從入，〔居〕則更侍」。《御覽》僅脫一「居」字。

（27）上即幸拊胡嬰兒，擣遒之，戲弄之

方向東曰：盧文弨曰：「擣遒，猶騰倒也。」按：擣遒，同「搗遒」，擊也，此言拍撫。（P175）

王洲明、徐超曰：擣遒，抱持哄逗一類的親昵動作。（P146）

閻振益校：《說文》：「擣，手堆（椎）也。」「遒，迫也。」是即迫近而推（椎）之，做嬉戲狀。（P148）

按：「擣」同「搗」，謂以手擊打之。遒，讀爲搖，謂以手搖動之。或讀遒爲蹴，謂以足踢之。皆表示親昵的動作。

（28）下胡抑抎也

方向東曰：盧文弨曰：「抎，損也。言降下胡人如隕墜之易。前云『下匈奴猶振槁也』。」（P175～176）

按：「損」是「隕」誤錄。《集韻》：「隕，或作抎。」抑，如也、似也，與「猶」同義〔註112〕。

（29）若夫大變之應，大約以權決塞，因宜而行，不可豫形

方向東曰：《管子·七法》：「……謂之決塞。」注：「凡此十二事，皆爲政者所以決斷而窒塞也。」（P177）

按：豫，四庫本誤作「務」。「決塞」平列，決，疏通。此以水爲喻。謂或決之，或塞之。

（30）中外符節適繡拘也

方向東曰：盧文弨曰：「字書不載『繡』字。案白樂天詩：『鳥以能言繡，龜緣入夢烹。』『繡』爲羈紲之義，則此當謂繫屬而固結之也。」（P177）

王耕心曰：繡，此當音構。結木爲構，結絲亦宜爾也。（P38）

王洲明、徐超曰：繡（音渠），網類。拘，約束，拘禁。（P148）

〔註112〕參見裴學海《古書虛字集釋》，中華書局 1954 年版，第 211 頁。裴氏正舉此例。

—611—

閻振益校：《集韻》：「拘，聚也。」夏案：繜拘，猶言結聚。（P149）

按：《抱朴子外篇・吳失》：「紲猘狗而責盧鵲之效，繜雞鶩而崇鷹揚之功。」四庫本「繜」誤作「輴」，宋・蘇籀《知人》引作「架」。「繜」為「構」俗字，構架、牽連、交結之義。《淮南子・覽冥篇》：「故蒲且子之連鳥於百仞之上。」《史記・司馬相如傳》《子虛賦》：「弋白鵠，連駕鵝。」《抱朴》及白詩之「繜」，即「連」字之誼也。俗字又作搆，《集韻》：「搆，牽也。」

（31）夫或人且安得久悍若此

方向東曰：盧文弨曰：「潭本『悍』作『捍』。」按：吉府本同。陶鴻慶曰：「『或』乃『戎』字之誤。」劉師培曰：「『或』即『國』字，『夫或人』者，即彼國之人也。」按：劉說是。（P178）

按：「或」乃「域」古字。「且」當作「宜」，乙於「安」字之下。上文云「夫無道之人，何宜敢捍〔若〕此其久？」又《勢卑》：「奚宜敢悍若此？」句法並同。「安宜」即「何宜」、「奚宜」。

（32）揮劍挾弓，而蹲穹廬之隅

方向東曰：盧文弨曰：「揮劍，潭本作『裨劍』，別本作『彈劍』。」按：吉府本同潭本。（P178）

閻振益校：《說文》：「裨，接也。」《廣雅》：「接，持也。」（P150）

按：《說文》：「裨，接益也。」閻氏既誤從示之「裨」為從衣之「裨」，復刪去「益」字，轉展訓為「持」，殊不可信。四庫本作「彈劍」。作「裨」是其舊本。裨，讀為捭，與「揮」同義。《戰國策・秦策五》：「將軍為壽於前而捍匕首。」姚宏注：「捍，劉、一作捭。」《文選・之郡初發都》李善註引作「捭」。黃丕烈謂「捭」字是〔註113〕。「彈」當作「揮」，提持也。

（33）雖欲毋走，若虎在後；眾欲無來，恐或軒之

方向東曰：盧文弨曰：「〔軒之〕，猶言先之，在其前也。」俞樾曰：「『軒

〔註113〕黃丕烈《戰國策札記》，收入《叢書集成新編》第 109 冊，新文豐出版公司 1985 年印行，第 772 頁。

乃『撕』字之誤，拍取也。」（P178）

按：軒，讀爲撋。《說文》：「撋，拔取也。」字亦作揱、捲、撋、撋，南楚
方言〔註114〕。

（34）其眾之見將吏，猶噩迕仇讐也

方向東曰：吉府本「噩」下注：「音惡，驚也。」噩，與「遌」通。《玉
篇》：「迕，遇也。遌，同上。」（P178）

王洲明、徐超曰：「迕」疑爲「噩」之注文摻入者。（P154）

按：迕，吉府本誤作「迂」。王、徐說是。

（35）連此有數

方向東曰：盧文弨曰：「此，潭本作『比』。」劉師培曰：「作『比』是也。
言其爲次甚頻也。」（P178）

按：《經濟類編》卷68引作「連比」。

（36）夫關市者，固匈奴所犯滑而深求也

方向東曰：劉師培曰：「『滑』當作『猾』，擾也。深求，程本作『探求』，
其義較長。」（P178）

按：吉府本、《經濟類編》卷68作「深求」，四庫本作「探求」。作「深求」
是，言關市乃匈奴所竭力欲得之者。

（37）暉潃多飲酒

方向東曰：盧文弨曰：「暉，羽敏切，大口也。潃，字書無考。」吉府
本「暉」下注：「牛隕切，大口。」陸良弼本「飲」作「飯」。章太炎曰：
「『潃』疑即『霿』字之省，此則借爲『悷』字。《荀子·榮辱篇》：『悷
悷然唯利飲食之見。』悷悷然之悷，即侵牟之矣。暉悷言大口饕餮也。」
（P179）

按：四庫本作「飲」，吉府本、《經濟類編》卷68作「飯」。潃，四庫本
作「潃」，吉府本作「潃」，《經濟類編》作「潃」，字形皆稍譌；《字
彙補》作「潃」，云「音義未詳」。朱起鳳謂「暉潃」即「渾酪」形

〔註114〕參見蕭旭《淮南子校補》，花木蘭文化出版社2014年版，第793～794頁。

謁〔註 115〕，形聲俱遠，其說恐非是。「嗶」或作「啹」，《說文》訓大口，《集韻》：「嗶，口大齒醜皃。」即俗言嘴大齒醜之貌，義亦不安。疑「嗶」讀爲咽，《集韻》「齞」或作「齟」，「趕」或作「趣」，「箬」或作「箘」，是其比。《廣雅》：「咽，吐也。」《玉篇》：「咽，欲吐皃。」「瀦」疑是「瞀（眊）」俗字，目光昏亂也。「嗶瀦」狀其酒醉。

（38）天子下臨，人民悹之

方向東曰：盧文弨曰：「建本作『天子不臨，人民患之』，潭本『不臨』作『不怵』，『患』作『悹』。今案『不』字當作『下』，『悹』與『患』同。」按：吉府本與潭本同，「悹」下注：「音管，憂也。」（P180）

鍾夏曰：怵，盧藏建本、莫本作「臨」，於義爲長。然未詳二字何由得訛，疑「臨」係臆改。（P152）

按：四庫本、《經濟類編》卷 68 同吉府本。王紹蘭曰：「當依潭本作『天子不怵，人民悹之』。《說文》：『怵，恐也。悹，憂也。』」〔註 116〕「悹」當是「悺」之異體。《說文》：「悺，憂也。」《玉篇》：「悹，悹悹，憂無告也。悺，同上。」《廣韻》：「悹，憂也。悺，上同。」朱駿聲亦謂「悹」是「患」之異體字〔註 117〕。當作「不怵」爲是，「怵」形誤作「林」，因改作「臨」。句謂天子不害怕，而人民卻擔憂。鍾夏既謂「臨」字義長，又謂「臨」字係臆改，不知其如何取捨。

（39）今天子自為懷其民，天子之理也，豈下臨人之民哉

方向東曰：盧文弨曰：「潭本末句作『豈有怵人之民哉』，訛。」按：吉府本、《子匯》本、王謨本與潭本同。「下臨人之民」疑作「下臨之人民」，猶下臨於人民。（P181）

按：盧校非是。各本不誤，言天子哪有使人民害怕的呢？

〔註 115〕朱起鳳《辭通》，上海古籍出版社 1982 年版，第 2535 頁。

〔註 116〕王紹蘭《讀書雜記‧賈子》，收入《叢書集成續編》第 18 冊，新文豐出版公司 1988 年印行，第 122 頁。

〔註 117〕朱駿聲《說文通訓定聲》，武漢市古籍書店 1983 年版，第 733 頁。

《勢卑》校補

（1）以漢而歲致金絮繒綵，是入貢職於蠻夷也，顧為戎人諸侯也

方向東曰：盧文弨曰：「建本作『顧為戎人為諸侯也』，潭本亦有下『為』字，訛。今依《漢書》改。」按：吉府本、《子彙》本、王謨本同二本。（P182）

按：四庫本亦有下「為」字。下「為」，猶之也。

（2）夫胡人於古小諸侯之所銍權而服也

方向東曰：盧文弨曰：「『銍權』未詳。」孫詒讓曰：「『權』當作『穫』。《說文》：『銍，穫禾短鐮也。』」蕭旭曰：「銍疑讀為挃，權讀為捲。《淮南·兵略》：『五指之更彈，不若捲手之一挃。』言收攏五指搗擊。」（P183）

按：《淮南子·兵略》許慎注：「挃，搗也。」《淮南子·修務篇》：「攘捲一搗。」即許注所本。楊樹達謂「捲」同「拳」〔註118〕，是也。此文「權」讀為攉，亦即「拳」字。我舊說讀權為捲，訓收攏，未是。

（3）唯上財幸

王洲明、徐超曰：財，通「裁」，裁定，決斷。（P156）

按：《漢書·賈誼傳》：「唯陛下財幸。」王念孫曰：「財猶少也。唯陛下財幸者，唯陛下少幸從之，猶下文言願陛下少留計也。」〔註119〕王念孫說是也，此文「幸」下省動詞。本書《益壤》：「惟陛下幸少留意。」「財幸」即「少幸」、「幸少」。朱起鳳謂「幸」為「擇」省借或訛缺〔註120〕，非也。

（4）玩細虞，不圖大患，非所以為安

方向東曰：盧文弨曰：「建本『玩』作『繁』，別本作『繁細是虞』，今從潭本。」按：吉府本與建本同。（P183）

閻振益校作「繁細是虞」，引朱駿聲曰：「虞，假借為慮。」（P155）

按：《漢書》作「翫細娛」。虞，讀為娛。玩，讀為翫，習厭、翫忽。上文所云「獵田彘」，即所謂「翫細娛」也。本書《數寧》：「射獵之娛與安危之機孰急也？」「細娛」即指射獵之娛。

〔註118〕楊樹達《淮南子證聞》，上海古籍出版社2006年版，第156頁。
〔註119〕王念孫《漢書雜志》，收入《讀書雜志》卷5，中國書店1985年版，第72頁。
〔註120〕朱起鳳《辭通》，上海古籍出版社1982年版，第1551、2611頁。

《淮難》校補

（1）淮南王曾不誚讓

方向東曰：盧文弨曰：「別本作『譙讓』，潭本訛作『醮讓』。」按：吉府本同潭本。誚讓，譴責。（P186）

按：《說文》：「譙，嬈嬈也。誚，古文譙，從言肖，《周書》曰：『王亦未敢誚公。』」「誚」同「譙」。《方言》卷 7：「譙，讓也。齊楚宋衞荊陳之閒曰譙；自關而西，秦晉之閒凡言相責讓曰譙讓。」

（2）敷留之罪無加身者

方向東曰：盧文弨曰：「敷留，未詳。」劉師培曰：「『敷』當作『數』。」章太炎曰：「『敷』疑爲『放』之誤。『留』借爲『流』。」蕭旭曰：「敷，讀爲鋪。《方言》卷 12：『鋪，止也。』字或爲逋，《廣雅》：『逋，遲也。』敷留，即止留。」（P186）

按：朱起鳳有二說，一謂「敷留」叚作「緡靡」，一謂「敷留」是「稽留」之誤〔註 121〕，皆非是。「敷留」即「止留」，猶言逗留、稽留。《廣雅》：「逋，遲也。」謂遲緩。王念孫曰：「郭璞注《南山經》引《記》曰：『條風至，出輕繫，督逋留。』《淮南子・天文訓》作『去稽留』。《太玄・耎》：『測曰：縮失時，坐逋後也。』是逋爲遲也。」〔註 122〕王說是也，《白虎通義・八風》：「條風至，則出輕刑，解稽留。」《董子・五行逆順》、《治水五行》并有「出輕繫，去稽留」之語。《初學記》卷 1 引《春秋考異》：「條風至，王者赦小罪而出稽留。」《御覽》卷 9 引《易通卦驗》：「立春，條風至，赦小罪，出稽留。」皆是其證。《三國志・王朗傳》：「當謂國家愠于登之逋留。」「敷留」即「逋留」，與「稽留」義同，此可補王氏之未及也。

（3）王人于天子國橫行不辜而無譴

方向東曰：「王人」原作「主人」，義不可通，「主」蓋「王」字之誤。王人，即擅自封人。（P186）

〔註 121〕朱起鳳《辭通》，上海古籍出版社 1982 年版，第 173、1010 頁。

〔註 122〕王念孫《廣雅疏證》、《補正》，收入徐復主編《廣雅詁林》，江蘇古籍出版社 1992 年版，第 315 頁。

按：四庫本、吉府本並作「王人」，《西漢文紀》卷 6 同。王人，指淮南王的
下屬之人。

（4）然而淮南王，天子之法咫蹂促而弗用也

方向東曰：盧文弨曰：「此篇多以『咫』代『則』字。『蹂促』猶『蹂蹴』，
潭本作『蹉促』。」按：《子匯》本「咫」皆作「則」。蹂促，指用足踏，
用手扼。促，讀爲捉。《釋名》：「捉，促也，使相促及也。」《說文》：「捉，
搤也。」此蕭旭說。（P186～187）

按：促，盧氏讀爲蹴，字亦作蹙（蹴）。余舊說讀捉，亦備一通。

（5）奉尊罪人之子，適足以負謗於天下耳，無解細於前事

方向東曰：陶鴻慶曰：「『細』蓋『弭』之假字……與『解』義同。」按：
陶說得之。（P188～189）

按：「細」讀如字，言無以解其細微於前事，即謂一點用處也沒有也。

（6）無不盡傷

按：「無不」與「盡」同義連文。《商子·兵守》：「無不盡死。」文例正同。
朱起鳳謂「盡傷」是「蠱傷」之譌〔註123〕，非也。

（7）為發憤快志爾，故挾匕首以衝仇人之匈

方向東曰：吉府本「挾匕首」作「欲皆首」。按：挾，持。徐復先生曰：「衝，
撞之假借。《廣雅》：『撞，刺也。』亦作劗。」（P190）

閻振益校：欲皆首，李本同。莫本、程本、周本作「欲匕首」，盧本作「挾
匕首」，本傳作「劗手」，何本作「欲劗匕首」。夏按：欲皆首，意不可通。
此當係三字，本傳爲省文，何本係調和本傳與本書。盧本係擅改而不出校，
不可從。疑「皆」係「揩」之壞字。《廣雅》：「揩，磨也。」揩、劗義近。
本傳「劗手」即「揩首」。顏注：「劗，利也。」劗手當謂快手，即敏捷。
又，「首」爲兵器之附件，或借代指兵器。（P161）

按：憤，《漢書》作「忿」。「皆」爲「匕」之誤。「匕」先誤作「比」，復誤
作「皆」〔註124〕。本書當從莫本等作「欲匕首」，盧氏改作「挾匕首」，

〔註123〕朱起鳳《辭通》，上海古籍出版社 1982 年版，第 874 頁。
〔註124〕《大戴禮記·保傅》：「比選天下。」本書《保傅》「比」誤作「皆」。

無據。《漢書》作「刼手」，當作「刼匕首」。

（8）此非有白公、子胥之報于廣都之中者，即疑有專諸、荊軻起兩柱
之間

按：下句，本書《益壤》、《漢書》同，《漢紀》卷 7 作「必有專諸、荊軻起於
兩楹之間矣」。「起」下當補「于」字，四庫本亦有。《說文》：「楹，柱也。」

《鑄錢》校補

（1）善人怵而為奸邪，愿民陷而之刑戮

方向東曰：李奇曰：「怵，誘也，動心於奸邪也。」楊樹達曰：「此假怵為
訹。」（P202～203）

按：怵，《冊府元龜》卷 499 作「惕」，則已誤解其誼。

（2）將甚不祥

按：祥，《漢書・食貨志》作「詳」，顏師古曰：「詳，平也。」

《傅職》校補

此篇又見《國語・楚語上》，互詳《國語校補》。朱熹《儀禮經傳通解》
卷 18 引此文，下引省稱作「《通解》」。

（1）以革勸其心

方向東曰：俞樾曰：「革，戒也。《國語・楚語》正作『戒勸』。」徐復先生
曰：「革為諽字之借，亦訓為戒。」（P205）

按：革，讀為戒，警戒、謹慎、戒備。《說文》：「戒，警也。」字亦作恜、
誡，《說文》：「誡，飾也。」「飾」當作「飭」，謹也。言之愼為誡，心
之愼為恜，皆「戒」之分別字。亦借「諽」、「惲」為之，《說文》：「諽，
飾也。讀若戒。」《玉篇》：「惲，飭也，或作諽。」《集韻》：「諽、惲：
《說文》：『飾也。』一曰謹也，或從心。」

（2）明長復以道之信

方向東曰：盧文弨曰：「『長復』謂久要不忘踐言也。俗閒本作『長短』，訛。」

按：《子匯》本作「長短」。《國語》「長復」作「久長」，義相發明。韋昭曰：
「有信然後可以長久。」（P206）

按：盧說至確。復，謂踐約、守信，故云「道（導）之信」。《論語·學而》：
「有子曰：『信近於義，言可復也。』」何晏《集解》：「復，猶覆也。」
朱熹《集註》：「復，踐言也。」《大戴禮記·曾子立事》：「言之，必思
復之。」《左傳·僖公九年》：「荀叔曰：『吾與先君言矣，不可以貳，能
欲復言而愛身乎？』」《國語·晉語二》作「吾言既往矣，豈能欲行吾言
而又愛吾身乎？」此「復」訓「行」之確證。字亦作覆，《家語·王言
解》：「其言可覆。」四庫本、范家相本、寬永本、宗智本作「復」，《肇
論疏》卷2引作「復」，《大戴禮記·主言》亦作「復」。《國語·周語下》：
「信，文之孚也。」韋昭注：「孚，覆也。」宋庠曰：「注『覆』，『言可
復』之『復』。」〔註125〕孚、覆一聲之轉。

（3）制義行以宣翼之

方向東曰：韋昭曰：「宣，徧也。」（P207）

按：《國語》作「明行以宣翼之」。《類聚》卷51引梁·任昉《初封諸功臣詔》：
「自非臺才並軌，文武宣翼，將何以啟茲景祚，弘此帝圖？」「宣翼」
顯係平列爲詞，韋注非也。宣之言顯，發揚、顯明也。倒言則作「翼宣」，
《後漢紀》卷30：「君宣翼風化，爰及四方。」《三國志·武帝紀》作
「翼宣」。《三國志·華覈傳》：「不能翼宣仁澤，以感靈祇。」《後漢書·
徐穉傳》：「必能翼宣盛美，增光日月。」我舊說云：「宣，協調、協和。」
〔註126〕則讀宣爲和，未洽。

（4）勤勞以勸之

方向東曰：勤勞，勞苦。勸，勉勵。（P207）

按：勤勞，《國語》作「勤勉」，《華陽國志》卷10、《說郛》卷58常璩《漢
中士女志》作「懃恪」。

〔註125〕宋庠《國語補音》卷1，收入《叢書集成續編》第272冊，新文豐出版公司
　　　　1988年印行，第513頁。
〔註126〕蕭旭《國語校補》，收入《群書校補》，廣陵書社2011年版，第184頁。

（5）天子不姻于親戚，不惠于庶民

　　　方向東曰：俞樾曰：「古人稱父母爲親戚。後人不達親戚之義，故易以『姻』字耳。《大戴》作『天子無恩於父母』。」章太炎曰：「姻亦親也。」（P208）

　按：「姻」爲「恩」形誤。《通解》卷 18 引正作「恩」。

（6）天子……不中于刑獄

　　　方向東曰：《大戴》作「制獄」。（P208）

　按：戴震曰：「刑，各本訛作『制』，今據《儀禮經傳通解》訂正。」王聘珍曰：「制，折也。」孔廣森曰：「制，斷也。」〔註127〕王、孔說是，「刑」爲「制」形誤，《通解》卷 18 引已誤。「制獄」即「折獄」，古書成語。《後漢書‧百官志》劉昭注、《通典》卷 20 引賈誼語正作「折獄」，《御覽》卷 206、《職官分紀》卷 2 引《大戴》亦作「折獄」。《書‧呂刑》：「制以刑。」《墨子‧尚同中》引作「折則刑」。《論語‧顏淵篇》：「片言可以折獄者。」《魯論語》作「制獄」。皆其證也。

（7）不誠於戎事

　　　方向東曰：盧文弨曰：「建、潭本『誠』作『直』。案《輔佐篇》云有『戎事之誠』，今從別本作『誠』字，《大戴》同。」按：吉府本、《子彙》本同二本。王聘珍曰：「誠，警也。」（P208）

　按：《書鈔》卷 52、《類聚》卷 46 引《大戴》作「戒」，《御覽》卷 206 引《大戴》誤作「議」。誠於戎事，言戒備於戎事也。

（8）不誠於賞罰

　按：誠，《大戴》同，《書鈔》卷 52 引《大戴》作「成」，省文也。

（9）郄授於疏遠卑賤

　　　方向東曰：程本「授」亦作「愛」，王謨本亦作「鄰愛」。盧文弨曰：「『丟』、『吝』同，《大戴》『丟授』作『鄰愛』。鄰亦與吝同。」王聘珍曰：「『鄰』當爲『吝』。愛，惜也。」按：「鄰」乃「吝」音之誤，「愛」乃「受（同『授』）」形近之誤。（P208）

〔註127〕三說並轉引自方向東《大戴禮記匯校集解》，中華書局 2008 年版，第 354～355 頁。

王耕心曰：授者，授官、授賞，皆是也。《大戴禮》作「愛」，非。（P45）

按：盧校本作「忢」，不作「郄」。戴震曰：「遴、吝古字通用，各本訛作鄰，今從方本。」孔廣森曰：「古字通借，以遴爲吝，又轉爲鄰。」汪照曰：「鄰、吝古通用。」〔註 128〕盧、孔、汪三氏說是，《鹽鐵論‧刺復》：「昔周公之相也，謙卑而不鄰，以勞天下之士。」盧文弨曰：「『鄰』與『吝』同。」〔註 129〕亦其例。《通解》卷 18 引作「鄰愛」，朱子注：『『鄰愛』字上下必有闕文。」未得通借也。「授」爲「愛」形誤，四庫本正作「忢愛」。鄰（吝）愛，今言吝惜。《晏子春秋‧內篇問下》：「叔向問晏子曰：『嗇、吝愛之于行何如？』晏子對曰：『嗇者君子之道，吝愛者小人之行也。』」倒言則作「愛恡」，《潛夫論‧志氏姓》：「貪冒愛恡。」《風俗通義‧正失》：「丹實好士，無所愛恡也。」

（10）不能懲忿忘欲

方向東曰：王謨本「忘」作「窒」，《大戴》同。王聘珍曰：「懲，止也。窒，塞也。」（P208）

按：忘，四庫本作「窒」，《通解》卷 18 引同，是也。《易‧損》象曰：「君子以懲忿窒欲。」王應麟《周易鄭康成注》作「徵忿憒欲」，鄭康成曰：「徵，猶清也。憒，止也。」《厚齋易學》卷 40 作「澂忿窒慾」，云：「澂，鄭〔云〕：『猶清也。』竊謂義當去聲，今澄，古登。見蜀本、劉、王訛作懲。」魏了翁《周易要義》卷 4：「懲，止也，鄭云：『猶清也。』劉作懲，云：『清也。』蜀才作澄。」

（11）隱琴肆瑟

方向東曰：盧辯曰：「隱，據也。」孔廣森曰：「隱，倚也。」王聘珍曰：「隱，藏也。」章太炎曰：「『隱』借爲殷。肆，極陳也。殷、肆義近。《大戴》無『肆』，誤也。」徐復先生曰：「隱，憑依。肆，陳列。」（P210）

王洲明、徐超曰：隱，深深陷入的意思。肆，放縱。（P181）

閻振益校：《廣雅》：「肆，踞也。」《詩‧皇矣》箋：「肆，犯突也。」（P179）

〔註 128〕三說並轉引自方向東《大戴禮記匯校集解》，中華書局 2008 年版，第 354 頁。
〔註 129〕盧文弨《鹽鐵論校正》，收入《群書拾補》，《續修四庫全書》第 1149 冊，上海古籍出版社 2002 年版，第 392 頁。

按：盧、孔、徐復說是。《大戴》作「隱琴瑟」，朱駿聲謂「隱」借爲「㦤」〔註 130〕，《說文》：「㦤，所依據也。讀與隱同。」「㦤」、「依」一聲之轉，《說文》乃聲訓也。《玉篇》亦云：「肆，踞也。」隱琴肆瑟，言依倚踞坐於琴瑟之上。《大戴》無「肆」者，脫文耳。《書鈔》卷 52 引《大戴》作「隱琴曳瑟」。「肆」形譌作「肆」，又以同音改作「曳」。孫詒讓曰：「隱、偃一聲之轉。肆，陳也。」戴禮曰：「隱，匿也。肆，棄也。隱肆義猶徹。」〔註 131〕皆失之。

（12）天子燕辟廢其學，左右之習詭其師

方向東曰：盧文弨曰：「建、潭本作『燕業及其學』，訛。」按：吉府本、《子匯》本同。《大戴》作「宴瞻其學」。王聘珍曰：「宴，猶褻也。瞻，視也。褻視其學，謂不知敬業也。」義與「燕辟廢其學」相發明。燕，同「宴」。辟，捐，與「廢」同義。《大戴》「詭」作「反」，義同。（P211）

按：四庫本同盧校本。《禮記·學記》：「燕朋逆其師，燕辟廢其學。」鄭玄注：「燕，猶褻也，褻其朋友，褻師之譬喻。」此即盧校及王聘珍所據。《大戴》作「天子宴瞻其學，左右之習反其師」。本書各本「及」乃「反」字形誤，與「詭」同義對舉〔註 132〕。《後漢書·百官志》劉昭注、《通典》卷 20 引正作「天子燕業反其學」。《書鈔》卷 52 引《大戴》作「天子宴業反其學」。「反其學」義同「廢其學」。《通解》卷 18 引作「天子宴瞻（譬）〔廢〕其學」，朱子云：「譬，本作瞻，又無廢字，今以《學記》刊補。」「辟」字鄭玄解爲「譬喻」未得其誼，當解爲「邪僻」。宋·衛湜《禮記集說》卷 89 引永嘉戴氏曰：「燕朋謂昵于朋比，如『孺子其朋』之朋。燕辟謂昵于敖辟，如『師也辟』之辟。」元·陳澔《禮記集說》卷 6：「燕私之朋，必不責善，或相與以慢其師。燕遊邪僻，必惑外誘，得不廢其業乎？」王引之曰：「宴瞻其學，當作『宴業詭其學』。『燕』與『宴』通。宴業即居學也。詭與反同義。宴業詭其學，謂宴居之業與所學相反也。『詭』誤爲『瞻』。」王樹枏曰：「王引之說云云，

〔註 130〕朱駿聲《說文通訓定聲》，武漢市古籍書店 1983 年版，第 785 頁。
〔註 131〕二說並轉引自方向東《大戴禮記匯校集解》，中華書局 2008 年版，第 354～355 頁。
〔註 132〕徐超《讀賈誼〈新書〉札記》已及之，《古籍整理研究學刊》1992 年第 4 期，第 27 頁。

洪頤煊謂『瞻』當作『瞻』，宴瞻即燕耽，與『燕辟』義近，下脫『廢』
字。今謂洪義長。」〔註133〕王引之說得之。

（13）答遠方諸侯，遇貴大人，不知大雅之辭

方向東曰：《大戴》「大雅」作「文雅」。（P211）

按：四庫本「大」作「文」。《後漢書・百官志》劉昭注引作「苔諸侯，遇大
臣，不知文雅之辭」，《通典》卷 20 引作「益諸侯，過大臣，不知文雅
之辭」。「益」爲「苔（答）」誤，「過」爲「遇」誤，「大」爲「文」誤。
《通解》卷 18 引正作「文」。《家語・子路初見》：「宰我有文雅之辭，
而智不充其辯。」

（14）御器在側不以度

按：在，《大戴》同，《後漢書・百官志》劉昭注引作「列」，《通典》卷 20
引作「倒」。「列」誤作「到」，又改作「倒」。

（15）雜綵從美不以章

方向東曰：盧文弨曰：「潭本作『不以彰德』。」按：吉府本、《子匯》本
同。《大戴》作「縱上下雜采不以章」。（P211）

按：《後漢書・百官志》劉昭注、《通典》卷 20 引作「采服從好不以章」，
《通解》卷 18 引作「縱上下雜采不以章」。《書鈔》卷 52 引《大戴》
作「縱弄雜采不以章」。「縱」同「從」。王念孫曰：「此文本作『縱美
雜采不以章』。縱、雜皆亂也。傳寫者以一『美』字譌作『上下』二
字，則文不成義。鈔本《書鈔》引作『縱弄雜采』，『弄』即『美』之
譌字……獨賴有《賈子》及《書鈔》，可以考見原文耳。」孫詒讓曰：
「王校是也。此記舊本作『上下』者，乃北朝俗書之誤，魏孝文帝《弔
比干文》石刻『弄』字作『卡』，是也。」〔註134〕二氏說皆是。戴震、
孔廣森、汪照謂各本衍「縱」字，非也。

〔註133〕二說並轉引自方向東《大戴禮記匯校集解》，中華書局 2008 年版，第 358 頁。
〔註134〕諸說並轉引自方向東《大戴禮記匯校集解》，中華書局 2008 年版，第 360～
361 頁。方氏引孫說「卡」作「上下」，茲徑正。檢孫詒讓《大戴禮記斠補》
影印石印本，原印本已誤，收入《續修四庫全書》第 107 冊，上海古籍出版
社 2002 年版，第 632 頁。中華書局 2010 年版排印本亦未能訂正，第 30 頁。
敦煌寫卷 S.388《正名要錄》：「右正行者揩（楷），腳注稍訛：弄、卡。」

（16）賦與噍讓不以節

    方向東曰：盧文弨曰：「『噍』當作『譙』。」劉師培曰：「盧說非。賦與，賞賜也。噍讓，責罰也。不得易『噍』爲『〔唯〕〔譙〕』。」《大戴》「譙」作「集」。孔廣森曰：「『集』當爲『譙』字之誤。」按：劉、孔說是。（P211～212）

按：盧校本作「『噍』當作『噍』」，下「噍」字蓋「譙」筆誤。《通解》卷 18 注：「『集』疑當作『譙』。」此即諸說所本，江永亦從朱子說〔註 135〕。王聘珍曰：「集，聚也。讓，責也。」方向東曰：「噍、譙字通。」〔註 136〕諸說並誤。賦與噍讓，《後漢書·百官志》劉昭注、《通典》卷 20、《職官分紀》卷 2 引作「與奪」，宋·范祖禹《進故事》引《大戴》作「賜與奪讓」。「噍」、「集」當是「奪」形譌。《書鈔》卷 52 引《大戴》已誤作「集讓」。讓，讀爲攘，侵奪也。《書·呂刑》：「奪攘矯虔。」倒言則作「攘奪」，《管子·八觀》：「攘奪盜竊者不止。」「奪」字俗從「集」作「奪」、「奪」、「奪」、「奪」等形，S.2832《願文等範本·滿月事》：「千賢奪星中之星，麗質瑩荊山之玉。」P.2717《碎金》：「手攬攘：七官反，下乃（枀）末反。」「攘」右旁所從亦是「奪」字〔註 137〕。敦博 056《佛爲首迦長者說業報差別經》：「七者侵奪賢聖，資生田業。」〔註 138〕中村不折藏敦煌寫卷《莊子·知北遊》郭象注：「百化自化，而神明不奪之。」今本「奪」作「奪」。P.2094《金剛般若波羅蜜經》：「其夫從外而歸，見妻，乃于手中奪得經卷，拋入火中。」故易脫誤作「集」字。S.6267《燕子賦》：「朝逢應（鷹）集（奪），暮逢癡（鴟）算。」「集」亦「奪」脫誤，Dx796+Dx1343+Dx1347+Dx1395《燕子賦》正作「奪」字。

（17）天子居處燕私安所易，樂而湛

    方向東曰：盧文弨曰：「《大戴》作『安如易』，如、而通。」俞樾曰：「本作『安而易』，隸書『所』、『而』相似致誤。《大戴》作『安如易』，『如』即『而』也。」（P212）

〔註 135〕江永《禮書綱目》卷 61，收入《叢書集成續編》第 14 冊，新文豐出版公司 1988 年版，第 601 頁。

〔註 136〕二說並見方向東《大戴禮記匯校集解》，中華書局 2008 年版，第 361 頁。

〔註 137〕此二例錄自黃征《敦煌俗字典》，上海教育出版社 2005 年版，第 97 頁。

〔註 138〕此例錄自趙鑫曄未刊稿，謹致謝忱。

按：「安所易，樂而湛」，《後漢書・百官志》劉昭注引作「安而易，樂而耽」，《通典》卷 20 引作「安而易，樂而躭」，《通解》卷 18 引作「安如易，樂而湛」，《書鈔》卷 52 引《大戴》作「安而易，樂而湛」。朱子注：「易，自放縱也。如、而古通用。湛，都含反，過於樂也。」《詩・鹿鳴》：「和樂且湛。」毛傳：「湛，樂之久。」又《北山》：「或湛樂飲酒。」耽、躭、湛，皆「媅」借字，本字爲「甚」。《說文》：「媅，樂也。甚，尤安樂也。」「媅」即過於樂之專字。字亦作「妉」，《爾雅》：「妉，樂也。」裴學海曰：「所，猶而也。」〔註 139〕

（18）飲酒而醉，食肉而飽，飽而彊食，饑而惏

方向東曰：盧文弨曰：「別本『惏』下有『食』字。潭本『惏』作『餕』，建本作『餕』，字書無『餕』字，或二字誤合。《大戴》作『飽而強，飢而惏』，無兩『食』字。」按：吉府本、《子匯》本同潭本。《大戴》上「飽」作「餕」。盧辯曰：「惏，貪殘也。」「惏」同「婪」。（P212）

鍾夏曰：《論語・鄉黨》集解：「魚敗曰餒也。」此謂因饑而食餒。疑「惏」、「餕」雙聲通。（P181）

按：鍾說殊無據。「惏」下當有「食」字，與上句「彊食」相對，《大戴》無兩「食」字，亦可。《通解》卷 18 引上「飽」亦作「餕」，是也。盧辯注：「餕，過其性也。」朱子注：「餕，祖峻反，過其性也。惏，盧含反，與婪同。惏，貪殘也。」《書鈔》卷 52 引《大戴》作「飲酒而醉，食肉而飽，飰而彊，饑而嗽」。「飰」同「飯」，誤。宋・范祖禹《進故事》引《大戴》「餕」作「飽」。王念孫曰：「『餕』當爲『飽』，故盧注云『過其性也』。《書鈔》卷引此正作『飽』。」〔註 140〕《後漢書・百官志》劉昭注、《通典》卷 20 引作「飲食不時，醉飽不節」，與今本及《大戴》大異，不知何據。建本作「餕」者，當即「餕」俗字。《說文》：「餕，馬食穀多，氣流四下也。」段玉裁曰：「謂汗液前後左右四面流下也。餕與淋雙聲義近，由於食穀多也，故從食。」〔註 141〕《集韻》：「餕，

〔註 139〕裴學海《古書虛字集釋》，中華書局 1954 年版，第 788 頁。裴氏正舉此例。
蕭旭《古書虛詞旁釋》有補證，廣陵書社 2007 年版，第 351 頁。
〔註 140〕王說轉引自方向東《大戴禮記匯校集解》，中華書局 2008 年版，第 362 頁。
〔註 141〕段玉裁《說文解字注》，上海古籍出版社 1981 年版，第 222 頁。

馬食穀病。」字亦作駿，《集韻》：「餕、駿：馬食粟曰餕，或從馬。」
《博物志》卷 4：「馬食穀則足重不能行。」馬食穀多，傷於飽，不能
行，謂之餕（駿），疊音則曰「駿駿」，單言亦曰駿、䠡，《廣韻》：「䠡，
飽也，吳人云，出《方言》。」〔註 142〕《集韻》：「駿，馬傷穀病。」今
吳語尚有「飽䠡䠡」之語。《集韻》：「踐，踐䠡，馬病。」「踐䠡」即不
能行之專字。音轉又作「酩酊」，《玉篇》：「酩酊，醉甚也。」指飲酒過
多，傷於酒也〔註 143〕。此文「惏」即「餕」之借，指人進食過多而傷
飽也。

（19）暑而暍，寒而懦

方向東曰：盧文弨曰：「懦，別本作『嗽』，《大戴》同。」按：《說文》：「暍，
傷暑也。」（P212～213）

按：懦，《資治通鑑》前編卷 7 引同，《通解》卷 18 引作「嗽」，《書鈔》
卷 52 引《大戴》作「咳」。王聘珍曰：「嗽，欬也。」〔註 144〕《玉篇》：
「嗽，咳嗽也。」二句言天子如果夏天中暑，冬天咳嗽，此皆是少保
的責任。

（20）寢而莫宥，坐而莫侍

方向東曰：盧文弨曰：「侍，建、潭本作『恃』，訛。」按：吉府本、《子
匯》本同。劉師培曰：「『甯（宥）』當作『侑』，與《荀子》『宥坐』之義
同。」王聘珍曰：「宥讀曰侑。」（P213）

按：《大戴》同。《說文》：「妠，耦也。侑，妠或從人。」侍，《資治通鑑》
前編卷 7 引作「恃」，《書鈔》卷 52 引《大戴》作「待」，皆誤。《後漢
書・百官志》劉昭注、《通典》卷 20 引作「寢起早晏無常」，與今本大
異，不知何據。

（21）行而莫先莫後

按：《大戴》同。《書鈔》卷 52 引《大戴》作「行而莫先，疾而莫後」，蓋臆
增「疾而」二字。

〔註 142〕今本《方言》無此字。
〔註 143〕參見蕭旭《「酩酊」考》。
〔註 144〕王說轉引自方向東《大戴禮記匯校集解》，中華書局 2008 年版，第 363 頁。

（22）帝自為開戶

按：《大戴》作「天子自為開門戶」。《通解》卷18引「戶」上有「開」字。《書鈔》卷52引《大戴》亦脫「門」字。開，吉府本作「閞」，同「關」，形之誤也。

（23）自取玩好，自執器皿

按：《後漢書‧百官志》劉昭注、《通典》卷20引作「玩好器弄無制」，與今本大異，不知何據。。

（24）㪍顧還面

方向東曰：盧文弨曰：「還面，《大戴》作『環面』，注：『環，旋也。』」孔廣森曰：「㪍，屢也。」洪頤煊曰：「面，向也。顧還面，謂回環視其所當向之面也。」（P213）

王耕心曰：還，讀為旋。（P46）

按：㪍，吉府本作「㪍」，四庫本作「㪍」，皆誤。《通解》卷18引作「㪍顧環面」，《書鈔》卷52引《大戴》作「承顧環面」。「承」為「㪍」形誤。孫詒讓曰：「孫校云：『旋面，見《莊子‧秋水篇》。』丁校云：『旋視，見《周語下》。』」還（環）面，猶言轉頭。洪說非也。

（25）不知風雨雷電之眚

方向東曰：盧文弨曰：「眚，潭本作『情』，建本作『清』，皆訛。」按：吉府本同建本，《子彙》本作「節」。（P214）

按：眚，《書鈔》卷55、影宋本《御覽》卷235、《通解》卷18引同，四庫本《御覽》、《資治通鑑》前編卷7引誤作「情」。

《保傅》校補

此篇又見《大戴禮記‧保傅》，下引省稱作《大戴》。朱熹《儀禮經傳通解》卷18引此文，下引省稱作「《通解》」。

（1）固舉以禮

方向東曰：王聘珍曰：「固，必也。」章太炎引黃元同曰：「『固』乃『用』之誤。用，以也。」（P217）

王洲明、徐超曰：固，通「故」，就。（P187）

按：于鬯、王樹枏亦訓固爲必〔註145〕。固，《大戴》、《漢書》同。戴震校
《大戴》，據《魏書·李彪傳》所引改作「因」〔註146〕。《職官分紀》
卷 27 引作「因」；《御覽》卷 146 引《大戴》、《北史·李彪傳》引《禮》
亦皆作「因」。「固」乃「因」形譌，表示順承關係。

（2）有司齊肅端冕

方向東曰：《大戴》作「有司參夙興端冕」。王聘珍曰：『『參』當爲『齋』，
形近而譌也。齋，戒潔也。夙，早敬也。」按：齋肅，齋戒肅敬。（P217）

按：《漢書》同，顏師古曰：「齊，讀曰齋。」《通解》卷 18 注：「按參乃
齊字之誤，其下當脫一字。而注文職字亦誤。」《大戴》盧辯注：「參
職，謂三月朝也。」戴震曰：「下案云：『注職字疑衍。』是疑『參』
與『三月』嫌文，或別有意也。然古人立文，絕無有如此者。在《內
則》爲『三月之末，擇日以子見於父』，此見之南郊，亦三月時事。
正文當作『有司夅夙端冕』，注文當作『夅夙，謂三月朝也』。明嘉靖
癸巳袁氏依宋本重刊之《大戴禮記》，『齊』皆作『夅』。後人不識古
字，遂譌作『參』，而『夙』字不可通，於下加『興』字。《魏書·李
彪傳》引此作『有司齊肅端冕』，無『興』字，其竄誤無疑，注乃併
『夙』字譌作『職』，字形轉寫之謬，前改正者，皆是也。」〔註147〕
戴震又曰：「《魏書·李彪傳》引此文作『因舉以禮』，及下『齊肅端
冕』，可證『參夙興』之譌。」〔註148〕王念孫校《大戴》作「夅（齊）
夙」，讀夙爲肅，並舉《白虎通義·姓名》引作「齋肅」爲證〔註149〕。
皆是也。《隸釋》卷 2《東海廟碑》：「有司齊肅，致力四時。」正同此
文。盧文弨曰：「案語云：『各本譌作參夙，今據《李彪傳》改正。』
文弨案：『參乃夅字之譌，今即作齊，亦無不可。唯夙字斷不可改肅。

〔註145〕二說轉引自方向東《大戴禮記匯校集解》，中華書局 2008 年版，第 310～311
頁。

〔註146〕戴說轉引自方向東《大戴禮記匯校集解》，中華書局 2008 年版，第 311 頁。

〔註147〕戴震《與盧侍講召弓書》，《戴東原集》卷 3，收入《戴震全書》第 6 冊，黃
山書社 1994 年版，第 282 頁。

〔註148〕戴震《再與盧侍講書》，《戴東原集》卷 3，收入《戴震全書》第 6 冊，黃山
書社 1994 年版，第 285 頁。

〔註149〕王說轉引自方向東《大戴禮記匯校集解》，中華書局 2008 年版，第 312 頁。

注云：『齊夙，謂三月朝也。』夙訓爲早，與朝義合。若『齊肅』而直訓爲三月朝，不太遠乎？」〔註150〕盧氏改作「夆」是也，而訓夙爲早，則非。《通雅》卷7：「齋肅，一作齊宿、齊速、齊邀。《孟子》：『齊宿而後敢言。』《九歌》：『吾與君兮齊速。』《玉藻》：『見所尊者齊邀。』」〔註151〕端冕，《白虎通義・姓名》引作「端綏」。

（3）過闕則下，過廟則趨

按：闕，《大戴》作「闒」。《通解》卷18注：「闒，古闕字。」

（4）以衛翼之

按：衛，《漢書》、《漢紀》卷7同，《大戴》作「輔」。

（5）及太子少長，知好色，則入于學

方向東曰：盧文弨曰：「潭本從《漢書》作『知妃色』。」王耕心曰：「知妃色謂知男女居室也。作『好』蓋形近之誤。」按：《大戴》亦作「妃色」。顏師古曰：「妃色，匹妃之色。」〔註152〕（P221）

按：王念孫謂「好」字是〔註153〕。

（6）帝入西學，上賢而貴德，則賢智在位而功不遺矣

方向東曰：《大戴》「遺」作「匱」。（P221）

按：王念孫曰：「匱，本作『遺』。遺，棄也。尚賢貴德，則賢智在位，而有功者不見棄，故曰功不遺。《書鈔》、《通典》、《玉海》引此並作『遺』，《賈子》、《漢書》同。」汪照曰：「匱，乏也。」方向東曰：「匱，竭也。匱、遺古通，作『匱』義長。」〔註154〕《四庫全書〈通典〉考證》：「刊本匱訛遺。」〔註155〕王念孫說是。

〔註150〕盧文弨《與王懷祖庶常論校正〈大戴禮記〉書》，收入《抱經堂文集》卷20，《叢書集成新編》第77冊，新文豐出版公司1985年版，第176頁。

〔註151〕方以智《通雅》卷7，收入《方以智全書》第1冊，上海古籍出版社1988年版，第308頁。

〔註152〕原文作「妃匹之色」。

〔註153〕王說轉引自方向東《大戴禮記匯校集解》，中華書局2008年版，第323頁。

〔註154〕諸說並見方向東《大戴禮記匯校集解》，中華書局2008年版，第325頁。

〔註155〕《四庫全書考證》卷41，景印文淵閣《四庫全書》第1498冊，臺灣商務印書館1986年初版，第492頁。

（7）習與智長，故切而不愧

方向東曰：愧，《漢書》作「媿」，《大戴》作「攘」。王聘珍曰：「切，謂切近。」愧，同「媿」。顏師古曰：「每被切磋，故無大過可恥媿之事。」（P223）

按：與，猶隨也。切，謂切要。愧，《後漢書・桓郁傳》、《後漢紀》卷12引《禮記》作「勤」。盧辯注：「量知受業，故雖勞能受也。」李賢注：「《大戴禮》之文也。切而不勤，謂習與智長，則常自切屬，而不須勤勅。」《通解》卷18注：「今按此文《漢書》爲是，而顏說亦非其意。但謂習聞規誨，與智俱長，故諫之雖切，亦能受之而不愧恨也。」孔廣森曰：「古以攘爲揖讓字。」俞樾曰：「此二句以『長』、『攘』爲韻，下二句以『成』、『性』爲韻。攘，卻也。不攘者，不卻也。故盧以『能受』解之。至以『勞』字解『切』字，未聞其義。疑《大戴》原文作『勤而不攘』，故注以爲『雖勞能受』。《後漢書》引作『勤』，乃《大戴》之原文，後人竄改，失其本眞。」方向東曰：「俞說長。認爲『切』是誤字則非。切有勤義。《後漢書・竇固傳》注：『切切，猶勤勤也。』諸說惟俞氏解『攘』爲『卻』得之，餘說皆非。《後漢書・竇憲傳》李賢注「切切，猶勤勤也」，而非《竇固傳》注文。「切切」訓勤者，「切切」同「屑屑」、「偲偲」、「竊竊」，是象聲詞〔註156〕，形容勤勞之聲，非「切」字可徑訓「勤」也。《漢書》作「媿」者，讀昌九切，與「醜」同，讀爲愨，字亦作愨。《說文》：「愨，棄也。《詩》云：『無我愨也。』」今《詩・遵大路》作「魗」，毛傳：「魗，棄也。」《釋文》：「魗，本亦作愨，又作愨。」不愨者，不棄也，與《大戴》「不攘」同義。《說文》：「攘，推也。」後人但知「媿」是「愧」異文，因改作「愧」，釋爲恥媿、愧恨；《後漢書》又改作「勤」，是失其誼久矣。

（8）三代之禮，天子春朝朝日，秋暮夕月，所以明有敬也

方向東曰：《大戴》「敬」作「別」。（P224）

按：王念孫據本書及《漢書》、《南齊書・禮志上》、《御覽》卷18引《大戴》

〔註156〕參見方以智《通雅》卷9、10，收入《方以智全書》第1冊，上海古籍出版社1988年版，第364、391頁。

校「別」作「敬」。戴震曰：「別，各本訛作『臣』，今從《永樂大典》本。」〔註157〕非也。《通解》卷18注：「今按『三代之禮』四字，疑當作『及其立爲』。」其說無據。

（9）其于禽獸也，見其生不忍其死，聞其聲不嘗其肉

方向東曰：《大戴》「忍」作「食」。王謨本「嘗」作「忍食」。王聘珍曰：「《孟子》曰：『君子之於禽獸也，見其生不忍見其死，聞其聲不忍食其肉。』」（P226）

按：本書《禮》：「見其生不忍見其死，聞其聲不忍嘗其肉。」此文當作「見其生不忍〔見〕其死，聞其聲不〔忍〕嘗其肉」，「見」字亦可補作「食」，盧校本脫二字。《漢紀》卷7、《顏氏家訓・歸心篇》並作：「見其生不忍〔食〕其死，聞其聲不〔忍〕食其肉。」亦脫二字。《大戴》作「見其生不食其死，聞其聲不嘗其肉」，《漢書》作「見其生不食其死，聞其聲不食其肉」，則脫去二「忍」字。《法苑珠林》卷112引《大戴》作「見其生不忍見其死，聞其聲不忍食其肉」，正有二「忍」字。《南齊書・禮志上》引《大戴》作「聞其聲不〔忍〕食其肉，見其生不忍〔食〕其死」，其下「忍」字尚存。《御覽》卷186引《漢書》正有二「忍」字，「食其死」作「見其死」。

（10）明堂之位曰：「篤仁而好學，多聞而道順。」

方向東曰：盧文弨曰：別本『順』作『愼』，《大戴》同。」王聘珍曰：「篤仁，厚於仁也。道，言也。」（P226）

按：《大戴》「道愼」，《御覽》卷403引作「順道」，《玉海》卷120、128引作「道順」。王樹枏謂「順道」是，解爲「順於道」，是也。「順道」是秦漢人成語。于鬯謂當作「愼道」，解爲「愼言」〔註158〕，失之。

（11）道者，道天子以道者也

按：「道天子」之道，四庫本作「導」，《大戴》同。導、道，正、借字。《大戴・曾子立事》、《荀子・大略》並云：「導之以道而勿強也。」

〔註157〕二說轉引自方向東《大戴禮記匯校集解》，中華書局2008年版，第337頁。
〔註158〕二說轉引自方向東《大戴禮記匯校集解》，中華書局2008年版，第342頁。

（12）誠立而敢斷，輔善而相義者謂之輔。輔者，輔天子之志者也

　　　　方向東曰：盧文弨曰：「《大戴》『輔』作『充』。」按：王謨本、弘治本「輔」
　　　　皆作「充」。（P226）

　按：校語不明晰。《大戴》「輔善」同，另三個「輔」皆作「充」。「充」
　　　字是。

（13）使趙高傅胡亥而教之獄，所習者非斬劓人，則夷人之三族也

　　　　方向東曰：《大戴》「使」作「故」。（P227）

　按：故，猶使也，《漢書》、《漢紀》卷 7 亦作「使」〔註 159〕。

（14）其視殺人若艾草菅然

　　　　方向東曰：顏師古曰：「艾讀曰刈。菅，茅也。」（P228）

　按：艾草菅，《大戴》、《漢書》同，《長短經‧君德》、《御覽》卷 129 引
　　　唐‧虞世南《公子先生論》引作「刈草菅」，《漢紀》卷 7 作「刈草
　　　莞」。

（15）心未濫而先諭教，則化易成也

　　　　方向東曰：盧文弨曰：「建本『濫』作『疑』。」按：《大戴》同。（P229）

　按：《漢書》作「濫」。濫，讀爲嬐。《說文》：「嬐，過差也。《論語》曰：
　　　『小人窮斯嬐矣。』」今《論語‧衛靈公》作「濫」。《廣韻》：「嬐，
　　　失禮也，俗作濫。」盧辯注：「心未疑，謂未有所知時也。」俞樾曰：
　　　「盧注非也。疑，定也。」〔註 160〕

（16）夫胡越之人，生而同聲，嗜慾不異，及其長而成俗也，累數譯而
　　　不能相通，行有雖死而不相爲者，則教習然也

　　　　方向東曰：《大戴》「累」作「參」。《荀子‧勸學篇》：「干越夷貉之子，生
　　　　而同聲，長而異俗，教使之然也。」（P229～230）

　按：《大戴》「參」爲「絫（累）」形譌。《荀子》「干」爲「于」形譌，《治要》
　　　卷 38 引作「于」，《大戴‧勸學》同。

〔註 159〕參見裴學海《古書虛字集釋》，中華書局 1954 年版，第 320 頁。
〔註 160〕俞說轉引自方向東《大戴禮記匯校集解》，中華書局 2008 年版，第 350 頁。

《連語》校補

（1）紂聖天子之後也，有天下而宜然，苟背道棄義，釋敬慎而行驕肆，則天下之人，其離之若崩，其背之也不約而若期

按：「然」字當屬下句。

（2）左臆右臆

方向東曰：《子匯》本「臆」皆作「翼」。俞樾曰：「臆讀爲十萬曰億之億。左億右億，極言其數之多也。」章太炎曰：「……左臆右臆，謂匈肉之左右，是即『肔』矣。」按：章說是。（P233）

按：章說是。宋・陳大猷《書集傳或問》卷下引作「左億右億」，《廣博物志》卷10引作「左翼右翼」，此皆爲音誤，非可助證俞說也。

（3）紂之官衛與紂之軀，棄之玉門之外

方向東曰：劉師培曰：「《韓非子・喻老篇》云：『文王見詈於王門。』『王門』係『玉門』之訛。《戰國策・趙策》云：『武王羈於玉門。』（《韓非》之『詈』亦『羈』字之訛。）此紂有玉門之證。」（P233）

按：劉說是，《御覽》卷376引此文誤作「王門」。《竹書紀年》卷上：「（帝辛）九年，作瓊室，立玉門。」《御覽》卷486引《尸子》：「武王羈（詈）於王（玉）門。」《呂氏春秋・首時》：「武王事之，夙夜不懈，亦不忘玉門之辱。」皆其證。章太炎曰：「《御覽》卷486引《尸子》：『文王幽於羑里，武王羈於玉門。』按《呂覽・首時》云：『文王不忘羑里之醜，武王不忘玉門之辱。』是其事也。而《韓非・喻老篇》『武王』作『文王』，『羈』作『詈』。顧千里謂武王不當見羈，作『詈』爲是。然則《韓非》『文』當作『武』，《尸子》『羈』當作『詈』也。《賈子》云云，是『玉門』乃紂所作也。」〔註161〕章說是也，《韓子・難四》：「武身受詈。」此作『詈』之確證。

（4）蹙其腎

按：蹙，《御覽》卷376引誤作「蹙」。

〔註161〕 章太炎《膏蘭室札記》「菹薪」條，收入《章太炎全集（1）》，上海人民出版社1982年版，第56頁。

（5）周武王乃使人帷而守之，民之觀者攐帷而入，提石之者猶未肯止

　　方向東曰：帷而守之，《御覽》卷 376 引作「以帷守之」，「提石之者」引作「以石抵之者」。俞樾曰：「提，猶擲也。《廣雅》：『石，擿也。』」（P233～234）

　按：《御覽》卷 376 引作「武王以幃守之，民褰而入，以石抵之者猶未止」。帷、幃，正、借字。「攐」爲「搴」俗字，《廣雅》：「搴，舉也。」本字爲撅，俗字亦作掀。「褰」則借字。「石」字俞說是，其說實本於王念孫〔註162〕。《御覽》引作「以石抵之者」，未得其誼也。

（6）殃忿若此

　　方向東曰：殃，罰。殃忿，即懲罰之憤怒。（P234）

　　王洲明、徐超曰：殃忿，災禍和忿恨。（P199）

　按：殃，讀爲快。《說文》：「快，不服懟也。」又「懟，怨也。」《廣雅》：「懟，恨也。」《玄應音義》卷 22：「快，謂忿怨也。」《慧琳音義》卷 25 引《蒼頡篇》：「快，懟恨也。」字亦作鞅，《方言》卷 12：「鞅，懟也。」郭璞注：「亦爲怨懟。鞅猶快也。」「殃忿」即「快忿」，猶言忿恨、怨恨。宋·魏慶之《詩人玉屑》卷 13：「遂快忿而作此辭。」

（7）夫民尚踐盤其軀，而況有其民政教乎

　　方向東曰：徐復先生曰：「『踐盤』無可說，疑爲『殘醢』二字形近之誤。殘謂殘其軀體。醢謂肉醬。」按：依上文民之觀者蹴、蹈、壓、踐、履等事觀之，當指反復踐踏。（P234）

　　閻振益校：盤，盤曲。夏按：上文無盤曲其軀事。盤，大石。疑此盤即上文提石之石（是則石讀如字）。又，盤，分也。蹴、蹈、壓、踐之，其軀必分矣。（P200～201）

　　王洲明、徐超曰：踐盤，猶踐踏。（P199）

　按：「踐」即上文「踐其肺」之「踐」，決非誤字。盤亦踐踏之義，今吳語、江淮方言尚謂踏、踩、登爲盤，俗字作蹚、踨〔註163〕。

〔註162〕參見王念孫《廣雅疏證》、《補正》，收入徐復主編《廣雅詁林》，江蘇古籍出版社 1992 年版，第 289 頁。

〔註163〕參見蕭旭《〈說文〉「溯」字義疏》。

（8）紂損天下自象箸始

按：「損」為「捐」形誤，捐棄也。吉府本「箸」作「著」，同。

（9）側而視之

按：視，《治要》卷 40 引同，《新序・雜事四》亦同，《御覽》卷 639 引作「覘」；《書鈔》卷 44「決獄觀璧」條約引此文，易作「觀」，皆以意改之。

（10）墻薄咫亟壞，繒薄咫亟裂，器薄咫亟毀，酒薄咫亟酸

　　　方向東曰：《治要》引「咫」字皆無。咫，則。《子彙》本皆作「則」。（P235）

按：咫，吉府本同，四庫本作「則」，《新序・雜事四》作「則」。《玉管照神局》卷上：「牆薄則易頹，酒薄則易酸，紙薄則易裂，人薄則易亡，水土薄則不足以致陰雲之附。」即本《賈子》。

（11）上主者，可引而上，不可引而下；下主者，可以引而下，不可引而上

按：宋・陳祥道《論語全解》卷 9 指出二語與《論語・陽貨》「唯上知與下愚不移」同意。

（12）所謂中主者，齊桓公是也，得管仲、隰朋則九合諸侯，任豎貂、易牙則餓死胡宮，蟲流而不得葬

　　　方向東曰：徐復先生曰：「胡宮，即壽宮。《呂氏春秋・知接》作『蒙衣袂而絕于壽宮』。《逸周書・諡法》：『引年壽考曰胡。』《詩・周頌》毛傳：『胡，壽也。』」（P236）

按：所引《逸周書》，「引」為「彌」誤。《晏子春秋・內篇諫上》：「昔先君桓公，其方任賢而贊德之時，亡國恃以存，危國仰以安……及其卒而衰，怠於德而并於樂，身溺於婦侍，而謀因豎刁，是以民苦其政而世非其行，故身死乎胡宮而不舉，蟲出而不收。」亦作「胡宮」。胡，讀為遐。《儀禮・士冠禮》：「永受胡福。」鄭玄注：「胡，猶遐也，遠也。」「胡宮」即「胡壽宮」之省稱，或省作「壽宮」。毛傳「胡，壽也」者，非徑以壽訓胡，乃言遐壽耳。

（13）故材性乃上主也，賢人必合，而不肖人必離，國家必治，無可
　　　憂者也；若材性下主也，邪人必合，賢正必遠，坐而須亡耳，
　　　又不可勝憂矣

　按：裴學海曰：「故，猶若也，爲『若或』之義。『故』與『若』爲互文。」
　　　〔註 164〕

（14）又似練絲，染之藍則青，染之緇則黑

　按：《論衡·率性》：「《詩》曰：『彼姝者子，何以與之？』《傳》言『譬猶
　　　練絲，染之藍則青，染之丹則赤』。」〔註 165〕《墨子·所染》：「子墨
　　　子言見染絲者而歎曰：『染於蒼則蒼，染於黃則黃。』」《淮南子·齊俗
　　　篇》：「夫素之質白，染之以涅則黑；縑之性黃，染之以丹則赤。」又
　　　《說林篇》：「墨子見練絲而泣之，爲其可以黃，可以黑。」《意林》卷
　　　4 引《正部》：「皎皎練絲，得藍則青，得丹則赤，得蘗則黃，得涅則
　　　黑。」〔註 166〕《類聚》卷 21 引《譙子》：「夫交之道，猶素之白也，
　　　染之以朱則赤，染之以藍則青。」〔註 167〕

《輔佐》校補

（1）大相……正身行，廣教化，修禮樂，以美風俗，兼領而和一之，
　　　以合治安

　按：《荀子·王制》：「論禮樂，正身行，廣教化，美風俗，兼覆而調一之，
　　　辟公之事也。」爲此文所本。「覆」當作「領」。「兼覆」非「大相」或
　　　「辟公」所宜言。

（2）批天下之患，匡諸侯之過

　　　方向東曰：批，分。（P238）

〔註 164〕裴學海《古書虛字集釋》，中華書局 1954 年版，第 317～318 頁。
〔註 165〕《論衡·本性》「丹」作「朱」。王充所引《傳》，今毛《傳》無此文，必是三
　　　家詩說。魯詩無《傳》，必是齊詩或韓詩之《傳》。宋·王應麟《詩攷》以爲
　　　是齊詩《傳》。
〔註 166〕《御覽》卷 814 引「涅」作「泥」，同。《事類賦注》卷 10 引「練」作「素」，
　　　「涅」作「泥」。
〔註 167〕《御覽》卷 406 引作「齊交曰：譬之於物，猶素之白也，染之以藍則青」，蓋
　　　有脫誤。

　　　王洲明、徐超曰：批，排除。（P205）

　　　闊振益校：批，糾閉之也。（P207）

　按：王、徐說是。《戰國策・秦策三》：「批患折難。」《史記・蔡澤傳》同。
　　　鮑彪註：「批、搉同，擊也。《集韻》：『搉，或作批。』」《索隱》：「批患，
　　　謂擊而卻之。」訓擊亦不切。

（3）喪祭之共

　　　方向東曰：共，同「恭」。（P239）

　　　闊振益校：共，假借爲供。（P209）

　按：闊說是。喪祭之供，猶言喪祭之用。《荀子・王制》：「喪祭械用皆有等
　　　宜。」

（4）忿說忘其義，取予失其節

　按：忘，讀爲亡，亦失也。義，讀爲宜。

（5）安易而樂湛

　　　方向東曰：湛，厚。（P240）

　按：湛，過於樂也，已詳《傳職》「樂湛」校補。

（6）審詩商

　　　方向東曰：楊倞曰：「『詩商』當爲『誅賞』，字體及聲之誤。或曰詩謂四
　　　方之歌謠，商謂商聲，哀思之音，如甯戚之悲歌也。」按：或曰是。（P241）

　按：《荀子・樂論》：「審誅賞。」此楊說所本，皆非是。朱駿聲曰：「詩，
　　　誅之誤字。朱、之亦雙聲。」〔註168〕朱氏本楊說，亦非。宋・陳暘
　　　《樂書》卷4：「詩爲樂章，商爲樂聲。樂章之有商聲，太師必審之者，
　　　爲避所尅而已。」又卷41、105說同。惠士奇曰：「商者，五帝之遺
　　　聲，《大招》有楚勞商，楚之樂也，故大司樂一名司商。」〔註169〕王
　　　引之曰：「商，讀爲章。太師掌教六詩，故曰審詩章。誅賞非太師之

〔註168〕朱駿聲《說文通訓定聲》，武漢市古籍書店1983年版，第160頁。
〔註169〕惠士奇《禮說》卷8，收入《叢書集成三編》第24冊，新文豐出版公司1997
　　　　年版，第363頁。

職。」〔註170〕王懋竑曰：「注『詩商』作『誅賞』，非大師之事也。『詩商』亦不詞，宜闕之。」〔註171〕王汝璧曰：「太師比於下大夫，不能行誅賞。而悲歌亦不可入樂章也。予謂『商』乃『音』字形似而訛。」〔註172〕王引之說可取。

（7）於四時之交，有事於南郊，以報祈天明

方向東曰：報，祭。祈，求福。天明，天命。（P241）

按：《詩·行葦》毛傳：「祈，報也。」報祈，猶言祈告，二漢人成語。《隸釋》卷 2 漢光和四年《殷阬君神祠碑》：「紹修舊祀，弘祐其祠，使民報祈，視於社稷。」亦其例。也倒言作「祈報」，《詩·大田》鄭箋：「又禋祀四方之神祈報焉。」《禮記·祭法》鄭玄注：「此非大神所祈報大事者也。」

（8）方春三月，緩施生遂，動作百物

方向東曰：緩，和。施，《說文》作「敡」，敷布。遂，生長。（P241）

按：遂，《大戴禮記·千乘》作「育」，義同。《先聖大訓》卷 4 注：「施，用刑。刑則緩之，唯有生育之事。」其說非也。王聘珍曰：「緩，和也。育，養也。」洪頤煊曰：「施，讀爲弛。賈誼書云云。」〔註173〕「緩施」即「緩弛」，倒言則作「弛緩」。黃懷信引洪頤煊說，不引「施，讀爲弛」語，而把它作爲自己的按語，甚奇〔註174〕。二句戴禮乙作「緩施動作，生育百物」〔註175〕，是也。《淮南子·原道篇》：「是故春風至則甘雨降，生育萬物。」

〔註170〕王說轉引自王念孫《荀子雜志》，收入《讀書雜志》卷 11，中國書店 1985 年版，第 10 頁。

〔註171〕王懋竑《讀書記疑》卷 11《荀子存校》，收入《續修四庫全書》第 1146 冊，上海古籍出版社 2002 年版，第 353 頁。

〔註172〕王汝璧《芸麓偶存》卷 2，收入《續修四庫全書》第 1462 冊，上海古籍出版社 2002 年版，第 79 頁。

〔註173〕二說轉引自方向東《大戴禮記匯校集解》，中華書局 2008 年版，第 899 頁。原引「弛」誤作「馳」，茲逕正。洪頤煊《孔子三朝記注》卷 1，收入《叢書集成續編》第 10 冊，上海書店 1994 年版，第 791 頁。＜

〔註174〕黃懷信主編《大戴禮記彙校集注》，三秦出版社 2005 年版，第 958 頁。

〔註175〕戴說轉引自黃懷信主編《大戴禮記彙校集注》，三秦出版社 2005 年版，第 958 頁。

（9）是時有事于皇祖皇考

按：「于」上當據《大戴禮記・千乘》補「享」字。

《禮》校補

朱熹《儀禮經傳通解》卷 36 引此文，下引省稱作「《通解》」。

（1）昔周文王使太公望傅太子發，太子嗜鮑魚，而太公弗與

方向東曰：盧文弨曰：「舊本『嗜』字上俱脱『太子』二字。」按：《類聚》卷 46 引此下有「文王曰發嗜鮑魚何爲不與」十一字，《御覽》卷 206 引同，惟「鮑」作「鮊」，注云「太何反」。（P244）

按：《御覽》卷 206 引「不與」作「弗予」，又卷 759 引有「文王曰發嗜鮑魚何爲弗與」十一字，今本脱之。《白氏六帖事類集》卷 21 引有「文王曰何以不與」七字，雖有省略，亦足證今本有脱文。《書鈔》卷 37 引，「嗜」上正有「太子」二字，然疑非舊本，舊本「嗜」上當脱「發」字，今本脱去重文符號。《白氏六帖事類集》卷 5、11、21（二引）、29、《御覽》卷 389、《古今事文類聚》外集卷 1 引正重「發」字〔註 176〕。《類聚》卷 16、46、《御覽》卷 146、206、759、《黄氏日抄》卷 56、《職官分紀》卷 27 引皆脱「發」字。《御覽》卷 935、《事類賦注》卷 29 引出處誤作《國語》，亦脱「發」字，《御覽》「嗜」作「耆」。鮑，各書引同，《御覽》卷 759 注「步巧切」，《御覽》卷 206 引誤作「鮊」，而爲誤字注音「大何反」（不作「太何」）。陳・徐陵《同汪詹事登宮城南樓》：「鮑魚寧入俎？釣鼈匪充廚。」即用此典，亦作「鮑」字。養，各書引同，《白氏六帖事類集》卷 5 引作「食」，蓋臆改。

（2）尋常之室無奧剽之位，則父子不別

方向東曰：盧文弨曰：「剽，潭本作『宊』，別本注云：『恐當作阼。』」劉師培曰：「『剽』當作『窔』。『宊』蓋『窔』字或體。『剽』與『窔』、『宊』音近，故假爲『剽』，猶『芙』之通作『蔆也。』」〔註 177〕章太炎曰：「奧剽之位，當作『奧之剽位』。『宊』當作『突』。太傅意謂無奧之表尊位者，則父子不別。」按：章說是。（P244～245）

〔註 176〕《白孔六帖》分別在卷 16、37、71、75、98。
〔註 177〕原引「窔」皆誤作「窔」，據劉書徑正。

按：汪中曰：「剿當作㝱，音之誤也。注云：『恐當作阼。』非。」〔註178〕
馬敘倫採汪說〔註179〕。朱起鳳有二說，一從舊注校作「阼」，一謂借
爲「㝱」〔註180〕。諸說讀剿爲㝱（突）是也，「要紹」或作「夭紹」
〔註181〕，亦其比。

（3）君仁臣忠

方向東曰：盧文弨曰：「君仁，潭本作『君惠』，下同。」按：吉府本同。
（P246）

按：《左傳・昭公二十六年》作「君令臣恭」，《晏子春秋・外篇》作「君令臣
忠」。「恭」當作「忠」，形之譌也，《治要》卷6引已誤作「恭」，《御覽》
卷523引作「共」，又「恭」之省借。潭本是，四庫本亦同。嶽麓秦簡《爲
吏治官及黔首》：「爲人君則惠，爲人臣〔則〕忠。」馬王堆帛書《經法・
六分》：「主惠臣忠者，其國安。」《家語・賢君》、《說苑・政理》並云：
「君惠臣忠。」《逸周書・官人解》、《大戴禮記・文王官人》並云：「君
臣之間，觀其忠惠也。」《管子・形勢解》：「山者，物之高者也。惠者，
主之高行也。慈者，父母之高行也。忠者，臣之高行也。」《墨子・天志
下》：「故凡從事此者，聖知也，仁義也，忠惠也，慈孝也，是故聚斂天
下之善名而加之。」《文子・道德》：「君臣有道則忠惠，父子有道則慈孝。」
皆其證也。睡虎地秦簡《爲吏之道》：「以此爲人君則鬼，爲人臣則忠。」
鬼讀爲惠，亦是其證。《禮記・禮運》、《家語・禮運》並云：「父慈子孝，
兄良弟悌，夫義婦聽，長惠幼順，君仁臣忠。」「仁」亦當作「惠」。《管
子・版法解》作「君德臣忠」，《玉篇》：「德，惠也。」

（4）君仁則不厲，臣忠則不貳

方向東曰：章太炎曰：「厲，亦戾也。」按：陸良弼本「仁」作「惠」。
本書《道術篇》云：「心兼愛人謂之仁，反仁爲戾。」故曰君仁則不戾。
（P247）

〔註178〕汪中《舊學蓄疑》，收入《叢書集成續編》第24冊，新文豐出版公司1988
年印行，第265頁。
〔註179〕馬敘倫《讀書續記》卷5，中國書店1985年版，第12頁。
〔註180〕朱起鳳《辭通》，上海古籍出版社1982年版，第1781、2035頁。
〔註181〕參見朱起鳳《辭通》，上海古籍出版社1982年版，第1427頁。

按：「君仁」當從潭本、吉府本、四庫本作「君惠」。厲，讀爲戾，違戾也。
《左傳・昭公二十六年》：「君令而不違，臣共（恭－忠）而不貳。」《晏
子春秋・外篇》：「君令而不違，臣忠而不二。」

（5）父慈則教，子孝則協

按：《左傳・昭公二十六年》、《晏子春秋・外篇》：「父慈而敎，子孝而箴。」
箴，讀爲諴。《說文》：「諴，和也。《書》曰：『不能諴于小民。』」杜
預注：「箴，諫也。」非是。字或省作咸，《書・無逸》：「用咸和萬民。」
《堯典》：「協和萬邦。」「咸和」即「協和」。《白氏六帖事類集》卷 6：
「父慈而敎，子孝而忠。」〔註182〕「忠」字亦誤。

（6）儩牲而食，以優飽也

方向東曰：盧文弨曰：「『儩』、『貳』同。潭本作『貳』。」優，和。（P247）

按：儩，《詩攷》引同，四庫本作「二」，《黃氏日抄》卷 56 引作「貳」。
優，足也。

（7）腌陳時發

方向東曰：醃陳，貯久之物。（P249）

按：醃，讀爲淹。《爾雅》：「淹，久也。」字亦作奄，《詩・臣工》鄭箋：
「奄，久也。」陳亦久也。

（8）夫憂民之憂者，民必憂其憂；樂民之樂者，民亦樂其樂

按：《孟子・梁惠王下》：「樂民之樂者，民亦樂其樂；憂民之憂者，民亦憂
其憂。」《文子・精誠》：「夫憂民之憂者，民亦憂其憂；樂民之樂者，
民亦樂其樂。」

（9）鷹隼不鷙，眭而不逮，不出穎羅

方向東曰：盧文弨曰：「『眭』音奚，目深惡貌。潭本訛作『睦』，別本訛
作『睢』，今從建本。又『穎羅』疑是『蔚羅』。」按：吉府本、《子匯》
本「穎」作「植」。何孟春本作「蔚羅」。俞樾曰：「穎讀爲絓。」王耕心
曰：「『穎羅』未詳。俞說殆非確詁。」按：「穎羅」疑是「蔚羅」，盧說

〔註182〕《白孔六帖》在卷 18。

是。蕭旭曰：「穎讀爲傾。穎羅即今側掛之網。」鷙，捕殺鳥類。睢，注視貌。逮，捕。（P250～251）

王洲明、徐超以「睢」屬上，曰：鷙睢，怒目而視。鳥能怒目而視，則標誌已長大。（P222）

按：《通解》卷36引作「睢而不逮，不出穎羅」，《文獻通考》卷110引作「睢而不逮，不出尉羅」，明·陳禹謨《駢志》卷20引作「睢而不逮，不出尉羅」，四庫本、吉府本作「睢而不逮，不出植羅」。「睦」爲「睢」形譌。「睢」、「睢」同音，《集韻》：「睢，呼維切，《說文》：『仰目也。』或作睢。」「逮」之捕捉義是晚近出現的，這裏當訓及。「穎」、「植」皆「穎」形譌。「穎羅」、「尉羅」形聲俱遠，無由相通。《說文》：「鷙，擊殺鳥也。」引申之，鳥之攻擊亦謂之鷙，字亦作摯。此文謂鷹隼幼小，還未能擊殺的能力，仰目而看不到它，就不設置側掛之網。《淮南子·主術篇》：「鷹隼未摯，羅網不得張于溪谷。」《文子·上仁》：「鷹隼未擊，羅網不得張於皋。」《漢書·貨殖傳》：「鷹隼未擊，矰弋不施於徯隧。」《劉子·愛民》：「鷹隼未擊，不張尉羅。」《路史》卷35：「鷹隼不摯，不出畢羅。」皆與本文義同。朱起鳳以「睢」屬上，曰：「『鷙睢』即『恣睢』也。」此即王、徐說所本。朱氏又曰：「尉、穎、絓三字古讀聲近。」〔註183〕皆未得。

（10）天清澈，地富煴，物時熟

方向東曰：盧文弨曰：「煴，盛意。《漢書·禮樂志》『后土富媼』，疑即『煴』形近而訛。」蔣禮鴻曰：「『富煴』不可通。明正德長沙刻本注云：『音因，煙煴也。』富、因音亦不近，『富』明爲『宴』字之誤。宴煴即晏溫，亦即氤氳。曤曛、晏溫即壹壹、絪縕、氤氳，謂雲氣氤氳盤旋如蓋耳。」（P252）

閻振益校：王念孫曰：「煴，與縕通。地富煴，謂生殖饒多也。」《廣雅》：「縕，饒也。」（P226）

按：宋·吳仁傑《兩漢刊誤補遺》卷4：「媼當作煴，字之誤也，見賈誼《新書》。按：字書『煴』有兩義，一曰烟煴，天地合氣也；一曰鬱

〔註183〕朱起鳳《辭通》，上海古籍出版社1982年版，第1723、743頁。

煙也。富熅以烟熅爲義。『后土富媼，昭明三光』即《新書》『天清澈，
地富熅，物時熟』之意。」《困學紀聞》卷 10 從其說。此即盧說所本。
閻引王念孫說是，王氏曰：「《方言》：『蘊，饒也。』蘊與緼通。媼、
熅並與緼通。后土富媼、地富熅，皆謂生殖饒多也。吳說富熅，以煙
熅爲義，亦未確。」〔註184〕楊樹達從其說〔註185〕。沈欽韓曰：「媼、
熅形近而誤。《新書・道術篇》又云『欣燻可安謂之熅，反熅爲鷩』，
則熅乃坤厚載物之義。」〔註186〕其說亦未得。蔣禮鴻說亦非是，此
文及《漢書》之「富」，不得俱誤；且「晏溫（曤曤）」指日始出清濟
而溫柔，與「壹壹」、「絪緼」、「氤氳」不同，方以智已辨〔註187〕。

（11）毒蠚猛蚍之蟲密

方向東曰：盧文弨曰：「潭本作『蚄』字似勝『蚍』字。蚄者〔註188〕，
蚄蚄，食穀蟲也。蚍，舊本音丁宵反，蓋即蚍蟟，蒲葦中蟲。今從建本。」
俞樾曰：「密，讀爲伏。」劉師培曰：「『蠚』即『蠚』字別體（《說文》：
『蠚，螫也。』）。『蚍』字當從潭本作『蚄』。『猛』即《爾雅》之食根
蟊也。蟊，《說文》作『蠹』〔註189〕，古文作『蟲』。此文假蟊爲猛，
復『猛蚄』並言。」章太炎曰：「密即宓字，安處不妄動也。」按：蠚，
與「螫」同。蚍，盧云蚍蟟，是，即蟋蛄也。（P252～253）

王耕心曰：猛蚍，蓋害稼之蟲，舊說非。密，深藏也。俞氏讀爲伏，非也。
（P46）

按：密，俞氏讀爲伏，劉師培從其說，是也。汪中亦讀密爲伏，馬敘倫採其
說〔註190〕。四庫本、吉府本並有注：「蠚，音郝，虫行毒。蚄，丁宵反。」

〔註184〕王念孫《廣雅疏證》，收入徐復主編《廣雅詁林》，江蘇古籍出版社 1992 年版，
　　　　　第 344 頁。
〔註185〕楊樹達《漢書窺管》，收入《楊樹達文集》之十，上海古籍出版社 1984 年版，
　　　　　第 132 頁。
〔註186〕沈欽韓《漢書疏證》卷 14，收入《續修四庫全書》第 266 冊，上海古籍出版
　　　　　社 2002 年版，第 444 頁。原文「燻」作「憓」。
〔註187〕方以智《通雅》卷 11，收入《方以智全書》第 1 冊，上海古籍出版社 1988
　　　　　年版，第 424 頁。
〔註188〕原引「蚄」誤作「蚍」，據盧書逕正。
〔註189〕原引「蠹」誤作「螫」，據劉書逕正。
〔註190〕汪中《舊學蓄疑》，收入《叢書集成續編》第 24 冊，新文豐出版公司 1988 年
　　　　　印行，第 265 頁。馬敘倫《讀書續記》卷 5，中國書店 1985 年版，第 12 頁。

音丁胥反，則字當作「蚼」。《通解》卷 36 引作「猛蚼」，注：「蚼，丁胥反。」此文當作「蚄」，《集韻》：「蚄，蚄蚄，蟲名，食苗者。」是蝗蟲的一種。吳・陸璣《毛詩草木鳥獸蟲魚疏》卷下：「螟似蚄蚄，而頭不赤，螣蝗也。」《詩・大田》孔疏、《六書故》「螟」字條引「蚄蚄」作「子方」。「子」言小也，「蚄（方）」則「蝗」字音轉。「猛」字劉說是，字亦作蜢，音轉則作螟、蟒、蝗，亦是蝗蟲的一種〔註 191〕。

《容經》校補

朱熹《儀禮經傳通解》卷 11 引此文，下引省稱作「《通解》」。

（1）朝廷之志，淵然清以嚴

按：《意林》卷 2 引省去「淵然」二字。

（2）祭祀之志，諭然思以和

方向東曰：盧文弨曰：「建本、別本『愉』作『諭』，今從潭本。」（P256）

按：《通解》卷 11 引作「諭」，形之譌也。《意林》卷 2 引省去「愉然」二字。

（3）軍旅之志，怫然慍然精以厲

方向東曰：《子匯》本「怫」作「確」，陸良弼本、戴望校本作「惟」。劉師培曰：「『怫』與『拂』同，又通作『艴』。別本作『沸』，均與『怫』同。」按：精，精壯。厲，嚴厲。（P256～257）

王洲明、徐超曰：精，指嚴正。厲，指威猛。（P225）

按：《通解》卷 11 引同盧校本。劉說是也，音轉亦作悖、勃、孛、艴〔註 192〕。《意林》卷 2 引省去「怫然慍然」四字。「精」當作「粗」，形之譌也。《禮記・樂記》：「其怒心感者，其聲粗以厲。」《史記・樂書》作「麤以厲」。「麤」爲「粗」借字。

（4）喪紀之志，漻然懋然憂以湫

方向東曰：盧文弨曰：「懋音愁〔註 193〕。潭本『湫』作『下』，《意林》作

〔註 191〕參見蕭旭《「蝗蟲」名義考》。

〔註 192〕參見蕭旭《列女傳校補》卷 1，《東亞文獻研究》總第 12 輯，2013 年 12 月出版，第 39 頁。

〔註 193〕原引誤作「湫音愁」，下「懋」誤同，茲據盧書徑正。

『愁』。」俞樾曰：「當從潭本作『憂以下』。『湫（潐）』即『湫』之異文，不當重出。」按：漻然，寂靜貌。潐然，憂貌。湫，憂悲之狀。（P257）

閻振益曰：《莊子·知北遊》疏：「漻是入死之狀。」夏按：《莊子》唐寫本漻作寥，是即寂寥孤苦之狀。（P232）

按：下句，《意林》卷2引作「憂以愁」，《通解》卷11引作「漻然憂以湫」。《淮南子·原道篇》：「湫漻寂寞。」高誘注：「湫漻，清靜。」《後漢書·馬融傳》《廣成頌》：「山谷蕭條，原野嶚愀。」李賢注：「嶚音力救反，愀音七救反，亦蕭條貌也。」「漻然潐然」即「湫漻」，亦即「嶚愀」，清靜寂寞之義。（a）《說文》：「廫，空虛也。」又「漻，清深也。」水之清深爲漻，室之空虛爲寥，山谷之空虛爲嶚、嶚，語之誇大虛妄爲嘐、謬，火之大爲爒，風之高大爲飂，力之大爲勠，其義一也。《說文》：「憀，憀然也。」「憀」字從心得義，當指心中空虛寂寞，故引申有傷念、憂愁之誼。治《說文》諸家，有四說，皆未得。段玉裁曰：「憀然，猶了然也。」王筠曰：「憀然，蓋謂聊且如是也。」桂馥曰：「憀，賴也，或借聊字」朱駿聲曰：「憀，疑與憭同字。」李富孫曰：「憀即憀賴之意。」馬敘倫曰：「憀，疑與憀同字。『憀然也』校語，字或出《字林》。」張舜徽曰：「憀、憭雙聲，語原一也。許以憀然訓憀，謂其憭慧，猶今語稱了然耳。」〔註194〕（b）「潐然」即「湫然」。《呂氏春秋·重言》：「湫然清淨者，衰絰之色也。」《意林》卷2引作「愀然」，《說苑·權謀》亦作「愀然」，《論衡·知實》作「愁然」，並同，皆形容清淨之貌。《韓詩外傳》卷4：「愁悴哀憂，衰絰之色也。」此則誤以「愁」爲「愁悴」義，未達其誼。（c）「憂以湫」之湫，當作「愀」，同「愁」。憂以愁，即憂愁。

（5）四志形中，四色發外，維如

方向東曰：盧文弨曰：「下有缺文。潭本無『維如』二字。」陶鴻慶曰：「『如』疑『妃』字之誤。妃讀爲配。配，當也。」（P257）

〔註194〕段玉裁《說文解字注》，王筠《說文解字句讀》，中華書局1988年版，桂馥《說文解字義證》，朱駿聲《說文通訓定聲》，李富孫《說文辨字正俗》，並收入丁福保《說文解字詁林》，中華書局1988年版，第10353～10354頁。馬敘倫《說文解字六書疏證》卷20，上海書店1985年版，第76頁。張舜徽《說文解字約注》，華中師範大學出版社2009年版，第2570頁。

按：《通解》引亦作「維如」，脫文無可考。

（6）祭祀之容，遂遂然粥粥然敬以婉

方向東曰：劉師培曰：「遂、兌古通。兌為說容，猶志色之經所云愉然也。」

按：劉說非是。遂遂然，隨行貌。粥粥然，卑謙貌，敬畏貌。（P257～258）

王洲明、徐超曰：遂遂然，容儀婉美的樣子。粥粥然，謙卑恭敬的樣子。（P226）

按：（a）《詩·芄蘭》：「容兮遂兮，垂帶悸兮。」毛傳：「容儀可觀，佩玉遂遂然垂；其紳帶悸悸然有節度。」遂之言垂，下垂也。「遂遂」形容小心謹慎貌。《說文》：「穟，禾采之皃。《詩》曰：『禾穎穟穟。』」《爾雅》：「穟穟，苗也。」《釋文》：「穟，郭音遂，《說文》云：『禾垂之貌。』」《五經文字》卷中：「穟，音遂，禾垂貌。」下垂之穗，亦取「遂遂」為義，故加義符「禾」以製專字。（b）「粥粥」或作「鬻鬻」，音轉亦作「屬屬」、「灟灟」、「頊頊」、「旭旭」，本字為「孎孎」〔註195〕。遂遂然、粥粥然，皆敬慎貌，故云「敬以婉」也。

（7）軍旅之容，湢然肅然固以猛

方向東曰：湢然，整肅貌。《御覽》卷389引「湢」作「幅」，誤。（P258）

按：湢，《通解》卷11引同，影宋本《御覽》卷389引作「愊」，四庫本《御覽》作「幅」。此例「湢」，《康熙字典》釋為「整肅貌」，未確。幅、湢、愊，並讀為畐，《說文》：「畐，滿也。讀若伏。」《方言》卷6：「愊，滿也，腹滿曰愊。」湢然，充盈貌。

（8）朝廷之視，端沶平衡

方向東曰：盧文弨曰：「沶即流字，潭本作若，訛。」（P258）

按：四庫本、吉府本並有注：「沶，音留，水行也。」沶，《通解》卷11、宋·陳淳《問視聽有節文處》引同。《文選·褚淵碑文》：「端流平衡，外寬內直。」李善注引《賈子》作「流」。《玉篇》：「沶，力周切，古

〔註195〕參見蕭旭《〈淮南子·天文篇〉、〈地形篇〉校補》，《人文論叢》2010年卷，2011年11月出版，第318～319頁。又《淮南子校補》，花木蘭文化出版社2014年版，第93～94頁。

文『流』。」

（9）軍旅之視，固植虎張

方向東曰：章太炎曰：「《管子‧法法》、《楚辭‧招魂》『固植』注皆訓植爲志，此亦同矣。」虎張，指像老虎一樣威武地張開眼睛。（P258）

按：「固植」是先秦人成語。植，立也。「植」字動詞名用，因有「志」義。倒言之則作「植固」、「埴固」，反言之則作「弱植」〔註196〕。虎張，指老虎張牙、張口。《易林‧大有之大有》：「白虎張牙，征伐東來。」

（10）言敬以和，朝廷之言也

方向東曰：盧文弨曰：「和，《意林》作『正』，別本作『固』，建本脫此字，今從潭本。」按：陸良弼本脫「和」字。《意林》無上「言」字，《子彙》本「和」作「莊」，《御覽》卷390引作「敬」。（P259）

按：和，《通解》卷11引作「固」，《御覽》卷390引作「禮」（不是「敬」）。

（11）屛氣折聲，軍旅之言也

方向東曰：盧文弨曰：「《意林》作『併聲氣』。」（P259）

按：屛氣折聲，《通解》卷11引同，《御覽》卷390引作「并氣折聲」。并、併、屛，古通。《呂氏春秋‧論威》：「并氣專精，心無有慮。」并亦專也，聚也。

（12）言若不足，喪紀之言也

按：言若不足，《御覽》卷390、《通解》卷11引同，《意林》卷2引作「悲不足」。

（13）固頤正視，平肩正背

方向東曰：廖平曰：「《玉藻》：『立容辨卑，毋謟，頭頸必中，山立，時行。』」按：固，定。頤，顎。（P259）

按：頤，吉府本誤作「願」。廖說本於《日講禮記解義》卷34、《欽定禮記義疏》卷43。李塨曰：「頤，輔車，亦名牙車。」〔註197〕

〔註196〕參見蕭旭《淮南子校補》，花木蘭文化出版社2014年版，第495～496頁。

〔註197〕李塨《小學稽業》卷2，收入《叢書集成初編》第985冊，中華書局1985年影印，第15頁。

（14）因以垂佩曰卑立

　　　方向東曰：《子彙》本「卑」訛作「早」。（P259～260）

　按：卑，吉府本誤作「早」，《黃氏日抄》卷 56 引誤同。

（15）坐以經立之容，胻不差而足不跌

　　　方向東曰：盧文弨曰：「別本『胻』作『肘』。」按：胻，腳脛。差，參差
　　　不齊。跌，腳空懸不著地。（P260）

　按：胻，吉府本同，《黃氏日抄》卷 56 引亦同；四庫本作「肘」，《通解》卷
　　　11 引亦作「肘」。差，歧出，俗作叉、跂。「跌」同「胅」，俗作凸，亦
　　　差也。《慧琳音義》卷 53 引《廣雅》：「跌亦差也。」

（16）俯首視不出尋常之內曰肅坐

　　　方向東曰：「俯」原作「仰」。陶鴻慶曰：「『仰』當為『俯』。」今據改。
　　　（P260）

　按：《通解》卷 11、宋・陳淳《問視聽有節文處》引皆作「仰」。

（17）廢首仾肘曰卑坐

　　　方向東曰：盧文弨曰：「『仾』即『低』字。潭本作『係』。」劉師培曰：
　　　「廢有頓義、墮義。」（P260）

　　　闊振益曰：廢，伏也。（P235）

　按：仾，四庫本、吉府本作「低」，《黃氏日抄》卷 56 引亦作「低」，《通解》
　　　卷 11 引作「伍」，朱子注：「伍，與低同。」「仾」、「係」皆「伍」形
　　　譌。敦煌寫卷上博 48《較量坐禪念佛讚》：「山水高**伍**雖有異，成功得
　　　利兩俱平。」「**伍**」即「低」，形亦近「仾」。

（18）從容而任

　　　方向東曰：陶鴻慶曰：「『任』當為『往』字之誤。」廖平曰：「『任』當作
　　　『往』。」陸良弼本「從容」作「從然」。章太炎曰：「從容者，不速也。」
　　　（P261）

　按：四庫本、吉府本、《通解》卷 11 作「從然而任」，《黃氏日抄》卷 56 引
　　　作「從之而任」。

（19）其始動也，穆如驚條；其固復也，旄如濯絲

方向東曰：廖平曰：「其周（盧本作『固』）復也，圓方皆周而復始。」

按：當作「周」。俞樾曰：「《淮南・地形訓》高誘注曰：『旄讀近綢繆
之繆。』急氣言乃得之。此文旄，當從彼讀。」按：固復，恢復原狀。
（P261）

王洲明、徐超曰：俞樾云云。繆，固結。（P231）

閣振益曰：濯，滌也。滌，假借爲盪。夏按：盪有回盪義，與盤旋義近
（P236）

按：「急氣言乃得之」六字亦高誘注語。既云「當作周」，又云「固復，恢
復原狀」，二說矛盾。閣、鍾之說迂曲不足信。《黃氏日抄》卷56、《通
解》卷11引皆作「固復」。固，猶終也。「固復」與「始動」對文。段
玉裁曰：「『旄』同『綰』，言細如濯絲也。」朱駿聲取其說〔註198〕。

（20）跘旋之容

方向東曰：盧文弨曰：「『跘』與『盤』同。」（P261）

按：《黃氏日抄》卷56注：「跘，蒲官切。」《通解》卷11注：「跘，步般
反。」楊慎曰：「跘，古盤字。」〔註199〕汪中曰：「『跘』即『盤』字。」
萱齡按：「古盤字亦作桙。『盤桓』、『泮渙』、『便旋』、『蹁躚』一也。
『跘』乃『泮』之譌。」〔註200〕當是王萱齡按語，王說是，但謂「跘
乃泮之譌」則非。李塨曰：「『跘』同『般』，還也。」〔註201〕

（21）揄右而下，進左而起

方向東曰：揄，手揮。（P261）

按：揄，讀爲投，古音同〔註202〕。李塨曰：「揄，引也。跪先右股，起先左

〔註198〕段玉裁《說文解字注》，上海古籍出版社1981年版，第646頁。朱駿聲《說
文通訓定聲》，武漢市古籍書店1983年版，第318頁。
〔註199〕楊慎《奇字韻》卷2，收入《叢書集成初編》第1243冊，中華書局1985年
影印，第16頁。
〔註200〕汪中《舊學蓄疑》，收入《叢書集成續編》第24冊，新文豐出版公司1988
年印行，第265頁。
〔註201〕李塨《小學稽業》卷2，收入《叢書集成初編》第985冊，中華書局1985年
影印，第15頁。
〔註202〕參見蕭旭《淮南子校補》，花木蘭文化出版社2014年版，第616～617頁。

股。」〔註203〕

（22）隨前以舉

　　方向東曰：俞樾曰：「『隨』乃『骽』之假字。」按：骽，腿之俗字。（P262）

按：隨，讀爲墮，低落、傾低。

（23）背項之狀如屋之丘

　　方向東曰：盧文弨曰：「丘，潭本、別本作『乡』，訛。『丘』疑即『低』
　　字。」按：陸良弼本、《子匯》本作「玄」。廖平曰：「氐（盧本作『丘』），
　　平也。」王耕心曰：「丘乃氐字俗文。氐讀如低。」（P262）

按：四庫本、吉府本作「玄」，《黃氏日抄》卷56、《通解》卷11引亦作「玄」。
　　朱子注：「『玄』未詳。」「丘」、「乡」、「玄」皆「互」形譌。汪中曰：
　　「『玄』疑是『互』，『互』即『氐』字，『低』同。」〔註204〕敦煌寫卷
　　S.2832：「淥樹垂陰，伍成曲蓋。」S.5431《開蒙要訓》：「扺捍拒格。」
　　「伍」即「低」，「扺」即「抵」〔註205〕，其右旁是「互」，而形似「玄」
　　缺一点者。李塨此字作「元」，即「玄」避諱字。李氏曰：「元，深也。
　　言如屋之深也。」〔註206〕

（24）若夫立而跂，坐而蹁

　　方向東曰：盧文弨曰：「跂，建、潭本訛作『技』，別本作『跛』。」按：
　　吉府本、《子匯》本同二本。《曲禮》云：「立毋跛。」跂，踮起腳尖。王
　　謨本「蹁」下注云：「足不正也。」（P263）

　　王洲明、徐超曰：跂，通「企」，踮起腳跟。（P235）

　　閻振益曰：跂，舉足也。夏按：盧本作跂，用其本字。程本作跛，當係據
　　《曲禮》改。其義一也，蓋未通其假借而改字也。（P238）

按：鍾夏妄說通借，不足信也。四庫本注：「蹁，音偏，足不正也。」吉府

〔註203〕李塨《小學稽業》卷2，收入《叢書集成初編》第985冊，中華書局1985年
　　　　影印，第15頁。
〔註204〕汪中《舊學蓄疑》，收入《叢書集成續編》第24冊，新文豐出版公司1988
　　　　年印行，第265頁。
〔註205〕二例錄自黃征《敦煌俗字典》，上海教育出版社2005年版，第81～82頁。
〔註206〕李塨《小學稽業》卷2，收入《叢書集成初編》第985冊，中華書局1985年
　　　　影印，第15頁。

本注同，惟無「足」字。《通解》卷 11 引作「跂」。朱子注：「跂，彼寄反，又作跂，去智反。蹁，蒲堅反，足不正也。」「技」、「跂」皆「跂」形謬。《說文》：「蹁，足不正也。」蹁之言偏也。字亦作蹒、儳，《玉篇》：「蹒，行不正。」《廣韻》：「蹒，足趾不正。」又「儳，身不正也。」《大戴禮記·保傳篇》：「立而不跛，坐而不差。」「跂」亦「跂」形謬，《御覽》卷 360 引誤同，《書鈔》卷 24、《通解》卷 4 引《大戴》正作「跂」，本書《胎教》亦作「跂」。「差」亦不正之義。《列女傳》卷 1：「坐不邊，立不蹲。」「邊」即「蹒」省借。「蹲」當作「蹕」，讀爲跂。字亦作踔，《玉篇》：「踔，行不正也。」

（25）趲視數顧

　　方向東曰：盧文弨曰：「『趲』與『躁』同。舊皆訛『趁』。」〔註207〕（P263）

按：「趁」即「趲」俗謬字，古字從「枭」從「參」多相亂〔註 208〕。《干祿字書》：「踩、躁：上俗，下正。」亦其比。李塈曰：「趲，音駿。」〔註209〕《漢語大字典》解「趲」爲「疾速」〔註210〕，皆非也。

（26）疾言嗟

　　方向東曰：廖平曰：「疾言，《曲禮》：『長者不及毋儳言。』嗟，『當食而歎。』」〔註211〕（P263）

　　閻振益曰：《釋名》：「嗟，佐也。」。夏按：此謂疾不擇言，濫加語助。（P238）

按：「疾言」即「長者不及」。「嗟」即「儳言」，俗謂之插嘴、插話。字本作媎，今吳語讀差去聲。《說文》：「媎，疾言失次也。」字亦作諎、唶、插、誩，字亦作差，《越絕書·請糴內傳》：「子毋以事相差。」

〔註207〕原引「趲」謬作「趁」，茲據盧書徑正。
〔註208〕參見曾良《俗字及古籍文字通例研究》，百花洲文藝出版社 2006 年版，第 76～78 頁。
〔註209〕李塈《小學稽業》卷 2，收入《叢書集成初編》第 985 冊，中華書局 1985 年影印，第 16 頁。
〔註210〕《漢語大字典》（第二版），崇文書局、四川辭書出版社 2010 年版，第 3732 頁。
〔註211〕原引「儳」謬作「讒」，茲據原書徑正。

謂無以他事相插嘴也〔註212〕。廖氏解爲「歁」，則誤讀爲如字。

（27）古者年九歲入就小學，蹍小節焉，業小道焉

方向東曰：盧文弨曰：「《尚書大傳》『蹍』作『踐』，此『蹍』亦『踐』也。」
按：吉府本注：「蹍，踐也。」《大戴禮記・保傳》作「古者年八歲而出就
外舍，學小藝焉，履小節焉。」（P265）

按：《玉海》卷58引作「古者年八歲而出就外舍，學小藝焉，履小節焉」。
四庫本、吉府本注作「蹍，音碾，踐也」。《御覽》卷146、613引《尚
書大傳》：「古之帝王者必立太學、小學，使公卿太子、大夫元士之嫡
子十有三年始入小學，見小節焉，踐小義焉。」〔註213〕《公羊傳・
僖公十年》何休注引《禮》：「諸侯之子八歲受之少傅，教之以小學，
業小道焉，履小節焉。」

（28）是以邪放非辟，無因入之焉

方向東曰：邪放，邪惡放縱。非辟，邪曲。（P266）

按：放，讀爲旁，邪曲不正也。《禮記・喪大紀》孔疏：「旁，一云猶不正也。」
《荀子・議兵》：「旁辟曲私之屬爲之化而公。」楊倞註：「旁，偏頗也。
辟，讀爲僻。」王先謙曰：「旁辟，猶便辟。旁、便雙聲字。」〔註214〕
王說非也。字亦作傍，《淮南子・泰族篇》：「皆倒矢而射，傍戟而戰。」
傍戟，謂戟不正對也。于省吾曰：「傍應讀方。方與背一聲之轉，故訓
爲逆。方戟而戰，猶言背戟而戰。『倒』與『方』互文耳。」〔註215〕于
說非也，「方」訓背是違逆義，而非背對義。字亦作趽，本書《道術》：
「衷理不辟謂之端，反端爲趽。」是「趽」與「辟（僻）」同義，與「端
正」義相反，故《荀子》「旁辟」乃同義連文。《孟子・梁惠王上》：「苟
無恒心，放辟邪侈，無不爲已。」宋・孫奭《音義》卷上：「辟，音僻。
侈，張尺氏切，丁作移。」《文子・下德》：「而縱之放僻淫佚。」「放辟
（僻）」亦即「旁辟（僻）」。侈、移，並讀爲迤。《說文》：「迆，衺行也。」

〔註212〕參見蕭旭《〈越絕書〉古吳越語例釋》。

〔註213〕《類聚》卷38引作「十三始入小學，見小節，踐小義」，《御覽》卷534引作
「十五始入小學，見小節，踐小義」，「五」蓋「三」之誤。

〔註214〕王先謙《荀子集解》，中華書局1988年版，第288頁。

〔註215〕于省吾《淮南子新證》，收入《雙劍誃諸子新證》，上海書店1999年版，第
436頁。

字亦作迻，《廣雅》：「迻，衰也。」王念孫曰：「《孟子・梁惠王篇》『放辟邪侈』，丁本作『邪迻』，迻與迻，古亦同聲。」〔註216〕朱駿聲曰：「侈，叚借爲迻。按：《孟子》『放辟邪侈』，當訓衰行也。」〔註217〕當本於王說。字或省作多，《法言・吾子篇》：「中正則雅，多哇則鄭。」王引之曰：「多，讀爲哆。哆，邪也。下文云『述正道而稍邪哆者有矣，未有述邪哆而稍正也。』哆與多古字通。《孟子・梁惠王篇》：『放辟邪侈。』字亦與哆同。多、哇皆邪也。」〔註218〕字亦作施，《韓子・解老》：「所謂貌施也者，邪道也。」《淮南子・要略篇》：「接徑直施，以推本樸。」許慎注：「施，邪。」字亦作㫭，專指日斜行貌。《說文》：「㫭，日行㫭㫭也。」《孟子》「放辟邪侈」四字同義連文。趙岐注：「民誠無恒心，放溢辟邪，侈於姦利，犯罪觸刑，無所不爲，乃就刑之。」焦循申證趙說云：「趙氏以溢訓放，謂縱佚放蕩也……『放』義同『侈』。」〔註219〕皆未達厥誼。

（29）古者聖王居有法則，動有文章

　　　　方向東曰：文章，猶言文采。（P266）

按：下文云「動作有文，言語有章」，義同。本書《道術》：「動有文體謂之禮，反禮爲濫。」「文體」當作「文章」。

（30）鳴玉者，佩玉也，上有雙珩，下有雙璜

　　　　方向東曰：盧文弨曰：「〔雙〕珩，別本作『葱珩』，《大戴》作『雙衡』。」〔註220〕（P266）

按：當從別本作「葱珩」，《通解》卷18引作「葱衡」。「葱」同「蔥」，「衡」同「珩」。《周禮・天官・冢宰》鄭注引《詩傳》：「佩玉，上有葱衡，下有雙璜。」孔疏謂是《韓詩》，又云：「佩玉上有葱衡者，衡，橫也。謂葱玉爲橫梁。」《國語・晉語二》韋昭注、《詩・女曰雞鳴》孔疏引《詩

〔註216〕王念孫《廣雅疏證》，收入徐復主編《廣雅詁林》，江蘇古籍出版社1992年版，第181頁。
〔註217〕朱駿聲《說文通訓定聲》，武漢市古籍書店1983年版，第485頁。
〔註218〕王說轉引自王念孫《讀書雜志》卷16《餘編上》，中國書店1985年版，第53頁。
〔註219〕焦循《孟子正義》，中華書局1987年版，第94頁。
〔註220〕原引脫「雙」字，茲徑補。

傳》並作「蔥珩」。《禮記・月令》孔疏引《韓詩外傳》:「佩玉,上有蔥衡,下有雙璜。」皆其確證。《大戴禮記・保傅篇》:「上有雙衡,下有雙璜。」《初學記》卷 26 引《三禮圖》:「凡玉珮,上有雙衡,衡長五寸,博一寸;下有雙璜,璜徑三寸。」上「雙」字亦當作「蔥」,涉下而誤也。

（31）衝牙蠙珠,以納其間,琚瑀以雜之〔註221〕

方向東曰:盧文弨曰:「建、潭本『蠙』作『捍』,『納』作『細』,『雜』作『頜』,皆訛。別本與《大戴》同,今從之。」按:陸良弼本「牙」作「耳」,「蠙」作「捍」,「納」作「細」。吉府本同二本。《子匯》本「蠙」作「捍」,弘治本「納」作「約」。(P266)

按:盧校皆是也。《通解》卷 18 引作「衝牙玭珠,以納其間」,《大戴禮記・保傅篇》同。「玭」同「蠙」,見《說文》。《玉海》卷 58 引作「蚍」,音之借也。《周禮・天官・冢宰》鄭注引《詩傳》:「衝牙蠙珠,以納其間。」《禮記・月令》孔疏引《韓詩外傳》:「〔衝〕牙蠙珠,以納其間。」《初學記》卷 26 引《三禮圖》:「衝牙蠙珠,以納其間,上下為衡,半璧為璜。璜中橫(橫)以衝牙,以蒼珠為瑀。」皆其確證。別本作「捍」者,「琕」之形誤。《玉篇》:「玭,珠也,《夏書》作『蠙』。琕,同上。」《集韻》:「玭,珠名,或作琕、蠙。」

（32）步中規,折中矩

方向東曰:盧文弨曰:「潭本『步』作『旋』。」按:《禮記・玉藻》:「周還中規,折還中矩。」(P266~267)

按:潭本作「旋」者,旋、還一聲之轉。《禮記・玉藻》《釋文》:「還音旋,本亦作旋。」別本作「步」者,亦有據。《韓詩外傳》卷 1、《說苑・辨物》:「行步中規,折旋中矩。」《說苑・修文》:「行步中矩,折旋中規。」「矩」、「規」二字誤倒。

（33）故曰明君在位可畏,施舍可愛,進退可度,周旋可則,容貌可觀,作事可法,德行可象,聲氣可樂,動作有文,言語有章,以承其上,以接其等,以臨其下,以畜其民

〔註221〕原引「瑀」譌作「楇」,茲據盧書逕正。

按：《左傳・襄公三十一年》：「故君子在位可畏，施舍可愛，進退可度，周
旋可則，容止可觀，作事可法，德行可象，聲氣可樂，動作有文，言語
有章，以臨其下，謂之有威儀也。」爲賈子所本。

（34）故能宗揖其國以藩衛天子

方向東曰：盧文弨曰：「潭本作『宗輯』，按『揖』與『輯』同，今從建本。
別本作『綜攝』，非。」俞樾曰：「『揖』與『輯』通。『宗』疑『安』字之
誤。」按：俞說是。（P267）

按：四庫本作「綜攝」，吉府本作「宗揖」。朱起鳳有二說，一說同俞氏，又
一說云：「總字古與綜通。宗即綜之省，揖又爲攝字之損壞。」謂即「總
攝」〔註222〕。

（35）有威而可畏謂之威，有儀而可象謂之儀

方向東曰：下「儀」字原作「文」，盧文弨曰：「潭本作『儀』。」今據改。
（P267）

按：二語本《左傳・襄公三十一年》，正作「謂之儀」。

（36）故《詩》曰：「威儀棣棣，不可選也。」棣棣，富也。不可選，眾也

方向東曰：《毛傳》云：「棣棣，富而閑習也。物有其容，不可數也。」（P267）

按：《詩釋文》：「棣，本或作逮，同。」《禮記・孔子閒居》、《家語・論禮》
引作「逮逮」。選，《後漢書・朱穆傳》李賢注引作「算」。選、算一聲
之轉。字亦作撰，《周禮・夏官・司馬》：「撰車徒。」鄭玄注：「撰讀曰
算。算車徒，謂數擇之也。」

（37）言接君臣、上下、父子、兄弟、內外、大小品事之各有容志也

方向東曰：容志，容貌與心志。（P267）

按：容志，宋・李樗、黃櫄《毛詩集解》卷4引作「容止」，是也。《左傳・
襄公三十一年》作「言君臣、上下、父子、兄弟、內外、大小，皆有威
儀也。」「容止」即「威儀」之誼。

〔註222〕朱起鳳《辭通》，上海古籍出版社1982年版，第2737、2776頁。

（38）曳杖倍下而行

方向東曰：倍，同「背」。下，指子贛。倍下，言背對着子贛。（P267）

王洲明、徐超曰：倍下而行，轉身而走。倍，背。下，指眾人。（P240）

閻振益曰：倍下行，程本作「倍而行」，何本作「陪而行」。夏按：「下」當作「而」。（P242）

按：《呂氏春秋・異用》：「扺步而倍之。」孔本《書鈔》卷133引作「杖步而倍之」，陳本「杖」作「扺」，四庫本作「扺」。孔廣陶校曰：「陳本『杖步』作『扺步』，惠半農校本據《廣韻》引作『曳杖』。」陳禹謨《補註》：「扺音弋，麋也。」《類聚》卷69引作「杖步而陪之」，《御覽》卷710引作「杖步而倚之」，《廣韻》「杖」字條引作「曳杖而問」。朱起鳳曰：「扺字右從弋，形與曳似，因此致譌。《呂》作『扺步』，《御覽》引作『杖步』，並傳寫之訛，當以《廣韻》為正。」〔註223〕程瑤田曰：「『放杖』下於『舉杖』，『曳杖』又下於『放杖』，故曰倍下。」〔註224〕二氏說是也。《呂氏》「倍之」，亦當依此文作「倍下」。「放杖」對「舉杖」而言，謂既舉而放之，非謂棄其杖。孫詒讓曰：「疑當作『柵杖而倚之』，故《廣韻》『扺』作『曳』也。」〔註225〕非是。

（39）身之倨佝，手之高下

方向東曰：倨，直。佝，曲。（P267）

按：倨佝，亦作「倨拘」、「裾拘」、「倨句」、「裾袧」，倒言則作「句倨」〔註226〕。

（40）語曰：「沉乎明王，執中履衡。」言秉中適而據乎宜

方向東曰：盧文弨曰：「潭本『審』作『沉』，別本作『況』。」按：吉府本同潭本，《子匯》本作「況」。俞樾曰：「審，明也。潭本作『沈』，非是。」（P268）

〔註223〕朱起鳳《辭通》，上海古籍出版社1982年版，第1523頁。

〔註224〕程瑤田《樂器三事能言》，收入《續修四庫全書》第115冊，上海古籍出版社2002年版，第233頁。

〔註225〕孫說轉引自陳奇猷《呂氏春秋新校釋》，上海古籍出版社2002年版，第571頁。

〔註226〕參見蕭旭《孔子家語校補》。

按：「沉」爲「沈」俗字，「況」則形譌。沈，讀爲審。彭鐸曰：「審與沈同
音，作『沈』是假借字。《禮記・檀弓下篇》：『爲楡沈。』《釋文》：『沈，
本又作瀋。』彼以沈爲瀋，與此以沈爲審同。」〔註227〕

（41）故威勝德則淳，德勝威則施

方向東曰：俞樾曰：「淳當讀爲憝，惡也。威勝德則惡矣，故曰憝也。施
者，弛之假字，言德勝威則廢弛也。」按：《子彙》本作「弛」。（P268）

按：「威」指刑罰，「德」指慶賞。二者指賞罰而言，即下文「且畏且懷」之
義。《董子・威德所生》言聖王「此可以見不和不可以發慶賞之德，不
平不可以發刑罰之威」，即其誼也。故古者聖王威德並行、文武兼用。《說
苑・君道》：「夫有文無武，無以威下；有武無文，民畏不親。文武俱行，
威德乃成；既成威德，民親以服。」「施」當讀如字，指施惠、慶賞。
淳，讀爲馴，服也。謂威勝德者則以武力馴服之，德勝威者則以文德慶
賞之。《呂氏春秋・不廣》：「用武則以力勝，用文則以德勝。」俞說未
達厥誼。且如俞說，「淳」訓惡，字當作「諄」。《方言》卷7：「諄憎，
所疾也，宋魯凡相惡謂之諄憎，若秦晉言可惡矣。」

（42）故至人者，在小不寶，在大不宨

方向東曰：盧文弨曰：「宨，音朓，肆也。潭本作『窕』，同。」陶鴻慶曰：
「『寶』乃『塞』之誤。《大戴禮・王言篇》云：『布諸天下而不窕，內諸
尋常之室而不塞。』〔註228〕《管子・宙合篇》云：『其處大也不窕，其
入小也不塞。』皆其證也。『宨』與『窕』同，寬也，不滿密也。盧解窕
爲肆，未確。」劉師培曰：「『寶』字係『窒』字之訛。『窒』猶塞也。」
彭鐸曰：「此二句本昭二十一年《左傳》：『小者不窕，大者不槬。』《漢
書・五行志》引同，師古注：『窕，輕小也。槬，橫大也。』此文『大』、
『小』二字互訛，本作『在大不寶，在小不窕』。」按：洪頤煊云「寶」
乃「塞」字之訛，與陶說同。「槬」同「梏」。彭鐸說「寶」乃「槬」之
借字，是。惟「小」、「大」二字不訛。《史記・禮書》：「宜鉅者鉅，宜小
者小。」「在小不寶，在大不窕」，言在小不大，在大不小。（P268～269）

〔註227〕彭辂乾《關於〈賈子〉的整理》，《西北師大學報》1962年第2期，第15頁。
〔註228〕《管子》原文「窕」誤作「究」。

按：洪頤煊說見《讀書叢錄》卷 15〔註 229〕，陶鴻慶說與之全同。除陶氏所
引的二例外，《墨子・尙同下》：「是故大用之治天下而不窕，小用之治
一國一家而不橫者，若道之謂也。」橫，充塞。又《尙賢中》：「大用之
天下則不窕，小用之則不困。」《尉繚子・兵談》：「大不窕，小不恢。」
《淮南子・原道篇》：「處小而不逼，處大而不窕。」高誘注：「在小能
小，在大能大。」逼同「偪」，急迫、偪塞。又《齊俗篇》：「大則塞
而不入，小則窕而不周。」又《兵略篇》：「是故入小而不偪，處大而不
窕。」許愼注：「偪，迫也。」又《俶眞篇》：「處小隘而不塞，橫扃天
地之間而不窕。」高誘注：「扃，猶閉也。」《氾論篇》：「是以舒之天下
而不窕，內之尋常而不塞。」《人間篇》：「內之尋常而不塞，布之天下
而不窕。」〔註 230〕《要略篇》：「故置之尋常而不塞，布之天下而不窕。」
許愼注：「窕，緩也。布之天下，雖大不窕也。」《荀子・賦》：「曰：『此
夫大而不塞者與？充盈大宇而不窕，入郤穴而不偪者與？』」諸書可相互
參證，皆本書不誤之證，彭氏謂本書「小」、「大」二字互易，非也。窕，
寬緩、舒緩，許愼注是也。盧氏窕訓肆，亦此義。《廣雅》：「窕，寬也。」
陶鴻慶謂盧說非，可謂知二五而不知一十也。上引諸例，段玉裁曰：「凡
言在小不塞，在大不窕者，謂置之小處而小處不見充塞無餘地，置之大
處而大處不見空曠多餘地。小者不窕，謂雖小而處大不使多空㬢之處
也。大者不楑，謂雖大而處小不使偪塞莫能容也。」〔註 231〕彭鐸讀「寶」
爲「槐」，是也，鍾夏說同，當即本彭說而未著出處。《左氏》之「楑」，
字或作「摫」，《漢書・五行志》、《通典》卷 144、《白氏六帖事類集》
卷 18、《儀禮經傳通解》卷 27、《集韻》、《類篇》「摫」字條引皆作「摫」
〔註 232〕。洪頤煊曰：「字書無楑字，《漢書・五行志》引作摫，《易・繫
辭》：『刳木爲舟。』王弼注：『舟必用大木刳鑿其中。』《釋文》：『㧢，
本又作刳。』㧢即摫字之省。」〔註 233〕洪氏謂「摫」同「㧢（刳）」，

〔註 229〕洪頤煊《讀書叢錄》卷 15，收入《續修四庫全書》第 1157 冊，上海古籍出
版社 2002 年版，第 695 頁。

〔註 230〕《家語・王言解》「內」作「納」，「內」爲「納入」義本字。

〔註 231〕段玉裁《說文解字注》，上海古籍出版社 1981 年版，第 346 頁。

〔註 232〕《白孔六帖》在卷 62。

〔註 233〕洪頤煊《讀書叢錄》卷 5，收入《續修四庫全書》第 1157 冊，上海古籍出版
社 2002 年版，第 603 頁。

則非也。李富孫曰：「《漢·五行志》作『捪』，《說文新附》：『捪，橫大也。』當即本杜注。《玉篇》：『捪，寬也。』《廣韻》同，今本从木旁，誤。」〔註234〕臧琳曰：「《正義》曰：『榾聲近橫，故爲橫大。』案《漢書·五行志》載《左氏》作『大首不捪』，師古曰：『捪，橫大也。』《說文》手、木兩部俱無此字，《玉篇》：『捪，寬也。』《廣韻》：『捪，寬也，大也。』又徐鉉《新附》云：『捪，橫大也，从手，瓠聲。』與《篇》、《韻》俱胡化切，而皆不从木，則作榾者非。」〔註235〕《尉繚子》之「恢」，蓋同音借爲「顐」，《玉篇》引《蒼頡篇》：「顐，相抵觸。」字亦作𢪇、挾，《廣韻》：「𢪇，相𢪇擊。」《集韻》：「𢪇，相擊也，或作挾。」《類篇》：「挾，相摩也。」言相抵觸摩擊也。字亦作𧱏、狷、𧱆，《玉篇》：「𧱏，豕𧱏地。」《慧琳音義》卷78：「𧱏觸：上賄限反，讀與灰同。《埤蒼》：『豕掘地也。』《字書》云：『豕𧱏地也。』《集韻》：「𧱏，豕發土也，或作狷、𧱆。」豬以鼻拱地取物謂之𧱏，即「𢪇」的分別字，亦取義於抵觸摩擊也。「在小不寶，在大不窆」二句言至人如龍而神，處於小處而不顯得偪塞，處於大處而不顯得寬緩，也就是高誘注所云「在小能小，在大能大」。《史記》「宜鉅者鉅，宜小者小」，與此不同。

（43）狎而不能作，習而不能順

方向東曰：狎，與「習」同義。作，用，使。順，服，從。此言聖人爲平民所親習，而不爲之驅使。（P269）

王洲明、徐超曰：作，興起，發作。（P242）

閻振益曰：作，猶變也，此謂作色。（P244）

按：作，役使。順，讀爲馴。言至人如龍而神，雖爲人所狎習，而不被馴服、役使。

（44）佻不惛，卒不妄

方向東曰：「佻」原作「姚」，盧文弨曰：「姚，寬遠之意。卒，倉卒也。」

〔註234〕李富孫《春秋三傳異文釋》卷9，收入《叢書集成初編》第3663冊，中華書局1985年影印，第205頁。

〔註235〕臧琳《經義雜記》卷6，收入《續修四庫全書》第172冊，上海古籍出版社2002年版，第83頁。

劉師培曰：「姚、卒對文，則姚當作佻。《廣雅》云：『佻，佚也。』《荀子‧
王霸篇》『佻其期日』，楊倞注：『緩也。』佻不惛者，言事雖徐緩而不遺
忘也。」今據改。佻與卒同義，《廣雅》：「佻，疾也。」《淮南子‧兵略訓》
高誘注：「誂，卒也。」「誂」亦「佻」借字。（P269～270）

鍾夏曰：惛，音昏，不明了。（P244）

按：《淮南子‧兵略》是許慎注，而非高誘注。「姚」、「佻」古通，不煩改
字。「姚」、「卒」對文，而非同義。佻訓寬緩，字亦作窕，王念孫曰：
「佻與窕同。」〔註236〕另詳上文。惛，古音門，此讀爲慢，慢怠、
弛縱也。二句言事雖徐緩而不鬆弛，事雖急迫而不妄亂也。

（45）明是審非，察中居宜

按：居，讀爲據。上文「言秉中適而據乎宜」，即其誼，字正作「據」。

（46）古之爲路輿也，蓋圜以象天，二十八橑以象列星，軫方以象地，三十輻以象月

方向東曰：盧文弨曰：「列星，潭本作『列宿』。」按：吉府本同。《大戴》
「輿」作「車」，義同。《考工記》云：「軫之方也，以象地也。蓋之圜也，
以象天也。輪輻三十，以象日月也。蓋弓二十有八，以象星也。」鄭玄注：
「弓，蓋橑也。」「橑」與「轑」通。（P270）

按：橑，四庫本、吉府本皆作「撩」，借字。《御覽》卷 773、《通解》卷
18、《黃氏日抄》卷 56 引作「撩」。《類聚》卷 71、《玉海》卷 58 引作
「橑」。諸書引作「列星」，與盧本同。《大戴禮記‧保傅》作「橑」、
「列星」。「月」上當據《御覽》引及《考工記》補「日」字。《後漢
書‧輿服志上》：「輿方法地，蓋圓象天，三十輻以象日月，蓋弓二十
八以象列星。」《宋書‧禮志》：「輿方法地，蓋員象天，輻以象日月，
蓋弓二十八以象列宿。」宋‧鮑雲龍《天原發微》卷 8：「撩輻者，取
《周禮》輈人，蓋弓二十八以象星，輪輻以象日月。」亦其證。《類
聚》、《通解》、《黃氏日抄》引已脫「日」字，《大戴》亦脫。《隋書‧

〔註236〕王念孫《廣雅疏證》，收入徐復主編《廣雅詁林》，江蘇古籍出版社 1998 年版，第 237 頁。

禮儀志》引《大戴》:「三十輻象一月」,「一」爲「日」之誤,《玉海》
卷 78 引已誤作「一」字。

（47）前視則睹鸞和之聲,四時之運

方向東曰:盧文弨曰:「別本作『側聽則觀四時之運』,多四字,與《大戴》
同。」按:「睹鸞和之聲」義不可通,疑當作「則聽鸞和之聲,則觀四時
之運」。（P270）

按:四庫本同別本,《玉海》卷 58 引亦同,是也;《類聚》卷 71 引作「前
規(視)睹則聽鸞和之音(有衍誤),四時之運」,《御覽》卷 773 引
作「前視則晞(睹)鸞和之響,四時之運」,亦脫四字。《大戴禮記·
保傅》:「前視則睹鸞和之聲,側聽則觀四時之運。」《隋書·禮儀志》
引《大戴禮》:「前視則覲鸞和之聲,側觀則覿四時之運」,《通典》卷
64 引《考工記》:「前視則聽鸞和之響,傍觀則覿四時之運。」「鸞」
通「鸞」。

（48）人主太淺則知闇,太博則業厭

方向東曰:《春秋繁露·玉杯》「太淺」作「大節」,「太博」作「大博」。「大」
與「太」同。闇,愚昧。厭,損抑,減損。（P270）

王洲明、徐超曰:厭,滿,驕傲。（P243）

閻振益曰:厭,足也。（P245）

按:厭,讀爲愔,字亦作懕、懨,困倦貌,昏沉貌〔註237〕。「節」以雙聲借
爲腨、癉,省約、簡薄。二句言太淺則智慧不明,太博則學業昏昏沉沉。

（49）二者異口同敗,其傷必至

方向東曰:《春秋繁露·玉杯》作「二者異失同貶」。（P270）

按:缺字據《董子》補「失」。貶,讀爲窆,字亦作泛、乏、跋,傾覆、覆
敗也。鍾肇鵬曰:「貶、敗,二字形近。貶指貶損。敗謂敗壞。」〔註238〕
非也。

〔註237〕參見蕭旭《「擔」、「嗛」二字音義考》,《中國文字研究》第 16 輯,2012 年 8
月出版,第 96 頁。
〔註238〕鍾肇鵬主編《春秋繁露校釋》,河北人民出版社 2005 年版,第 60 頁。

—661—

（50）故師傅之道，既美其施，又慎其齊，適疾徐，任多少

　　方向東曰：盧文弨曰：「齊，當讀爲劑。」劉師培曰：「《春秋繁露・玉杯篇》曰：『故善爲師者，既美其道，有慎其行，齊時蚤晚，任多少，适疾徐。』『行』係衍文，『齊』字當上屬。此文挩『時蚤晚』三字。」按：齊，與「劑」同，調配。（P270）

　　王洲明、徐超曰：施，功勞。齊，齊整，指有所節制。（P244）

　　閻振益曰：施，猶教也。（P246）

按：傅，四庫本、吉府本誤作「傳」。《董子》之「齊」，四庫本、武英殿本作「齎」，並有注：「齎，他本作齊。」蘇輿曰：「盧云：『齊，酌齊也，與劑同。』任，堪也。斟酌所能堪，而均其多少。」〔註239〕劉師培校《董子》云：「『行』疑衍字。『齊』與『資』同。」〔註240〕此文當脫「行時蚤晚」四字，「又慎其行」句，「齊時蚤晚」句。施，教也。言既美其教，又慎其行。齊亦適也，猶言調節〔註241〕。任，役使。疾徐，指馬之步驟而言。多少，指材力而言。本書《輔佐》：「步驟徐疾之節。」《管子・事語》：「故準徐疾羸不足，雖在下也，不爲君憂。」任多少，言度其材力之多少而任用之。

（51）造而勿趣，稍而勿苦

　　方向東曰：盧文弨曰：「言皆以漸進也。」劉師培曰：「《繁露》作『造而勿趣，稽而勿苦』。造爲疾義。此『稍』字乃『稽』字之訛。凌注引《淮南》云『大疾則苦而不入，大徐則甘而不固』。此文『勿苦』即《淮南》之『固』。『苦』讀爲『盬』，不堅固也。」章太炎曰：「『造』即『造次』之造，『趣』即促也。『稍』與『稽』誼皆可通。『苦』即苦窳義。言急而勿迫促，緩而勿窳懶。」按：章說是。（P270～271）

　　王洲明、徐超曰：造，進。趣，奔赴。稍，漸。（P244）

　　鍾夏曰：稍之言少也。（P246）

〔註239〕蘇輿《春秋繁露義證》，中華書局 1992 年版，第 37～38 頁。
〔註240〕劉師培《春秋繁露斠補》卷上，收入《劉申叔遺書》，江蘇古籍出版社 1997 年版，第 1009 頁。下引同。
〔註241〕參見《漢語大字典》（第二版），崇文書局、四川辭書出版社 2010 年版，第 5099 頁。

按：凌注引《淮南子・道應篇》不切。《淮南子・原道篇》：「是故疾而不搖，
遠而不勞。」《方言》卷2：「搖，疾也。」謂疾行。「疾而不搖」與「造
而不趨」同義。「稍」當從劉說作「稽」，謂稽留。劉氏讀苦爲鹽，亦是
也，但當訓止息、滯止。《詩・鴇羽》：「王事靡鹽。」王引之曰：「鹽者，
息也。《爾雅》：『苦，息也。』『苦』讀與『靡鹽』之鹽同。」〔註242〕
二句言雖疾速但不趨走，雖稽留但不停止。魏・嵇康《琴賦》：「疾而不
速，留而不滯。」是其誼也。劉師培校《董子》云：「『苦』與『鹽』同，
義與『固』反，猶言徐而不苟也。」亦非是。

（52）省其所省，而堪其所堪

方向東曰：《春秋繁露・玉杯篇》作「省其所爲，而成其所湛」。省，視察。
堪，能。（P271）

王洲明、徐超曰：省，減少。堪，承受。（P244）

按：劉師培校《董子》云：「《容經》作『省其所省，而堪其所堪』，當據訂。
『爲』、『省』草書形近致誤。『堪』字正文作『戡』，故一訛爲『成』，
一訛爲『湛』。盧校云：『湛、耽同。』非也。」省，省約。堪，任。言
省其所當省者，任其所當任者。

《春秋》校補

（1）楚惠王食寒菹而得蛭，因遂吞之……令尹避席再拜而賀

方向東曰：菹，同「葅」。（P274）

按：菹，盧校本作「葅」，《新序・雜事四》、《論衡・福虛》、中村不折藏敦
煌本句道興《搜神記》亦同，《御覽》卷741、856引作「葅」，並爲「葅」
俗字，字亦作葅、蒩，音轉則作戢〔註243〕。《御覽》卷403引作「楚惠
王食寒葅得水蛭，王不欲以飲食傷人，乃吞之」，又卷741引作「楚惠
王食寒葅，中有水蛭，雖欲發之，恐宰夫得罪當死，遂吞之」，皆約舉
此文耳。《事類賦注》卷30引「遂」作「遽」，形近而譌。

〔註242〕王引之《經義述聞》卷5，江蘇古籍出版社1985年版，第136頁。
〔註243〕參見石光瑛《新序校釋》，中華書局2001年版，第559頁。

（2）非所聞也

　　　　方向東曰：盧文弨曰：「舊本有『非所聞也』四字，不類元文，今去之。」
　　　　俞樾曰：「盧校大誤。《論衡·福虛篇》：『非所以使國人聞之也。』此文
　　　　奪去『以使國人之』五字耳。」章太炎曰：「《新序·雜事四》『非所以使
　　　　國聞也』，舊本『非所聞也』四字不當去，特有脫文耳。」〔註244〕（P274）

　　按：《治要》卷40、《事類賦注》卷30、《通鑑》卷211胡三省注引無此句，
　　　　《御覽》卷856引作「非所以使國聞也」。石光瑛補「以使國人」四字
　　　　〔註245〕。余謂補「以使國」三字亦可。

（3）譴而行其誅，則庖宰、監食者，法皆當死

　　　　方向東曰：《治要》作「則脆嘗、監食者」。《論衡》「宰」作「廚」。（P274）

　　按：《新序·雜事四》作「則庖宰、食監」。「脆嘗」誤。石光瑛曰：「庖誤
　　　　爲脆。嘗疑尚之誤。《治要》原引或作『庖宰、尚食』，尚猶掌也。」
　　　　〔註246〕

（4）故吾恐蛭之見也，遂吞之

　　　　方向東曰：《治要》「遂」上有「因」字。（P274）

　　按：《御覽》卷856引亦有「因」字，《新序·雜事四》、《論衡·福虛》同。
　　　　當補「因」字，與上文同。《御覽》卷950、《事類賦注》卷30引已脫。

（5）是昔也，惠王之後而蛭出，故其久病心腹之積皆愈

　　　　方向東曰：盧文弨曰：「昔，夜也。潭本作『夕』，今從建本。」《御覽》
　　　　卷403引「之後」下有「溷」字。《書鈔》卷146引「積」下有「疾」字。
　　　　俞樾曰：「『故』字衍文。《論衡·福虛篇》作『及久患心腹之積皆愈』，
　　　　無『故』字。」按：之，往。後，後宮，指後宮之廁所。（P274）

　　按：《御覽》卷856引無「故」字，「久」誤作「夕」。《書鈔》卷146引作
　　　　「後而蛭出，其久病心腹之積疾皆愈也」，《治要》卷40引作「是昔
　　　　也，惠王之後而蛭出，心腹之積皆愈」，《御覽》卷403引作「是夜惠

〔註244〕原引「使」誤作「傳」，此據《新序》逕正。
〔註245〕石光瑛《新序校釋》，中華書局2001年版，第560頁。
〔註246〕石光瑛《新序校釋》，中華書局2001年版，第561頁。

王之後溷而蛭出，其久病心腸（腹）之積皆愈」，又卷 741 引作「是
夜惠王欬而蛭出，心腹之病皆除」，《海錄碎事》卷 8 引作「是夜嘔而
蛭出，舊疾皆愈」。《新序・雜事四》作「是夕也，惠王之後蛭出，故
其久病心腹之疾皆愈」，《冊府元龜》卷 243 作「惠王之腹蛭出，故其
久病心腹之疾皆愈」。石光瑛曰：「『之後』之誼未詳。俞樾曰：『「故」
字衍文。』按俞說是。本書『故』字，當在下『古天之視聽』句上。
久，舊也，字本作肍。積，各本作『疾』，謬。」〔註247〕石氏謂「久，
舊也」是，但謂「字本作肍」則非，餘說亦皆誤。「之」爲助詞。後，
指肛門〔註248〕。諸書不達其誼，或刪之，或增「溷」字，或改作「欬」、
「嘔」字。故，猶及也〔註249〕。中村不折藏敦煌本句道興《搜神記》
作「逐吐〔蛭〕」〔註250〕，亦爲臆改。陳茂仁曰：「《御覽》卷 403 引，
於義較明。又卷 741 引則與此異。」〔註251〕非也。

（6）衛懿公喜鶴，鶴有飾以文繡而乘軒者

方向東曰：盧文弨曰：「建、潭本脫下四字，別本有。」按：《子彙》本亦
脫。（P275）

按：四庫本、吉府本亦脫，《御覽》卷 569 引有。《左傳・閔公二年》：「衛懿
公好鶴，鶴有乘軒者。」

（7）及翟伐衛，寇挾城堞矣

方向東曰：盧文弨曰：「挾，猶薄也。」俞樾曰：「挾，讀爲接。」（P275）

按：堞，吉府本誤作「蝶」。城，《御覽》卷 569 引誤作「域」。挾，讀爲帀，
周匝也。字亦作浹，《小爾雅》：「浹，匝也。」

（8）寇迫矣，士民其勉之

按：勉，《御覽》卷 569 引誤作「逸」。

〔註247〕石光瑛《新序校釋》，中華書局 2001 年版，第 561～562 頁。
〔註248〕參見《漢語大字典》（第二版），崇文書局、四川辭書出版社 2010 年版，第
884 頁。
〔註249〕參見蕭旭《古書虛詞旁釋》，廣陵書社 2007 年版，第 121～122 頁。
〔註250〕「蛭」字據敦煌寫卷 P.5545 補。
〔註251〕陳茂仁《新序校證》，花木蘭文化出版社 2007 年版，第 268 頁。

（9）士民曰：「君亦使君之貴優，將君之愛鶴，以為君戰矣。」

　　　王洲明、徐超曰：將，率領。（P247）

　按：亦，猶其也，命令之辭〔註252〕。將，及也，與也〔註253〕。「使」字直
　　　貫至「鶴」字，中間不當點斷。《呂氏春秋・忠廉》、《新序・義勇》作
　　　「君使宮人與鶴戰」，《韓詩外傳》卷7作「亦使鶴與宮人戰」。以為君
　　　戰，《御覽》卷569引作「以君守戰」。此當作「以爲君守戰」，今本脫
　　　「守」字，下文云「安能守戰」，正有「守」字。

（10）乃潰門而出走

　　　方向東曰：潰，破壞。（P275）

　按：《呂氏春秋・忠廉》、《新序・義勇》作「遂潰而去」，《韓詩外傳》卷7
　　　作「遂潰而皆去」。此文「門」字衍文。《左傳・文公三年》：「凡民逃其
　　　上曰潰，在上曰逃。」

（11）語曰：「禍出者禍反，惡人者人亦惡之。」

　　　方向東曰：出處不詳。（P275）

　按：上句出處不詳。《墨子・兼愛中》：「夫愛人者人必從而愛之，利人者人
　　　必從而利之，惡人者人必從而惡之，害人者人必從而害之。」《家語・
　　　賢君》、《說苑・政理》並引孔子曰：「愛人者，則人愛之；惡人者，則
　　　人惡之。」

（12）管子曰：「不行其野，不違其馬。」

　　　方向東曰：出《管子・形勢篇》，尹知章曰：「馬有識道之性，不違馬而自
　　　得途，喻未經其事，問其所經。」（P275）

　按：尹說未得。違，去也，棄也〔註254〕。此以養馬以備行喻養民以備戰也。
　　　《管子・形勢解》：「馬者，所乘以行野也，故雖不行於野，其養食馬
　　　也，未嘗解惰也。民者，所以守戰也，故雖不守戰，其治養民也，未

〔註252〕參見裴學海《古書虛字集釋》，中華書局1954年版，第175～177頁。
〔註253〕參見孫經世《經傳釋詞補》，中華書局1956年版《經傳釋詞》附錄，第297頁。
〔註254〕參見郭沫若《管子集校》引許維遹說，科學出版社1956年版，第30頁。

嘗解惰也。故曰：『不行其野，不違其馬。』」

（13）鄒穆公有令，食鳧鴈者必以粃，毋敢以粟

按：敢，猶得也。毋敢，猶口語曰「不准」、「不可」〔註255〕。《新序·刺奢》正作「無得」。粃，《類聚》卷 85、《御覽》卷 823、840、917 引作「秕」。秕、粃，正、俗字。鳧，《御覽》卷 917 引誤作「邊」。

（14）二石粟而易一石粃

方向東曰：《子匯》本「易」作「得」，《類聚》卷 85 引作「得」。（P275）

按：《御覽》卷 840 引作「得」，《新序·刺奢》同。

（15）夫百姓煦牛而耕，曝背而耘

方向東曰：《類聚》卷 85 引「煦」作「餉」。劉師培曰：「『煦』者，『飽』之訛字也。」彭鐸曰：「『餉』乃『飽』訛，『飽』又『煦』之誤字。農夫愛牛如子，故曰煦牛而耕。煦猶燠休。丘遲《永嘉郡教》：『曝背拘牛，屢空於畎畝。』亦後人不得『煦』字之義而改之。」按：彭云「餉」乃「飽」又「煦」之誤字，是。但「煦」即「呴」字，《御覽》卷 823 引正作「呴」。《漢書·王褒傳》：「呴噓呼吸如僑松。」顏師古曰：「呴噓，皆開口出氣也。」〔註256〕《莊子·刻意》：「吹呴呼吸。」《釋文》：「呴，字亦作煦。」〔註257〕《淮南子·俶真訓》：「陰陽所呴。」高誘曰：「讀以口相吁之吁。」《禮記·檀弓》《釋文》：「吁，吹氣聲也。」《水經注》卷 38 引《續漢書·五行志》曰：「建安八年，長沙醴陵縣有大山，常鳴如牛呴聲。」「呴牛」指牛耕時吁氣。（P275～276）

按：汪中曰：「『煦』作『飽』，於義爲長。」〔註258〕馬敘倫曰：「倫案疑本作『呴』，借爲飽，傳寫訛爲煦，或竟由飽訛煦。」〔註259〕朱起鳳曰：

〔註255〕參見蕭旭《古書虛詞旁釋》有補證，廣陵書社 2007 年版，第 132～133 頁。

〔註256〕原誤作「《漢書·王褒傳》：『呴噓呼吸。』如僑松曰：『呴噓，皆開口出氣也。』」徑正。

〔註257〕原引誤作「呴，本作煦。」據《釋文》徑正。

〔註258〕汪中《舊學蓄疑》，收入《叢書集成續編》第 24 冊，新文豐出版公司 1988 年印行，第 265 頁。

〔註259〕馬敘倫《讀書續記》卷 5，中國書店 1985 年版，第 12 頁。

「飽疑當作飼，右旁從司，與句形近，故《賈子》訛爲『煦牛』也。」
〔註260〕劉師培又曰：「《類聚》卷85引『煦』作『餉』，是也。《新序·
刺奢篇》作『飽』，飽亦餉訛。」〔註261〕《戰國策·秦策四》：「解凍而
耕，暴背而耨。」此《賈子》所本。下八字，《類聚》卷85引作「餉牛
而耕，暴背而耘」，《御覽》卷823引作「呴牛而耕，曝背而芸」，又卷
840引作「胸牛而耕，暴背而芸」，《新序·刺奢》作「飽牛而耕，暴背
而耘」，《治要》卷42引《新序》作「暴背而耕」。宋·王應麟《困學紀
聞》卷4、《玉海》卷178、《漢制攷》卷1引《賈誼新書》、《新序》並
作「飽牛而耕」，宋·周必大《曾氏農器譜題辭》引同。《古今合璧事類
備要》別集》卷57、《全芳備祖》後集卷21並引《韓非子》作「餉牛
而耕，曝背而耘」，《韓非子》無此文，蓋二氏誤記出處。「曝」爲「暴」
俗字。「耘」同「芸」，並爲「耤（薅）」俗字，《說文》：「耤，除苗間穢
也。薅，或從芸。」「煦」、「餉」、「呴」、「拘」、「胸」並「飽」字形誤。
宋·黃庭堅《次韻寄上七兄》：「啼鳥笑歌追暇日，飽牛耕鑿望豐年。」
又《次韻外舅謝師厚病間》：「開田種白玉，飽牛事耕犂。」亦其旁證。
《漢書》、《莊子》、《淮南》之「呴（煦）」，並讀爲欨，《說文》：「欨，
吹也。」指吹以熱氣，溫曰呴，冷曰吹。音轉則作咻、休，即「煦休」、
「噢咻」義。《續漢書》「牛呴」讀爲「牛吼」，義別。皆非此文之誼。

（16）苦勤而不敢惰者

方向東曰：陸良弼本「惰」作「墮」，《新序·刺奢篇》無「苦」字、「敢」
字。（P276）

按：惰，吉府本「墮」。《類聚》卷85、《御覽》卷823引作「勤而不敢惰
者」，《御覽》卷840引作「勤而不敢隋者」。隋、墮，並讀爲惰。

（17）且汝知小計而不知大計

方向東曰：《類聚》卷85引下「計」作「害」。陸良弼本、《子匯》本、王
謨本、《新序》皆作「會」。彭鐸曰：「『大計』本作『大會』，故『會』訛
作『害』。」（P276）

〔註260〕朱起鳳《辭通》，上海古籍出版社1982年版，第1021頁。
〔註261〕劉師培《賈子新書斠補》卷下，收入《劉申叔遺書》，江蘇古籍出版社 1997
年版，第998頁。

按：四庫本、吉府本皆作「大會」，《御覽》卷 840 引誤作「大害」，《古今合
璧事類備要》別集》卷 57、《全芳備祖》後集卷 21 引《韓非子》亦誤
作「大害」，《類說》卷 30 引《新序》誤作「大惠」。唐·白居易《二十
四議罷漕運可否》：「今若恤汎舟之役，忘移穀之用，是知小計而不知大
會矣。」

（18）周諺曰：「囊漏貯中。」

按：《新序·刺奢》引同，《文心雕龍·書記》、《長短經·大體》引作「囊漏
儲中」。貯、儲，正、借字，此用爲名詞，指貯積物事之容器。字或作
褚，《玉篇》：「褚，裝衣也。」《集韻》：「褚，囊也。」裝衣之囊的專字
作褚，泛指裝它物之器亦謂之褚。《左傳·成公三年》：「荀罃之在楚也，
鄭賈人有將寘諸褚中以出。」《莊子·至樂》：「褚小者不可以懷大，綆
短者不可以汲深。」《淮南子·說林篇》「褚」作「器」。字亦作袊，《玄
應音義》卷 16 引《通俗文》：「裝衣曰袊也。」字亦作䉛、䈤、䈈，《說
文》：「䉛，幏也，所以載盛米。」《玉篇》：「䈤，同『䉛』。」《廣韻》：
「䈈，同『䉛』。」考《說文》：「甾，東楚名缶曰甾。」是「甾」、「缶」
同義，故「䉛」字改換義符亦作「䈈」。裝米者曰䈈，裝衣者曰袊，其
義一也。王引之曰：「褚、袊、貯、䈤，並字異而義同。」〔註262〕王筠
曰：「䉛，字亦借貯。」〔註263〕囊漏貯中，言囊漏於貯積器中，仍自有
之耳也。楊愼曰：「鄒穆公引周諺云：『囊漏貯中。』今語則云『船裏不
漏針』也。」〔註264〕

（19）楚王欲淫鄒君，乃遺之技樂美女四人

按：「人」當作「八」，形之譌也。《左傳·襄公十一年》：「凡兵車百乘，歌
鍾二肆，及其鎛磬，女樂二八。」《韓子·內儲說下》：「乃令梨且以女
樂二八遺哀公。」《呂氏春秋·壅塞》：「秦繆公時，戎強大，秦繆公遺

〔註262〕王引之《經義述聞》卷 18，江蘇古籍出版社 1985 年版，第 428 頁。梁紹壬
《兩般秋雨盦隨筆》卷 6「《左傳》刱解」條全同王說，收入《續修四庫全書》
第 1263 冊，第 208 頁。
〔註263〕王筠《說文解字句讀》，中華書局 1988 年版，第 588 頁。
〔註264〕楊愼《古今諺》，古典文學出版社 1958 年版，第 157 頁。其說又見《丹鉛餘
錄》卷 5。

之女樂二八與良宰焉。」古代歌舞分爲兩列，每列八人，故云「二八」。《韓詩外傳》卷 9：「乃使王繆以女樂二列遺戎王。」「二八」即「二列」。楚王倍之，故「四八」，言三十二人也。四人則不成列。元・金履祥《孟子集註攷證》卷 1 引正作「四八」。

（20）自刻以廣民，親賢以定國

按：「廣」當作「厲」，各本皆誤，《治要》卷 40 引亦誤。厲，勸勉也。《莊子・大宗師》《釋文》：「厲乎，崔本作廣。」是其相誤之例。

（21）臣下順從，若手之投心

　　方向東曰：把手放在胸口，言盡其忠誠。（P276）

　　王洲明、徐超曰：投，應也。（P251）

按：《廣韻》：「投，合也。」

（22）行哭三月

　　王洲明、徐超曰：行哭，即哭泣。行，爲。（P251）

按：行哭，邊走邊哭〔註265〕，非此文之誼。《御覽》卷 487 引作「行吟」，蓋臆改之。「行」疑「衖」脫誤，「衖」同「巷」，吳語俗音轉作「弄」，緩言即「胡同」。《說苑・貴德》：「鄭子產死，鄭人丈夫捨玦珮，婦人捨珠珥，夫婦巷哭，三月不聞竽瑟之聲。」《孔叢子・雜訓》：「子產死，鄭人丈夫舍玦珮，婦女舍珠瑱，巷哭三月，竽瑟不作。」「巷哭」是漢人成語。

（23）士民鄉方而道哭，抱手而憂行

　　方向東曰：鄉，通「嚮」。鄉方，面嚮鄰國方向。蕭旭曰：「抱手，即抱首。憂行，疑讀爲憂尋，憂深也。」（P277）

按：鄉，《治要》卷 40、《書鈔》卷 35 引作「向」，《御覽》卷 487 引作「嚮」。《御覽》引「道」乙於「方」下，非。方，讀爲邦，指國都。「憂行」余舊說誤。「憂行」言懷憂而行走也。

〔註265〕《晏子春秋・外篇》：「（景公）聞晏子死……行哭而往，伏屍而號。」《家語・曲禮子夏問》：「公父文伯卒，其妻妾皆行哭失聲。」皆其例。

（24）酤家不讎其酒，屠者罷列而歸

　　　　方向東曰：《書鈔》卷35引「酤家」作「沽者」。（P277）

按：《御覽》卷487引「酤」作「沽」，「列」作「刑」。「刑」爲「列」形誤。

（25）傲童不謳歌，舂築者不相杵

　　　　方向東曰：盧文弨曰：「傲，當讀爲遨。」《書鈔》卷35引「傲」作「遨」，「築」下無「者」字。章太炎曰：「猶所謂『鄰有喪，舂不相』也。」（P277）

　　　　王耕心曰：傲，此當作敖，乃遨遊之正文。（P52）

按：《御覽》卷487引「傲」作「遨」，無「築」字。章氏所引見《禮記·檀弓上》、《曲禮上》。《史記·商君傳》：「童子不歌謠，舂者不相杵。」《集解》引鄭玄曰：「相謂送杵聲，以音聲自勸也。」遨、傲，並讀爲敖。《說文》：「敖，出遊也。」

（26）婦女抉珠瑱，丈夫釋珙軒

　　　　方向東曰：盧文弨曰：「抉，去也，建、潭本作『扶』，訛。」按：抉，棄也。（P277）

按：抉，吉府本作「扶」，四庫本作「挟」，《書鈔》卷35引亦作「挟」。《說苑·貴德》：「鄭子產死，鄭人丈夫捨珙珮，婦人捨珠珥。」《孔叢子·雜訓》：「子產死，鄭人丈夫舍珙珮，婦女舍珠瑱。」挟，讀爲㧓。《廣韻》：「㧓，手拔物也。」《集韻》：「㧓，拔也。」本字疑爲摘，挟、摘一聲之轉。

（27）愛出者愛反，福往者福來

按：反，《路史》卷23作「入」。

（28）宋康王時，有爵生鸇於城之阪

　　　　方向東曰：《御覽》卷403引「鸇」作「鴳」，誤。（P279）

按：鸇，《治要》卷40引同，《御覽》卷924引誤作「鴳」（不是卷403）。段玉裁曰：「鸇，又作鷐。《新序》作鸇，一字也。今《戰國策》誤爲鷐，

《通鑑》作鸒不誤，而《集韻》不收。」〔註266〕黃丕烈曰：「《新序》
云：『鸒，黑色，食爵，大於爵，害爵也。』為『鸒』明甚。此必本作
『鸒』，『鸒』、『鸒』為同字也。作『鸒』者，形近之譌。」〔註267〕二
氏說是也，《御覽》卷 466 引《戰國策》作「鸒」。《新序》見《雜事四》
亦作「鸒」，《戰國策》見《宋衛策》，《通鑑》見卷 4。《竹書紀年》卷
上：「帝辛三年，有雀生鸒。」亦其比。

（29）小而生大，必伯於天下

方向東曰：俞樾曰：「《戰國策》作『小而生巨』，當從之。古占驗之辭，
必有韻，『巨』與『下』為韻，『大』與『下』則非韻矣。」劉師培曰：
「唐劉賁《稽瑞》『小何生大』，注云：『《戰國策》、賈誼《新書》云「小
生巨」。』此古本作『巨』之證。《新序·雜事四》亦作『巨』，則『大』
必後人所改。俞說是。」按：《御覽》卷 924 引作「小生巨，必霸天下」。
（P279～280）

按：《治要》卷 40 引作「大」。明·楊慎《丹鉛餘錄》卷 5：「『大』字古音
戴、音垛，而無一駕切者，惟今音有之。今之韻書二十二禡，亦不收
『大』字，豈以為非古音乎？予考《淮南子》，宋康王世有雀生鸒，占
曰：『小而生大，必霸天下。』以『大』叶『下』，古亦有一駕切之音
矣。惜乎作韻書者之不考也。」楊說可信，而出處則誤記作《淮南子》。
《易·豐》象曰：「王假之尚大也，勿憂，宜日中，宜照天下也。」亦
「大」、「下」為韻。

（30）伐社稷而焚之

方向東曰：《治要》「伐」作「斬」，《新序》亦作「斬」。（P280）

按：伐，《御覽》924 引作「斬」，《戰國策·宋衛策》、《通鑑》卷 4 同。《御
覽》卷 466 引《策》「焚」下有「滅」字。

（31）為無頭之棺

方向東曰：盧文弨曰：「『無頭之棺』似訛，《國策》作『無顏之冠』。」王

〔註266〕段玉裁《說文解字注》，上海古籍出版社 1981 年版，第 155 頁。
〔註267〕黃丕烈《戰國策札記》，收入《叢書集成新編》第 109 冊，新文豐出版公司
1985 年印行，第 786 頁。

耕心曰：「『無頭之棺』示人人皆願喪其元耳。」章太炎曰：「按『無頭之棺』是也，《新序・雜事四》同。《國策》乃誤。」（P280）

鍾夏曰：無頭則不完，此蓋謂無頭之屍。（P256）

按：《治要》卷 40 引作「無頭之冠」，《初學記》卷 26、《御覽》卷 466、492、《記纂淵海》卷 43 引《戰國策》並同，《御覽》卷 684、《事類賦注》卷 12 引桓子《新論》亦同。章太炎說是。頭，今吳語謂之和頭，即棺題，指棺材兩頭的突出部分[註268]。

（32）斮朝涉之脛

按：斮，《戰國策・宋衛策》、《新序・雜事四》作「鍥」，《御覽》卷 492 引《策》作「鑽」。《書・泰誓下》、《董子・王道》言紂無道，字作「斮」。《御覽》卷 83、375 引《帝王世紀》、《後漢紀》卷 30 言紂無道，字作「斬」。鍥，讀爲契。《說文》：「㓞，刻也。」字亦作契，《釋名》：「契，刻也。」字亦作剗，《集韻》：「剗，刻也，通作鍥。」

（33）王乃逃於郳侯之館，遂得而死

方向東曰：盧文弨曰：「別本作『遂得病而死』。」（P280）

王耕心曰：盧本無「病」字，別本如文，是也，今據補。（P53）

按：當據《新序・雜事四》補「病」字，《戰國策・宋衛策》亦脫。《說苑・立節》：「期年，宋康公病死。」亦言「得病而死」也。黃丕烈曰：「《新序》誤衍也。得，獲也，即《世家》殺王偃事。」[註269] 黃說非也。遂，猶終也。

（34）故見祥而為不可，祥反為禍……故曰：見妖而迎以德，妖反為福也

方向東曰：陶鴻慶曰：「『故』下當有『曰』字，下節有。」按：《治要》「反」作「必」。（P280）

按：《新序・雜事四》同此文，《戰國策・宋衛策》作「見祥而不爲，祥反爲

〔註268〕另詳蕭旭《桓譚〈新論〉校補》。

〔註269〕黃丕烈《戰國策札記》卷下，收入《叢書集成新編》第 109 冊，新文豐出版公司 1985 年印行，第 786 頁。

禍」。《呂氏春秋・制樂》：「祥者福之先者也，見祥而爲不善，則福不至；妖者禍之先者也，見妖而爲善，則禍不至。」〔註 270〕《韓詩外傳》卷3：「妖者禍之先，祥者福之先。見妖而爲善，則禍不至；見祥而爲不善，則福不臻。」《文子・微明》：「福至祥存，禍至祥先。見祥而不爲善，則福不來；見不祥而行善，則禍不至。」

（35）前驅還白

方向東曰：《新序・雜事二》「還白」作「曰」。（P280）

王洲明、徐超曰：白，稟告。（P254）

按：當據《御覽》卷933、《事類賦注》卷28引「白」作「曰」。《新序》脫「還」字。

（36）前有大蛇，高若堤，橫道而處

方向東曰：《新序・雜事二》「橫道而處」作「阻道竟之」〔註271〕。（P280）

按：《御覽》卷933、《記纂淵海》卷100引「若」作「如」，「高」前有「其」字。《事類賦注》卷28引亦有「其」字，「堤」作「隄」。竟，滿也。

（37）若是，則禍不至

方向東曰：《御覽》卷933引「若」作「善」。（P281）

按：「善」爲「若」形譌，《新序・雜事二》作「如」。

（38）今我有失行，而天招以妖我

方向東曰：《御覽》卷 933 引「招」作「戒」。盧文弨曰：「潭本『招』作『召』。」劉師培曰：「『招』當作『詔』。當作『而天以妖詔我』，《新序・雜事二》作『天以戒寡人』，『戒』與『詔』義相近。《晏子春秋・諫上篇》『故詔之妖祥，以戒不敬』，亦其證。」陶鴻慶曰：「『招』當爲『詔』，『我』字當在『以妖』上。」（P281）

闇振益曰：招，假借爲昭，明也。（P257）

按：妖，吉府本誤作「夭」。《御覽》卷933、《事類賦注》卷28引作「天戒以妖」，《記纂淵海》卷100引作「天惑我以妖」，當是「戒」形譌。《荀

〔註270〕《說苑・君道》「福不至」誤作「福不生」，餘同。

〔註271〕原引「竟」誤作「競」，徑正。

子‧修身》：「怠慢僄棄，則炤之以禍災。」楊倞注：「炤之以禍災，謂以禍災照爍之，使知懼也。炤，與照同。」《韓詩外傳》卷 2「炤」作「慰」。許維遹曰：「趙善詒云：『慰乃畏之叚。』案：慰猶止也。止，戒止也，與畏義相因。」〔註272〕屈守元曰：「《說文》：『慰，一曰恚怒也。』或謂慰爲畏之借字，其說亦通。」〔註273〕「炤」亦當讀爲詔，告戒也，教也，與「慰（畏）」義相因。「我」字涉下句「我若攻之」而衍。

（39）我若攻之，是逆天命也

按：命，《御覽》卷 933、《事類賦注》卷 28、《記纂淵海》卷 100 引作「令」。

（40）居三月

方向東曰：盧文弨曰：「建本作『三日』，訛，今從潭本。」（P281）

按：《御覽》卷 933、《事類賦注》卷 28、《記纂淵海》卷 100 引作「三日」。

（40）令大國之王編而先馬

方向東曰：排成队，驾马前进。（P281）

按：先馬，亦作「洗馬」、「前馬」，馬前引導之人也〔註274〕。

（41）寡人恐後世之以寡人為存燕而欺之也

方向東曰：盧文弨曰：「建、潭本『爲』作『能』，『欺』作『朝』，今從別本。」按：陸良弼本、《子匯》本「欺」作「朝」。（P282）

閻振益曰：能，假借爲態，巧也。夏案：「能」當訓僞。朝，即「朝同列」之朝，程本、盧本未達此而改「能」爲「爲」，改「朝」爲「欺」，非是。（P259）

按：四庫本作「寡人恐後世之以寡人能存燕而欺之也」，吉府本作「寡人恐後世之以寡人能存燕而朝之」，各本並有脫文。當據《御覽》卷 421 引作「寡人恐後世以寡人爲能存燕而欺之」。「以……爲」相應。「朝」爲

〔註272〕許維遹《韓詩外傳集釋》，中華書局 1980 年版，第 75 頁。
〔註273〕屈守元《韓詩外傳箋疏》，巴蜀書社 1996 年版，第 218 頁。
〔註274〕參見顧炎武《日知錄》卷 24，陳垣校注，安徽大學出版社 2007 年版，第 1358 頁。

「欺」誤。盧本、吉府本脫「能」字，庫本脫「爲」字。鍾夏疏於校勘，
不通訓詁，而好譏前人，誠未得也。

（42）管仲曰：「非天子不出境。」

按：《御覽》卷 421 引同，《韓詩外傳》卷 4、《說苑・貴德》亦同。《史記・
齊世家》作「非天子，諸侯相送不出境」。其語皆不明晰。《白氏六帖事
類集》卷 3：「非天子命，諸侯相送不出境。」〔註275〕是也。「非天子」
下各書脫「命」字，「不出境」上承上文省「諸侯相送」四字。

（43）乃下車而令燕君還車

　　　方向東曰：《御覽》卷 403 引「還車」作「旋車」。（P282）

按：《御覽》見卷 421 引。還、旋一聲之轉。

（44）乃燕君所至而與之

　　　方向東曰：盧文弨曰：「建、潭本『割』作『剖』。」按：陸良弼本、《子
　　　匯》本同。（P282）

按：吉府本亦作「剖」，爲「割」形誤。《御覽》卷 421 引作「割」，《韓詩外
傳》卷 4、《史記・齊世家》、《說苑・貴德》並同。

（45）故九合諸侯，莫不樂聽

　　　方向東曰：盧文弨曰：「聽，潭本作『德』。」（P282）

　　　閻振益曰：聽，原訛「德」，茲從盧本改。（P260）

按：四庫本、吉府本亦作「德」，是也。「樂德」是二漢人成語，言慕樂其德
義也。《越絕書・越絕德序外傳記》：「鄰邦樂德。」又《越絕篇敘外傳
記》：「四夷樂德。」《後漢書・西南夷傳》有《遠夷樂德歌詩》。

（46）胡亥下陛，視群臣陳履狀善者，因行踐敗而去

　　　方向東曰：盧文弨曰：「建本『狀』作『杖』。」按：《子匯》本作「杖」。
　　　（P282）

按：「狀」字是，四庫本、《御覽》卷 697、《黃氏日抄》卷 56 引皆作「狀」，《新

〔註275〕《白帖》在卷 9。

序‧雜事五》亦同。石光瑛曰：「『杖』不可踐，當是誤字。」〔註276〕「狀善者」三字爲句。惠士奇謂「杖」指老臣所持者，即「鳩杖」〔註277〕，非也。踐，四庫本、吉府本、《黃氏日抄》引作「殘」，借字。陞，《御覽》引作「階」，《新序》作「堦」。「堦」爲「階」俗字。《說文》：「陞，升高階也。」又「階，陞也。」

（47）諸侯聞之，莫不大息

按：「諸侯」當據《新序‧雜事五》作「諸子」〔註278〕，《御覽》卷697引已誤。

（48）及二世即位，皆知天下之棄之也

　　方向東曰：盧文弨曰：「建、潭本作『之棄也』，別本作『必棄之』。」按：弘治本「之棄」作「必棄」，《子匯》本「棄」下無「之」字。（P282）

按：之棄之也，《御覽》卷697引作「必棄之」，《黃氏日抄》卷56引作「之棄也」，《新序‧雜事五》作「必棄之也」。上「之」，猶必也〔註279〕。

（49）今日吾見兩頭蛇

按：日，《類聚》卷96、《御覽》卷403、933、《事類賦注》卷28引作「且」。

（50）蛇恐去死無日矣

按：《新序‧雜事一》作「恐去母而死也」，《論衡‧福虛》作「恐去母死」，此文「去」下脫「母而」二字〔註280〕。

（51）吾已埋之也

　　方向東曰：弘治本作「吾已殺而埋之也」。（P282）

按：有「殺而」二字文義始足，《世說新語‧德行》劉孝標注、《類聚》卷96、《御覽》卷403、933、《事類賦注》卷28、《太平廣記》卷117、《古

〔註276〕石光瑛《新序校釋》，中華書局2001年版，第742頁。
〔註277〕惠士奇《禮說》卷13，收入《叢書集成三編》第24冊，新文豐出版公司1997年版，第446頁。
〔註278〕參見石光瑛《新序校釋》，中華書局2001年版，第742頁。
〔註279〕參見蕭旭《古書虛詞旁釋》，廣陵書社2007年版，第334頁。
〔註280〕參見石光瑛《新序校釋》，中華書局2001年版，第26頁。

文苑》卷 19 章樵註引正有「殺而」二字，《新序・雜事一》、《列女傳》
卷 3、《論衡・福虛》並同。

《先醒》校補

（1）彼世主不學道理，則嘿然惛於得失，不知治亂存亡之所由，忳忳
然猶醉也

方向東曰：盧文弨曰：「忳忳然，《韓詩外傳》作『眊眊然』。」王耕心曰：
「忳，《玉篇》：『悶也。』忳忳蓋督悶之狀，與『眊眊』義同。」按：《治
要》作「不知治亂存亡之所以然，忙忙猶醉也」，未是。（P285）

按：惛，古音門，《韓詩外傳》卷 6 作「冥」，音相轉也。忳忳然，《黃氏日
抄》卷 56 引同，《外傳》作「眊眊乎」。《治要》當點作「不知治亂存亡
之所以，然忙忙猶醉也」，「然」字當在「忙忙」下。方以智曰：「眊眊，
猶毛毛、貿貿也。」〔註281〕「毛」、「屯」形近易混。「忳忳」形容憂悶，
與醉無涉，當作「眊眊」，昏亂之義。

（2）楚庄王即位，自靜三年，以講得失，乃退僻邪而進忠正

方向東曰：俞樾曰：「『靜』讀為靖，謀也。《韓詩外傳》作『謀事而居』。」
王耕心曰：「靖，治也。」（P285～286）

按：俞、王說非也。自靜三年，言三年靜居，閉門不出也。此文與《外傳》
不同。僻，四庫本、吉府本作「辟」。忠，讀為中。「中正」與「僻邪」
對舉。

（3）莊王圍宋伐鄭，鄭伯肉袒牽羊，奉簪而獻國

方向東曰：章太炎曰：「『簪』當讀為『識』，『識』即『志』字，鄭國之
圖書與地圖之類也。」（P286）

按：章太炎又謂「簪」疑本作「笄」〔註282〕。簪，讀為璿，《說文》：「璿，
石之似玉者。」此指玉製之祭器。《公羊傳・宣公十二年》：「鄭伯肉

〔註281〕方以智《通雅》卷 9，收入《方以智全書》第 1 冊，上海古籍出版社 1988 年
版，第 370 頁。

〔註282〕章說轉引自施之勉《史記會注考證訂補》，華岡出版有限公司 1976 年版，第
743 頁。

祖，左執茅旌，右執鸞刀，以逆莊王。」《韓詩外傳》卷 6：「楚莊王伐鄭，鄭伯肉袒，左把茅旌，右執鸞刀以進。」與此雖敘同一事，而所執不同。《史記・宋世家》：「周武王伐紂克殷，微子乃持其祭器造於軍門，肉袒面縛，左牽羊，右把茅，膝行而前以告。」亦同一類也，「奉簪」即「持其祭器」矣。《呂氏春秋・行論》：「宋公肉袒執犧，委服告病。」「犧」亦作「獻」、「戲」，酒樽，亦是一種禮器。高誘注：「犧，牲也。」非也。

（4）乃南與晉人戰於兩棠，大克晉人

方向東曰：盧文弨曰：「潭本無『南』字。《呂氏春秋・至忠》：『荊興師，戰於兩棠，大勝晉。』此太傅所本。」按：陸良弼本同潭本。陳奇猷曰：「兩棠即狼湯，係鄭地。」楊伯峻說同。（P286）

按：四庫本、吉府本亦無「南」字。晉在北，當作「北」字。「兩棠」亦作「兩堂」，《呂氏春秋》之「兩棠」，《渚宮舊事》卷 1 作「兩堂」。《史通》卷 14：「楚晉相遇，唯在邲役，而云二國交戰，置師於兩堂。」自注：「出賈誼《新書》」《說苑・尊賢》：「是爲兩堂之戰。」「兩棠」先爲鄭地，後入楚。《鹽鐵論・險固》：「楚有汝淵、滿（兩）堂之固而滅於秦。」〔註283〕孫人和指出「兩棠即狼湯，可無疑矣」〔註284〕。王佩諍亦云：「『滇碭』、『兩棠』音近。」〔註285〕語源是「郎當」〔註286〕。

（5）世不絕賢

按：《說苑・君道》作「世不絕聖，國不絕賢」，《吳子・圖國》作「世不絕聖，國不乏賢」。此當有脫文。

（6）而自錯不肖

方向東曰：劉師培曰：「《說苑・君道篇》作『自惜不肖』，『錯』乃『惜』字之訛。」（P287）

〔註283〕《通典》卷 194、《太平寰宇記》卷 190 引作「兩棠」。
〔註284〕孫人和《左宦漫錄・「兩棠」考》，《文史》第 2 輯，中華書局 1963 年版，第 45 頁。
〔註285〕王佩諍《鹽鐵論校記》，商務印書館 1958 年版，第 186 頁。
〔註286〕參見蕭旭《「郎當」考》，《中國語學研究・開篇》第 29 卷，2010 年 9 月日本好文出版，第 59～64 頁。

按：惜，向宗魯謂爲「措」之訛，同「錯」﹝註287﹞，是也。

（7）昔宋昭公出亡至于境

按：境，《新序·雜事五》作「鄙」。

（8）吾被服而立，侍御者數百人，無不曰吾君麗者；吾發政舉事，朝臣千人，無不曰吾君聖者

方向東曰：《韓詩外傳》作「發言動事」。王謨本、弘治本作「發政舉吏」。《治要》「麗」作「聖」，「吾發政舉事」云云無。（P287）

按：《新序·雜事五》作「發政舉吏」，《路史》卷28作「發言舉事」。「吏」、「事」古同字。《治要》卷40引有脫文，並非「麗」作「聖」也。

（9）衣苴布，食麟餕

方向東曰：盧文弨曰：「『麟』字無考，劉子《雜俎》用此語，亦無音訓，疑當是豆食之餘屑。」﹝註288﹞苴布，麻織之粗布。餕，剩飯。（P288）

王耕心曰：丁先生曰：「麟，宜讀鄰。麟餕，蓋今之豆滓，榨油所餘者是也，亦名豆餅。南人以糞田飼豕，饑饉時人亦食之。或疑爲今之豆渣，非也。豆渣乃豆腐之餘，秦漢以前有豆油，無豆腐也。」（P53）

王洲明、徐超曰：麟餕，粗劣的食品。（P264）

按：所引劉子《雜俎》，《明史》卷135載：「劉鳳《劉子雜俎》十卷。」黃虞稷《千頃堂書目》卷12、祁承㸁《澹生堂藏書目》所載同，《叢書集成三編》第48、49冊據國立中央圖書館所藏鈔本影印，題作「劉子威《雜俎》」，所引見卷9《詞令篇》﹝註289﹞。「麟」亦作「㸃」，古音連。字亦作蓮、䬸、䭆、糫、�、粭、麪、䭛，寒具。餕，熟食，非剩飯之義﹝註290﹞。

﹝註287﹞向宗魯《説苑校證》，中華書局1987年版，第18頁。

﹝註288﹞原文「麟」誤作「鱗」，茲徑正。

﹝註289﹞劉子威《雜俎》卷9《詞令篇》，收入《叢書集成三編》第49冊，新文豐出版公司1997年印行，第256頁。

﹝註290﹞參見蕭旭《〈方言〉「鈴」字疏證》。

（10）晝學道而夕講之

按：夕，《治要》卷 40 引作「昔」。

（11）食御進腶脯、粱糗

  方向東曰：《韓詩外傳》「腶」作「乾」。腶脯，加有薑桂的乾肉。（P288）

按：吉府本、《治要》卷 40 引「腶」作「服」，「粱」作「梁」，《御覽》卷
  845 引亦作「服」，皆誤。腶脯粱糗，《路史》卷 28 作「梁肉脯糗」。
  腶之言段，字亦作鍛，捶擊也。《說文》：「段，椎物也。」《左傳·哀
  公十一年》：「進稻醴、粱糗、腶脯焉。」《釋文》：「腶，字亦作鍛。」
  《禮記·內則》：「腶脩蚳醢。」鄭玄注：「腶脩，捶脯施薑桂也。」

（12）虢君喜曰：「何給也？」

按：給，《韓詩外傳》卷 6 作「備」。《玉篇》：「給，備也。」

（13）天下之君皆不肖，夫共疾吾君之獨賢也，故亡

  方向東曰：《治要》無「夫」字。（P288）

按：「夫」當作「共」。《新序·雜事五》作「君實賢，唯群臣不肖，共害賢」，
  是其證也。《御覽》卷 845 引作「者天下皆不肖，疾公賢也」，《韓詩外
  傳》卷 6 作「天下無賢而獨賢，是以亡也」，亦有脫文。

（14）遂徒行而於山中居

按：《治要》卷 40 引「而」下有「逃」字，當據補。

（15）飢倦，枕御膝而臥

按：倦，《御覽》卷 845 引亦作「勌」，俗字。

（16）御以塊自易，逃行而去

  方向東曰：《治要》作「御以塊自代而去」。塊，土塊。（P288）

按：《韓詩外傳》卷 6 作「御自易以備，疏行而去」，《御覽》卷 845 引作
  「御以塊代其膝而去」。周廷寀曰：「塊，舊作『備』，誤，今從《新
  書》校正。疏行，間行也。」〔註 291〕許維遹曰：「郝懿行曰：『備疑

〔註291〕周廷寀《韓詩外傳校注附拾遺》，民國 21 年安徽叢書編印處據歙黃氏藏營道

當為糒，乾食也。疎與疏同，荣茹也。』案：『備』與『垺』通，《爾雅》：『圽，垺也。』『塊』即『圽』之異構。」〔註292〕周、郝說誤，許說可備一通。余謂備讀為坏，俗字作坯，言形如土坏的土塊。疏，徒跣也。疏行，赤足而行。

《耳痺》校補

（1）誣神而逆人，則天必敗其事

方向東曰：盧文弨曰：「誣，建本作『無』。」按：吉府本、《子彙》本、王謨本同，弘治本作「無神而二人」。（P291）

閻振益曰：無，假借為罔，《禮記》注：「誣，罔也。」（P271）

按：四庫本亦作「無」。作「無」存其舊本。無，讀為誣、侮〔註293〕，輕侮也。《國語·周語下》：「迂則誣人。」《漢書·賈誼傳》同。《賈子·禮容語下》建本「誣」作「無」，潭本作「侮」。《公羊傳·莊公三十二年》：「飲之無僇氏。」《釋文》：「無，本又作巫。」《周禮·職方氏》：「其山鎮曰醫無閭。」《漢書·地理志》顏注引「無」作「巫」。《論語·子張》：「君子之道焉可誣也？」《釋文》：「誣，音無。」《漢書·薛宣傳》「誣」作「憮」。《後漢書·崔琦傳》《外戚箴》：「詩人是刺，德用不憮。」王觀國曰：「憮亦當音誣。」〔註294〕傳本《老子》第69章：「禍莫大於無敵。」馬王堆帛書甲本作「無適」，乙本作「無敵」。馬敍倫曰：「『無敵』各本作『輕敵』，卷子館本成疏『無』作『侮』，成疏曰：『侮，輕凌也。』」〔註295〕朱謙之曰：「輕敵，傳本作『無敵』，敦、遂本作『侮敵』，強本成疏引經文作『侮』。」〔註296〕「無」亦讀為侮，與「輕」字同義。高明曰：「『侮敵』與『輕敵』義近……但『無敵』則不同，『無敵』即無有敵過他的對手……『無敵』與『輕

堂刊本影印，無頁碼。

〔註292〕許維遹《韓詩外傳集釋》，中華書局1980年版，第215頁。

〔註293〕參見蕭旭《商子校補》。

〔註294〕王觀國《學林》卷7，收入《叢書集成新編》第12冊，新文豐出版公司1985年版，第71頁。

〔註295〕馬敍倫《老子校詁》，收入《四部要籍注疏叢刊》，中華書局1998年版，第1709頁。

〔註296〕朱謙之《老子校釋》，中華書局1984年版，第278頁。

敵』誼不相屬，二者必有一誤。」〔註297〕高氏未達通借之指，故斷為二橛。蓋《老子》古本作「無敵」，敦、遂二本易以本字作「侮敵」，王弼本易以同義字作「輕敵」，其義初無分別也。《商子・戰法》：「無敵深入。」與《老子》古本正同，皆作「無敵」。《後漢書・吳漢傳》「輕敵深入」是其誼也。

（2）治味以求親

方向東曰：治味，治國的道理。（P291）

王洲明、徐超曰：治味，烹調備食。（P269）

按：王、徐說是。《吳越春秋・王僚使公子光傳》：「專諸曰：『吳王何好？』光曰：『好味。』」此雖專諸問王僚之事，或賈子誤記為子胥亦曾治味以求親近吳王闔閭也。

（3）民保命而不失，歲時熟而不凶，五官公而不私，上下調而無尤，天下服而無御，四境靜而無虞

方向東曰：「御」上原缺一字。盧文弨曰：「闕處或補『在』字。」俞樾曰：「上下句云云，此處所闕，亦必是『無』字。『御』讀為牾，逆也。」今據補。蕭旭曰：「御讀禦，對抗。」（P292）

按：《淮南子・覽冥篇》：「人民保命而不夭，歲時熟而不凶，百官正而無私，上下調而無尤，法令明而不闇，輔佐公而不阿。」《文子・精誠》同。高誘注：「安其性命不夭折也。」此文「失」當是「夭」形譌。《路史》卷14：「人保命而不夭，歲時熟而亡凶。」亦其旁證。「御」上補「無」字是。《漢書・嚴助傳》淮南王安曰：「臣聞天子之兵，有征而無戰，言莫敢校也。」《鹽鐵論・世務》：「天下賓服，莫敢受交也。」「交」即「校」，亦對抗、抵禦之義。

（4）提邦以伐楚，五戰而五勝，伏屍數十萬，城郢之門，執高兵，傷五藏之實，毀十龍之鍾

方向東曰：王謨本無「城」字，《子匯》本「城」作「入」。劉師培曰：「《淮南・泰族》云：『闔閭伐楚，五戰入郢。燒高府之粟，破九龍之鍾。』『城』

〔註297〕高明《帛書〈老子〉校注》，中華書局 1996 年版，第 171 頁。

蓋版築之義。」（P292）

鍾夏曰：城當謂攻城、毀城。（P273）

按：「入」字是。《書鈔》卷108引《賈子》：「伍胥入郢，毀十龍之鐘。」《博物志》卷9：「子胥伐楚，燔其府庫，破其九龍之鐘。」《渚宮舊事》卷2：「吳入郢，燒高府之粟，破九龍之鐘鼓。」此文「十」蓋「九」字之誤。

（5）於是履甓戴璧，號唫告毋罪，呼皇天

方向東曰：履甓，在磚地上行走。戴璧，頭頂璧玉，作失常狀。號唫，哭訴。（P293）

按：履甓戴璧，謂以璧玉禮於神禱謝也。「唫」同「吟」，啼也。《類聚》卷12引後漢崔瑗《和帝誄》：「如喪考妣，擗踊號吟。」毋，讀為無。

（6）好亂勝而無禮

方向東曰：劉師培曰：「『勝』係衍文。」按：好亂勝，喜好作亂稱勝。（P293）

按：「亂」係衍文。《左傳·僖公二十七年》：「子玉剛而無禮。」《論語·陽貨》：「惡勇而無禮者。」《荀子·大略》：「勇果而無禮，君子之所憎惡也。」《晏子春秋·內篇雜上》：「強而無禮。」「好勝」即「剛」、「勇」、「強」，與「無禮」義相因。

（7）谿徼而輕絕

方向東曰：盧文弨曰：「『徼』當作『礉』，慘礉也。」劉師培曰：「『谿』為隘狹刻覈之義。《晏子春秋·問下》云『谿盎而不苛』，《呂氏春秋·適音》云『聽清則耳谿極』。『谿徼』猶『谿極』。」章太炎曰：「『谿徼』雙聲字，古讀徼如窮也。谿徼者，輕絕之性。輕絕者，谿徼之事。雙聲本無定語，長言則為『谿徼』，短言則為『徼』。」（P293）

按：朱起鳳曰：「『徼』是『礉』字之譌。『谿礉』即『谿刻』。礉、刻聲相近。」又謂「慘礉」即「慘刻」〔註298〕。《世說新語·豪爽》：「誰能作此溪刻自處？」朱說是也，而猶未盡。「谿（溪）」是「苛」音變，方以智曰：「苛、荷、呵通聲，今人讀為谿母，又一變矣。」〔註299〕字亦作「豀

〔註298〕朱起鳳《辭通》，上海古籍出版社1982年版，第2701頁。
〔註299〕方以智《通雅》卷5，收入《方以智全書》第1冊，上海古籍出版社1988年

髁」，《莊子·天下》：「謑髁無任，而笑天下之尚賢也。」成玄英疏：「謑
髁，不定貌也。」《釋文》：「謑髁，訛倪不正貌。王云：『謂謹刻也。』」
王說「謹刻」，即是「溪刻」；解爲不正不定，則讀爲「謑詬」。《晏子》
作「溪盎」，「溪」亦「苛」音變，換字以別之。盎之言快，怨懟，心不
服也，諸家皆未得。〔註300〕《莊子·外物篇》：「婦姑勃豀。」《釋文》
引司馬彪曰：「勃豀，反戾也。」《集韻》：「豀，反戾也。」《六書故》：
「豀，谷中戾石也。」皆引《莊子》例。「豀」亦「苛」音變。勃，朱
駿聲讀爲悖〔註301〕，違背，乖逆。「溪盎（快）」義同「勃豀」。礉、刻，
猶言刻薄。

（8）指九天而為證

按：《楚辭·離騷》：「指九天以爲正兮。」王逸注：「指，語也。九天，謂中
央八方也。正，證也。」洪興祖、朱熹並注云：「正，平也。」又《九
章·惜誦》：「指蒼天以爲正。」王逸注：「正，平也。」據《賈子》，「正」
當讀爲「證」。

（9）縮師與成

方向東曰：王謨本、弘治本「縮」作「結」。徐復先生曰：「縮師，猶退師
也。」（P294）

按：縮，讀爲揥。《說文》：「揥，蹴引也。」又「縮，一曰蹴也。」蹴引猶
言縮而引之，「蹴」即縮義，俗音轉作「抽」。《廣雅》：「揥，引也。」
《廣韻》：「揥，抽也。」北圖新866號《李陵變文》：「無賴當即抽軍。」
「縮師」即「抽軍」也。

（10）子胥進爭不聽，忠言不用

按：爭，讀爲諍，諫也。

版，第235頁。

〔註300〕章太炎曰：「孫淵如曰：『溪當爲豀，盎即訣借音，早知也。』此則借豀爲稽。
古稽、譏誼同。稽、譏亦有察誼。稽訣而不苛，謂豫察早知而不苛刻也。」
亦未得。章太炎《膏蘭室札記》卷1「溪盎」條，收入《章太炎全集（1）》，
上海人民出版社1982年版，第63頁。

〔註301〕朱駿聲《說文通訓定聲》，武漢市古籍書店1983年版，第682頁。

（11）越既得成，稱善累德以求民心

> 方向東曰：俞樾曰：「『稱』讀爲再，並舉也，亦有積累之義。」章太炎曰：「或曰『稱』爲『積』誤，未然也。稱有倍義，字本作再。」（P294）

按：俞、章說皆甚迂，不足信。或說謂「稱」是「積」形誤，是也，不必疑。「積善累德」是漢人成語。《史記・周本紀》：「西伯積善累德諸，侯皆嚮之。」《漢書・董仲舒傳》：「皆積善絫德之效也。」是其例也。《史記・劉敬傳》：「積德累善十餘世。」又《韓信盧綰傳》：「韓信、盧綰非素積德累善之世。」此又互易而作「積德累善」也。《荀子・宥坐》：「今夫子累德積義懷美，行之日久矣。」《淮南子・齊俗篇》：「湯、武之累行積善，可及也。」《鬼谷子・摩》：「積德也，用民安之，不知其所以利。積善也，而民道之，不知其所以然。」《漢書・谷永傳》：「隆德積善。」亦其旁證。

（12）君臣乖而不調

按：調，《淮南子・覽冥篇》作「親」。

（13）置社稷而分裂，容臺榭而掩敗

> 方向東曰：盧文弨曰：「稷，別本作『稿』，疑是『槁』。潭本『榭』作『握』，別本作『振』。」孫詒讓曰：「『稷』當作『槁』，『榭』當作『振』。《淮南子・覽冥訓》作『植社槁而墿裂，容臺振而掩覆』。」王耕心曰：「植社，社上植木也。容臺，禮容之臺也。」按：置，放。容，聽許。此言聽任社稷分裂，臺榭掩敗。（P294～295）

> 閻振益曰：置，棄也，廢也。（P276）

按：四庫本作「槁」、「握」。孫說是，此以「置社」、「容臺」爲詞。王念孫曰：「墿當爲墟，隸書之誤也。《說文》：『罅，裂也。墟，坼也。』罅、墟古字通。」《資治通鑑外紀》卷 2 作「墟」，《路史》卷 37 作「罅」，皆爲王說塙證。王耕心說「容臺」亦確。高誘注：「容臺，行禮容之臺。言不能行禮，故天文（大）振動而敗之。」〔註302〕惠士奇曰：「古者有容禮，有容臺。容，其儀。臺，其地也。帝癸三年，毀容臺。說者

〔註302〕《御覽》卷 82 引作「客臺」，注作「客臺，行禮客之室，言不能行禮，故天大振勤而覆敗」。錯譌甚多，然「大」字不誤，可以訂正今本。

以爲夏桀之時，容臺振。振之言震，蓋人而無禮，天必棄之，故曰振。」

〔註303〕楊樹達曰：「《禮記·祭法》云：『大夫以下成群立社曰置社。』
孔疏云：『爲眾特置，故曰置社。』『植社』與『置社』同，《賈子》正
作『置社』。《御覽》卷880引《紀年》云：『夏桀末年，社坼裂。』」

〔註304〕振，震動，《路史》卷37作「搖」。後人不知「容臺振」之誼，
以「臺榭」是常語，而妄改之也。

（14）犬羣嗥而入淵，豕銜蒩而適奧

方向東曰：劉師培曰：「《淮南子·覽冥訓》作『豕銜蓐而席澳』，高注：
『豕銜其蓐，席人之澳。』『蒩』字亦『蓐』字之訛，涉下『蘱蒩』而
誤。」王耕心曰：「《尸子》作『豕銜藪而適隩』。」按：蒩，枯草。奧，
豕牢。原文不誤。（P295）

按：《路史》卷37、《通志》卷3作「豕銜蓐而席隩」。王耕心所引《尸子》，
見《御覽》卷82，當是《淮南子》文，《御覽》誤注出處，原文引作「席
隩」。奧，室之西南隅，最尊之處。「隩」、「澳」皆同音借字。

（15）燕雀剖而蚔蚰生

閻振益曰：《文選·海賦》：「剖卵成禽。」注：「剖，破也。」夏按：此亦
當謂剖燕雀之卵。（P277）

按：剖，讀爲孚，俗作孵，讀「部」音，字或作伏、抙、莩、菢、抱。宋本
《淮南子·泰族篇》：「卵剖於陵。」《玉燭寶典》卷1引《淮南子》：「剖
者嫗伏。」又引許注：「嫗以氣伏孚卵也。」《文選·海賦》李善注「剖，
破也」，非是。胡紹煐曰：「『剖』與『孚』聲相近。」〔註305〕

（16）食蘱蒩而蛭口，浴清水而遇薑

方向東曰：盧文弨曰：「別本『蘱』作『蘱』，疑皆『蘆』字之異文。蛭
口，建本作『蛭沐』，誤。舊校者添一『入』字於『口』上。」按：吉

〔註303〕惠士奇《禮說》卷3，收入《叢書集成三編》第24冊，新文豐出版公司1997
年版，第296頁。「帝癸三年，毀容臺」出《竹書紀年》卷上。

〔註304〕楊樹達《淮南子證聞》，上海古籍出版社2006年版，第55頁。原引孔疏「爲
眾」誤作「爲之」，經據原書訂正。

〔註305〕胡紹煐《文選箋證》，收入《續修四庫全書》第1582冊，上海古籍出版社2002
年版，第167頁。

府本、《子匯》本「蕥」作「蘁」，「蛭口」作「蛭日」。劉師培曰：「按下語云『浴清水而遇蕥』，此與對文，則『蛭』上當脫一字。『口』乃表缺文，後人遂誤爲『口』矣。」王耕心曰：「蕥，字書無考，『蘆』字之俗文也。」（P295）

按：諸說皆是。建本作「蛭沐」，「沐」涉「浴」而譌。王洲明於「蛭」上補「見」字，近之。本書《春秋》：「楚惠王食寒菹而得蛭」，則當補「得」字，與「遇」同義對舉。

（17）何籠而自投水

方向東曰：劉師培曰：「長言則爲『屬鏤』、『獨鹿』，短言則爲『籠』。『何』者，擔也。『投』者，『殺』字之訛。『水』乃衍文。」（P295～296）

按：劉氏說「水」字衍，是也，餘說則未盡確。「何」疑「濁」形誤。「濁籠」即「屬鏤」、「獨鹿」音轉，亦轉作「屬鹿」、「屬盧」、「屬婁」、「濁鹿」、「涿鹿」等形〔註306〕。古音「投」讀「揄」，揮也，引也。《莊子・漁父》《釋文》：「揄，李音投。投，揮也。」《後漢書・班固傳》《西都賦》：「揄文竿，出比目。」李賢注：「《說文》曰：『揄，引也。』音投。」《文選・西都賦》李善本作「揄」，五臣本作「投」。李善注：「投與揄同，《說文》曰：『揄，引也。』音頭。」後人未得其讀，因誤加「水」字。濁籠而自投，謂自揮屬鏤劍自殺也。汪中曰：「《耳痹篇》言子胥『何籠而自投於江』……皆與左氏異同。」〔註307〕蓋亦未得其誼，而有此說，不知初無異同也。

（18）目抉而望東門

方向東曰：吉府本作「自抶而珥東門」，王謨本「目」作「自」。盧文弨曰：「望，潭本作『掛』。」按：抉，通「決」。（P295～296）

鍾夏曰：《文選・詠史詩》注：「珥，插也。」（P277）

按：四庫本作「自扶而掛東門」，「自抶」「自扶」即「目抉」形譌。抉，挑挖。《戰國策・韓策二》：「（聶政）因自皮面抉眼。」「目抉」即「抉眼」。

〔註306〕參見蕭旭《「果臝」轉語補記》。
〔註307〕汪中《賈誼〈新書〉序》，收入《新編汪中集》（田漢雲點校），廣陵書社 2005年版，第 423 頁。

（19）襲剉夫差，兼吳而拊

方向東曰：盧文弨曰：「潭本作『襲邦剉口興兵兼吳而拊』，建本『剉』作『邦到』，皆訛。」按：陸良弼本、吉府本作「襲邦剉夫差」，當是。襲，掩其不備而擊之。《說文》：「剉，折傷也。」拊，指佔有。（P296）

閻振益曰：《說文》：「拊，揗也。」段注：「揗者，摩也。」（P278）

按：盧校是。「剉」同「挫」，挫敗。拊，讀爲憮，字亦作撫，兼有也。

（20）范蠡負室而歸五湖

方向東曰：盧文弨曰：「潭本作『負石而蹈五湖』，訛。」按：吉府本、王謨本同。《子彙》本「歸」作「逃」。俞樾曰：「潭本、吉府本當從之。蓋此文言越之君臣，皆不善終。」劉師培曰：「『負室』者，『負寶』之訛也。《史記·越世家》云：『乃裝其輕寶珠玉，自與其私徒屬，乘舟浮海以行，終不返。』即此事也。」按：劉說是。（P296～297）

按：盧校是。四庫本亦作「負石而蹈五湖」，即「負室而逃五湖」之音誤。如作「負寶」，無緣訛作「負石」。室，指其家人妻子，《史記》則言「其私徒屬」，稍異也。《越絕書·德序外傳記》：「范蠡恐懼，逃于五湖。」沈欽韓曰：「《新書》：『范蠡負石而蹈五湖。』則以爲死。」〔註308〕沈氏亦未得其解，而誤以爲是負石沉湖而死。

（21）大夫種繫領謝室

方向東曰：盧文弨曰：「繫，別本作『緳』，字書無考。『謝室』即『請室』。」按：盧云「緳」字書無考，非是。《玉篇》：「緳，結。」繫頸謝室，指頸上套著繩索，關在監獄內。（P297）

按：《說文》：「領，項也。」《釋名》：「領，頸也。」緳，盧書作「絜」，字從折，不從析。四庫本、吉府本皆作「絜」，盧氏改作「繫」，無據。《玉篇》訓結的字亦作「絜」。《玉篇》「絜」訓結，當是名詞，非此文之誼。此文「絜」當即「折」增旁俗字，「絜領」猶言折頸、折項。《韓子·五蠹》：「折頸而死。」《史記·春申君傳》：「刳腹絕腸，折頸摺頤。」《新序·善謀》作「折頞」，非也〔註309〕，《水經注·洞過水》亦作「折頸」。

〔註308〕沈欽韓《漢書疏證》卷7，收入《續修四庫全書》第266冊，上海古籍出版社2002年版，第228頁。
〔註309〕參見石光瑛《新序校釋》，中華書局2001年版，第1208頁。

《太平廣記》卷 434 引《廣異記》：「牛已折項而死。」「折」又音轉爲契〔註 310〕。《爾雅》：「契，絶也。」「絜領」亦即「契領」，《說苑・立節》：「契領於庭。」亦作「挈領」，《晏子春秋・內篇諫下》：「挈領而死。」《後漢書・馬融傳》李賢注、《御覽》卷 967、《事類賦注》卷 26、《記纂淵海》卷 92 引作「契領」，《類聚》卷 86 引作「刎頸」。《戰國策・秦策三》：「臣請挈領。」

（22）故天之誅伐，不可為廣虛幽間，悠遠無人，雖重襲石中而居，其必知之乎

方向東曰：徐復先生曰：「《淮南子・覽冥訓》云『上天之誅也，雖在壙虛幽閒，遼遠隱匿，重襲石室』句，與此文義同。」（P297）

按：悠，盧本作「攸」，四庫本、吉府本同。徐引《淮南》不全，《淮南子・覽冥篇》：「上天之誅也，雖在壙虛幽閒，遼遠隱匿，重襲石室，界障險阻，其無所逃之。」《董子・立元神》：「自然之罰，至裹襲石室，分障險阻，猶不能逃之也。」此文「石」下脫「室」字。《董子》「裹」當作「重」，「分」當作「介」，即「界」。又考《墨子・天志上》：「且語言有之曰：『焉而晏日？焉而得罪？將惡避逃之？』曰：『無所避逃之，夫天不可爲林谷幽門（閒）無人，明必見之。』」又《明鬼下》：「雖有深溪博林幽澗（間）毋人之所，施行不可以不董（董－謹），見有鬼神視之。」《莊子・庚桑楚》：「爲不善乎顯明之中者，人得而誅之；爲不善乎幽間之中者，鬼得而誅之。」此《賈子》及《淮南》、《董子》所本。攸遠，即「悠遠」，與「遼遠」同義。《穆天子傳》卷 3：「白雲在天，山陵自出；道里悠遠，山川間之。」音轉又作「修遠」，《墨子・非攻中》：「塗道之脩遠。」又《非攻下》作「道路遼遠」。「脩」亦「修」之借。《國語・吳語》：「今吾道路悠遠。」明道本作「修遠」，《吳越春秋・夫差內傳》作「遼遠」。《御覽》卷 85 引《歸藏》：「龍降於天，而道里脩遠，飛而冲天，蒼蒼其羽。」

（23）故曰：「天之處高，其聽卑；其牧芒，其視察。」

方向東曰：盧文弨曰：「其牧芒，此三字疑衍，潭本空下二字。」俞樾

〔註 310〕古從折從契之字通，「趰」同「踸（踅）」、「逝」、「趄」，「挈（挈）」同「鬐」，「猘」同「瘈」、「猰」。皆其例。參見蕭旭《〈爾雅〉「猰貐」名義考》。

曰：「『牧』乃『狀』字之誤。言天⋯⋯其狀雖若芒芒然，而其視則甚察也。」按：《子彙》本「牧」作「目」，可從。芒，同「荒」，當從荒忽義解。（P297）

閻振益曰：其牧芒，何本作「其狀芒」，周本作「其目芒」。夏按：若何本非臆改，則作「狀」是，作「目」則係諧音校改。朱駿聲曰：「芒，假借爲荒，即今茫字。」（P279）

按：四庫本、吉府本有「其牧芒」三字，《喻林》卷 1 引作「其目芒」。汪中曰：「『牧芒』乃『目盲』聲近而訛。」馬敘倫從其說〔註311〕。《呂氏春秋‧制樂》：「天之處高而聽卑」

《諭誠》校補

（1）寡人朝飢時，酒二酲，重裘而立，猶憯然有寒氣

方向東曰：陸良弼本、《子彙》本、王謨本「飢」下有「饉」字。盧文弨曰：「『酲』字無考。」俞樾曰：「《說文》：『觛，小觶也。』『酲』即『觛』字，實即『觶』之異文。」（P300）

按：《書鈔》卷 39 引亦有「饉」字，「酲」作「觴」，「重」作「衷」〔註312〕。上二句，《格物通》卷 98 引作「寡人朝飯，餟醇酒二觛」。《廣雅》：「觛，卮也。」王念孫曰：「酲與觛同。」〔註313〕此俞說所本。朱駿聲曰：「觛，字亦作酲。」〔註314〕亦本於王說。

（2）出府之裘以衣寒者，出倉之粟以賑飢者

方向東曰：吉府本、《子彙》本、王謨本「振」作「賑」，古字通。（P300）

按：《書鈔》卷 39 引「出倉」作「求倉」，《渚宮舊事》卷 2 引「衣」作「賜」。《書鈔》、《渚宮舊事》、《御覽》卷 477 引「振」作「賑」。

（3）昭王奔隋

方向東曰：盧文弨曰：「隨，古亦省作隋。」（P300）

〔註311〕汪中《舊學蓄疑》，收入《叢書集成續編》第 24 冊，新文豐出版公司 1988 年印行，第 265 頁。馬敘倫《讀書續記》卷 5，中國書店 1985 年版，第 12 頁。

〔註312〕此據孔本，下同，陳本仍作「酲」、「重」。

〔註313〕王念孫《廣雅疏證》，收入徐復主編《廣雅詁林》，江蘇古籍出版社 1998 年版，第 557 頁。

〔註314〕朱駿聲《說文通訓定聲》，武漢市古籍書店 1983 年版，第 737 頁。

按：隋，《書鈔》卷 39 引作「隨」。

（4）諸當房之賜者，請還致死于寇

方向東曰：盧文弨曰：「別本『請還』下有『戰』字。」（P300）

按：下句，《書鈔》卷 39 引作「請還死寇」，《渚宮舊事》卷 2 引作「請往戰死」，《御覽》卷 477 引作「請還戰死」。

（5）曳師而去

按：曳，《書鈔》卷 39 引作「引」。

（6）楚軍敗，昭王走，屨決眥而行，失之，行三十步，復旋取屨

方向東曰：盧文弨曰：「屨，建本作『履』，下同。眥，屨匡也。」按：吉府本、《子彙》本「眥」訛作「背」，王謨本同，並「屨」上有「而」字。（P300～301）

按：《文選‧演連珠》李善注引作「軍敗走，昭王亡其踦屨，已行三十步，後還取之」，《初學記》卷 26 引作「楚軍走，而屨決，失之，行三十步，復旋取」，《書鈔》卷 136 引作「楚君（軍）敗，昭王走，屨決而行，失之，三十步，復旋取屨」，《御覽》卷 697 引作「楚軍敗，昭王走，而屨決，失之，行三十步，復旋取」，《記纂淵海》卷 60 引作「楚軍敗走，屨決背，而行三十步，復取之」，《文選‧拜中軍記室辭隋王牋》李善注引《韓詩外傳》作「楚昭王亡其踦屨，已行三十步，而還之」。旋，讀爲還，《記纂淵海》卷 48 引作「還」。《選》注「復」誤作「後」。此文「走」疑當乙至「敗」下。《記纂淵海》引作「屨決背」，是宋人所見〔註315〕，即作「背」字，未可遽斷爲誤字也。

（7）王何曾惜一踦屨乎

方向東曰：章太炎曰：「何曾即今言何乃。」

按：章說本於王引之《經傳釋詞》〔註316〕。裴學海則曰：「曾亦何也。」〔註317〕方以智曰：「賈誼書：『楚昭與吳戰，何惜此一踦屨。』《管子》：

〔註315〕北京圖書館藏宋刻本《記纂淵海》在卷29，書目文獻出版社 1998 年版，第 71 冊，第 138 頁。

〔註316〕王引之《經傳釋詞》，嶽麓書社 1984 年版，第 180 頁。

〔註317〕裴學海《古書虛字集釋》，中華書局 1954 年版，第 641 頁。裴說又見《孟子

『其獄一踦腓一踦屨。』注作『一隻屨』。《漢・五行志》：『匹馬觭輪無反者。』注：『隻輪也。』蓋隻乃踦之入聲。」〔註318〕

（8）楚國雖貧，豈愛一踦屨哉

按：貧，四庫本、吉府本誤作「貪」。愛，《文選・演連珠》李善注、《記纂淵海》卷48、《古今事文類聚》前集卷24引誤作「無」。

（9）思與偕反也

方向東曰：盧文弨曰：「別本作『惡與偕出弗與偕反也』。」按：《御覽》卷697同。《初學記》卷26引「惡」作「思」，「反」作「入」。並通。（P301）

按：《御覽》卷697引作「惡與偕出弗與俱反也」，下字作「俱」。《初學記》卷26引作「思與偕出弗與反也」，不作「入」。《文選・演連珠》李善注引作「吾悲與之偕出而不與之偕返」，《書鈔》卷136引作「惡與偕出弗與反也」，《記纂淵海》卷48引作「吾悲與之偕出而不與偕反」，又卷60引作「惡與偕出弗與偕反也」，《古今事文類聚》前集卷24引作「吾悲之，與俱出而不與之俱返矣」，《文選・拜中軍記室辭隋王牋》李善注引《韓詩外傳》作「吾悲與之俱出不俱反」。今本脫「偕出弗與」四字。

（10）我東北陬之槁骨也

方向東曰：《御覽》卷84引「槁」作「腐」。（P301）

按：槁，《御覽》卷375、《黃氏日抄》卷56引同，《御覽》卷399引亦作「腐」。《呂氏春秋・異用》、《新序・雜事五》記周文王作靈臺葬朽骨，即此事之異傳者。

（11）速以王禮葬我

方向東曰：《御覽》卷375引「王禮」作「人君禮」，與下文相應。（P301）

按：王禮，《御覽》卷84、375、399引作「人君」，即指人君之禮。《御覽》

正義補正》：「何與曾一義，此文『爾何曾比予於管仲』，即爾何比予於管仲也。《賈子・論誠篇》曰：『王何曾惜一踦屨乎？』即王何惜一踦屨也。」《國學論叢》1930年第2期，第51～52頁。
〔註318〕方以智《通雅》卷2，收入《方以智全書》第1冊，上海古籍出版社1988年版，第130頁。

卷 375 引無「禮」字。

（12）我君不以夢之故而倍槁骨

方向東曰：盧文弨曰：「『而』舊本皆訛『不』。」（P301）

按：《御覽》卷 84 引作「我君不以夢之故背腐骨」，又卷 375 引作「我君不以夢故背槁骨」，「不」亦可能是衍文。《黃氏日抄》卷 56 引作「我君不以夢之故，不背槁骨」，或以「不倍槁骨」四字爲句亦通。

（13）豫讓剶面而變容，吞炭而為噎

方向東曰：盧文弨曰：「剶，舊人校改作『劙』。噎，別本作『瘂』。」按：吉府本、《子彙》本作「瘂」。（P301）

王洲明、徐超曰：剶，切、割。（P279）

閻振益曰：剶，翦也。夏按：剶面，猶言傷面。（P282）

按：本書《階級》：「豫讓釁面變容，吸炭變聲。」《御覽》卷 388 引作「釁面變容，吞炭變聲」。釁（釁），熏也，雙聲疊韻通借。「剶」讀如字，和調藥物，即指熏而言。朱起鳳曰：「剶當作劙，古與劙字通，劃也。」〔註319〕《漢語大字典》：「剶，割。」〔註320〕皆未是。

（14）今必碎身糜軀以為智伯

方向東曰：糜，與「碎」同義。（P301）

王洲明、徐超曰：糜，爛。（P280）

按：糜，四庫本、吉府本作「麋」，並讀爲糜，《說文》：「糜，碎也。」

（15）與帷而衣之，與關而枕之

方向東曰：劉師培曰：「《說文》：『關，以木橫持門戶也。』此文之關，疑即橫木。」（P301）

按：關，顧炎武亦解爲「拒門之木」〔註321〕。

〔註319〕朱起鳳《辭通》，上海古籍出版社 1982 年版，第 2009 頁。

〔註320〕《漢語大字典》（第二版）正舉此例，崇文書局、四川辭書出版社 2010 年版，第 394 頁。

〔註321〕顧炎武《日知錄》卷 32，陳垣校注，安徽大學出版社 2007 年版，第 1867 頁。

（16）分吾以衣服，餡吾以鼎實

方向東曰：盧文弨曰：「『餡』當读为『啗』。」（P302）

閻振益曰：《集韻》：「𩚫，餌也，或作餡。」《廣泛（雅）》：「餌，食也。」
（P283）

按：餡，四庫本、吉府本作「餂」。《集韻》作「麹」，不作「𩚫」。「麹」訓
餌，是名詞，指用麥屑做的糕餅，故字從麥〔註322〕，不得輾轉訓爲動
詞「食」。《龍龕手鑑》「餂，食也。」此字亦「餡（啗）」之譌。《說文》：
「啗，食也。」《史記·淮陰侯傳》韓信謂漢王「衣我以其衣，食我以
其食」，正相類。

《退讓》校補

（1）梁大夫宋就者，為邊縣令，與楚鄰界

方向東曰：《子匯》本、王謨本、弘治本開頭有「昔」字，無「者」字。（P304）

按：四庫本亦有「昔」字，無「者」字，《御覽》卷978引同。

（2）梁之邊亭與楚之邊亭皆種瓜，各有數

方向東曰：《子匯》本、王謨本、弘治本「梁之邊亭」作「梁亭」，「楚之邊
亭」作「楚亭」。弘治本無「各有數」三字。（P304）

按：四庫本亦作「梁亭」、「楚亭」，無「與」、「各有數」四字，《御覽》卷
978引同。《治要》卷40引無「各有數」三字，餘同盧本。《新序·雜
事四》有「各有數」三字。

（3）楚窳而希灌，其瓜惡

方向東曰：劉師培曰：「『楚』下當據《新序·雜事》補『人』字。程本作
『楚亭田窳』，非。」按：王謨本、弘治本作「楚亭田窳而希灌其瓜，瓜惡」。
《子匯》本「亭」作「人」。《治要》無「田」字。窳，指人謂懶惰，指地
謂貧瘠。希，同「稀」。（P304）

按：四庫本作「楚亭田窳而稀灌其瓜，瓜惡」，《治要》卷40引作「楚人窳
而希灌其瓜，瓜惡」，《類聚》卷87、《古今合璧事類備要》續集卷54、

〔註322〕《方言》卷13：「餌謂之餻，或謂之餈，或謂之餣，或謂之餛，或謂之飥。」

又別集卷 3 引作「楚人窳而希灌，其瓜惡」，《白孔六帖》卷 100 引作「楚人窳而希灌，其瓜惡」，《御覽》卷 978、《事類賦注》卷 27 引作「楚人窳而稀灌，其瓜惡」，《記纂淵海》卷 92 引作「楚亭稀灌，其瓜惡」，《新序·雜事四》作「楚人窳而稀灌其瓜，瓜惡」。「窳」與上文「劬力」相對，當指人懶惰。

（4）梁之邊亭劬力而數灌，其瓜美

按：劬力，《治要》卷 40、《御覽》卷 978 引同，《新序·雜事四》亦同，《事類賦注》卷 27 引作「勤力」，蓋臆改。石光瑛謂「劬」本字爲「劇」〔註323〕。

（5）楚令固以梁瓜之美，怒其亭瓜之惡

方向東曰：王謨本、弘治本、《子匯》本無「固」字「亭」字。（P304）

王洲明、徐超曰：固，常。（P282）

按：四庫本亦無「固」、「亭」二字，《御覽》卷 978、《事類賦注》卷 27 引同，《新序·雜事四》「固」作「因」。「固」爲「因」形誤，猶乃也。

（6）楚亭惡梁瓜之賢己，因夜往，竊搔梁亭之瓜

方向東曰：《子匯》本、王謨本、弘治本作「因往，夜竊搔梁瓜」。（P304）

按：四庫本作「因往，夜竊搔梁瓜」，《類聚》卷 87、《御覽》卷 978、《記纂淵海》卷 92、《古今合璧事類備要》續集卷 54、又別集卷 3 引同；《治要》卷 40 引作「因往，夜竊搔梁亭之瓜」，《新序·雜事四》同。石光瑛據本書及《事類賦注》卷 27 引乙作「夜往」〔註324〕。《太平寰宇記》卷 12 引作「乃夜滅梁瓜」，乃約其文意。

（7）皆有死焦者矣

方向東曰：《治要》「死」作「華」。（P304）

按：《御覽》卷 978、《事類賦注》卷 27、《記纂淵海》卷 42 引無「死」字，《新序·雜事四》作「死」。石光瑛曰：「《治要》引《賈》『死』作『華』，

〔註323〕石光瑛《新序校釋》，中華書局 2001 年版，第 545 頁。
〔註324〕石光瑛《新序校釋》，中華書局 2001 年版，第 547 頁。

無義，蓋萎字之譌。」〔註325〕「華」即「花」，指瓜之花已焦枯。蓋本書作「華」，《新序》作「死」。

（8）報搔楚亭之瓜

按：報，《御覽》卷978引誤作「執」。

（9）是構怨召禍之道也

方向東曰：「構怨召禍」原作「講怨分禍」。盧文弨曰：「『講』與『構』同。別本作『搆怨召禍』。」按：今據《子彙》本改。（P304）

閻振益曰：分，程本、周本作「召」。夏按：作「召」義長，作「分」亦通。《玉篇》：「分，施也，賦也。」（P285）

按：「講」同「構（搆）」，不煩改作。四庫本作「構怨召禍」，《類聚》卷87引作「構怨」，《白孔六帖》卷100、《古今合璧事類備要》續集卷54、又別集卷3引作「搆怨」，《御覽》卷978引作「構怨分禍」，《事類賦注》卷27、《記纂淵海》卷42、92引作「搆怨分禍」，《錦繡萬花谷》前集卷14引作「結怨分禍」，《喻林》卷3、《駢志》卷19引作「搆怨召禍」。是宋人所見，俱作「分」字。分，讀為奔〔註326〕。《說文》：「奔，走也。走，趨也。」「奔禍」猶言趨禍。《漢書·谷永傳》：「布怨趨禍之道也。」「講怨分禍」即「布怨趨禍」也。明人未達其誼，始改作「召」字也。《新序·雜事四》作「是何可，搆怨禍之道也」，石光瑛補「召」字，云：「考『分』字無誼，當作『召』。『召禍』與『搆怨』對文，本書脫『召』字耳。」〔註327〕則亦失考。

（10）若我教子，必誨莫令人往，竊為楚亭夜善灌其瓜，令勿知也

方向東曰：劉師培曰：「『誨莫』者，『每暮』之訛也。《新序·雜事四》作『必每莫令人往』。」陶鴻慶說同。按：「誨」有教義。「莫」即「暮」的本字，其義自通。（P304）

按：劉、陶說是，下文「於是梁亭乃每夜往」，「每夜」即承此言。若，猶今

〔註325〕石光瑛《新序校釋》，中華書局2001年版，第547頁。
〔註326〕相轉之證甚多，參見張儒、劉毓慶《漢字通用聲素研究》，山西古籍出版社2002年版，第926頁。
〔註327〕石光瑛《新序校釋》，中華書局2001年版，第548頁。

也〔註328〕。「令勿」石光瑛據《新序》乙作「勿令」〔註329〕，是也，《御覽》卷 978 引已誤倒。

（11）楚亭旦而往瓜，則此已灌矣

方向東曰：盧文弨曰：「舊作『往瓜』，今從《新序》改。」王耕心曰：「行讀去聲，巡行也。」徐復先生曰：「行，察也。」陶鴻慶曰：「『此』蓋『皆』之壞字。」（P305）

按：四庫本無「此」字。《類聚》卷 87、《古今合璧事類備要》續集卷 54、又別集卷 3 引作「楚旦往，則已灌瓜」，《御覽》卷 978、《事類賦注》卷 27 引作「楚亭旦而往，瓜則已灌」，《全芳備祖》後集卷 8 引作「楚旦往，則瓜已灌」，《黃氏日抄》卷 56 引作「楚亭旦而往，瓜已灌矣」。石光瑛以「瓜」屬下句，云：「改『往』作『行』亦不必，行猶往也。」〔註330〕其說是也。陶說亦是，《新序·雜事四》作「楚亭旦而行瓜，則又皆以灌矣」，正作「皆」字。石光瑛亦謂「『此』乃『皆』字之譌」。

（12）瓜日以美，楚亭怪而察之，則梁亭也

方向東曰：《子匯》本、王謨本、弘治本作「則梁亭之為也」。（P305）

按：《治要》卷 40 引「則」下有「乃」字，《新序·雜事四》同。下二句，《類聚》卷 87、《古今合璧事類備要》續集卷 54、又別集卷 3 引作「伺而察之，則梁亭為也」，《御覽》卷 978 引作「楚亭往而察之，則梁亭之為也」，《事類賦注》卷 27 引作「往而察之，則梁亭為也」，《全芳備祖》後集卷 8 引作「伺而察之，乃梁亭為之也」，《黃氏日抄》卷 56 引作「察之，乃梁亭也」。石光瑛補「之為」二字〔註331〕，是也。

（13）楚令聞之大悅，具以聞

方向東曰：《子匯》本、王謨本、弘治本無「聞之」二字，「具」作「因」，連下「楚王」讀。（P305）

按：《治要》卷 40 引無此句。《御覽》卷 978 引同三本，但下句「楚王」二

〔註328〕參見蕭旭《古書虛詞旁釋》，廣陵書社 2007 年版，第 258～259 頁。
〔註329〕石光瑛《新序校釋》，中華書局 2001 年版，第 548 頁。
〔註330〕石光瑛《新序校釋》，中華書局 2001 年版，第 549 頁。下引同。
〔註331〕石光瑛《新序校釋》，中華書局 2001 年版，第 550 頁。

字重出。《類聚》卷 87、《古今合璧事類備要》別集卷 3 引作「楚令大悅，因具聞楚王」，《事類賦注》卷 27 引作「楚令大悅，以聞楚王」。《新序·雜事四》作「楚令聞之大悅，因具以聞楚王」，《全芳備祖》後集卷 8 引作「楚人大悅，因具聞楚王」。本書有脫文，當據《新序》校補，并非「具」一本作「因」。

（14）楚王聞之，恕然醜以志自惛也

方向東曰：盧文弨曰：「《新序》作『慼然愧以意自閔也』。」（P305）

王耕心曰：恕然，《新序》如文，是也。（P58）

王洲明、徐超曰：恕然，憐惜、後悔的樣子。惛，糊塗。（P283）

閻振益曰：恕，忖也。夏按：此當謂自忖。《新序》「恕」作「慼」，憂也。於義為長。（P286）

按：醜，慚愧也。二書可以互訂。「恕」當作「慼」。本字為欯，《說文》：「欯，慼然也。」猶言窘迫貌，心口不安貌，以狀慚愧。字或作㥦，《廣雅》：「㥦，憨也。」閔，讀為惛，猶言糊塗。石光瑛曰：「志意惛閔，或通用，或誼同。惟『慼』作『恕』無誼，此形近之誤，當從本書校改。慼然，思而自失之貌。」〔註332〕

（15）告吏曰：「微搔瓜，得無他罪乎？」

方向東曰：陶鴻慶曰：「此為楚告梁吏之辭，言搔瓜之外，恐更有他事得罪也。『吏』上疑脫『梁』字。」（P305）

閻振益曰：劉淇曰：「微，猶言非獨。」（P286）

按：陶說非也。《新序·雜事四》作：「告吏曰：『微搔瓜者，得無有他罪乎？』」此脫「者」、「有」二字。石光瑛曰：「微，非也。言非搔瓜一事，得毋尚有他端開罪于梁者乎？『微』各本作『徵』，誤，今從《賈子》改。」〔註333〕

（16）乃謝以重幣，而請交於梁王

按：《治要》卷 40 引同，《新序·雜事四》亦同。《御覽》卷 978、《事類賦

〔註332〕石光瑛《新序校釋》，中華書局 2001 年版，第 550 頁。
〔註333〕石光瑛《新序校釋》，中華書局 2001 年版，第 550 頁。

注》卷 27 引脫「請」字，《御覽》「交」誤作「友」。

（17）翟王使使至楚，楚王欲誇之，故饗客于章華之臺上，上者三休，而乃至其上

　　方向東曰：《子彙》本、王謨本、弘治本作「楚王誇使者以章華之臺，臺甚高，三休乃至」。《治要》不疊「上」字，無「而」字。（P305）

按：故，猶言特地、特意。《意林》卷 2 引作「翟王使使至楚，楚王誇使者以章華之臺，臺甚高，三休乃至」，與三本合，四庫本亦同。《類聚》卷 62 引作「翟王使使者之楚，楚王欲誇之，饗客章華之臺，三休乃至於上」，《御覽》卷 177 引作「翟王使使之楚，楚王誇之，饗于章華之臺，三休乃至」，《玉海》卷 162 引作「翟使之楚，楚王饗客於章華之臺，三休乃至於上」。蓋唐宋時已有二本之異。《古今事文類聚》續集卷 8 引作「楚王作中天之臺，三休而後至其上」，改「章華」爲「中天」，非也。據《新序·刺奢》，魏王起中天臺；又據《列子·周穆王》，穆王亦起中天之臺。

（18）茆茨弗翦

　　方向東曰：茆茨，《治要》引作「蕢葦」，《意林》引作「茅茨」，同。（P306）

按：《治要》卷 40 引「茆茨」作「蕢葺」（不作「葦」）。《說文》：「葺，茨也。」「蕢」同「菩」，亦一蓋屋之草。

《君道》校補

（1）紂作楰數千，睨諸侯之不詔己者，杖而楰之

按：詔，四庫本、吉府本誤作「謟」，《御覽》卷 644 引誤同。杖而楰之，《御覽》引作「而桎楰之」。

（2）令殷之民投撤桎楰而流之於河

　　方向東曰：投撤，扔掉，撤除。（P308）

　　閻振益曰：撤，謂撤除。（P289）

按：投撤桎楰，《御覽》卷 644 引作「連楰」。《稗編》卷 88 引「投撤」作「投撒」。「撤」是「撒」形誤，「撒」爲「㪔」俗字。㪔，散也，放也。字亦省作殺。

（3）民輸桔者，以手撤之，弗敢墜也；跪之入水，弗敢投也

　　　方向東曰：王謨本「跪之入水」作「跪入之水」。（P308）

　　　闔振益曰：《廣雅》：「撤，取也。」此有捧意。（P289）

　按：撤，《御覽》卷 644 引「撤」作「㯓」，「墜也」作「敗之」，「跪之入
　　　水」作「跪入之水」。「撤」、「㯓」亦並是「撤」形誤。敢，猶肯也，
　　　願也〔註334〕。

（4）昔者文王獄常擁此

　　　方向東曰：獄，吉府本、《子彙》本作「鬻」，王謨本無。（P308）

　按：《御覽》卷 644 引無「獄常」二字。常，讀爲嘗。「鬻」爲音誤字。

（5）故愛思文王

　按：愛思，《御覽》卷 644 引作「思愛」。

（6）況于其法教乎

　　　方向東曰：盧文弨曰：「于，建本作『守』。」按：吉府本作「乎」，王謨本
　　　無。（P308）

　按：《御覽》卷 644 引無「于」，《廣博物志》卷 10、《喻林》卷 78、《稗編》
　　　卷 88 引作「守」。「守」、「乎」皆「于」之誤。

（7）《詩》曰：「弗識弗知，順帝之則。」言士民說其德義，則效而象
　　　之也

　　　方向東曰：則，法。（P308）

　按：「則」爲連詞，上文「《詩》曰：『濟濟多士，文王以寧。』言輔翼賢正，
　　　則身必安也」，「則」亦同。

（8）夫射而不中者，不求之鵠，而反脩之於己

　　　方向東曰：吉府本「鵠」訛作「銘」，王謨本訛作「鏃」。鵠，靶心。（P309）

　　　王洲明、徐超曰：鵠，天鵝。（P289）

　按：王、徐說誤。《呂氏春秋·盡數》：「譬之若射者，射而不中，反修于招，

〔註334〕參見蕭旭《古書虛詞旁釋》，廣陵書社 2007 年版，第 132 頁。

何益於中？」「招」一作「的」，與「鵠」義同。「銘」乃「招」形誤。

《官人》校補

（1）知足以為源泉，行足以為表儀……者，謂之師

按：《治要》卷 40 引「知」作「智」，「源」作「原」。《韓詩外傳》卷 5：「智如泉源，行可以為表儀者，人師也。」《治要》卷 8 引「泉源」作「原泉」，《御覽》卷 404 引作「源泉」。

（2）知足以為礛礪，行足以為輔助

按：礛礪，《治要》卷 40 引作「礨屬」，《韓詩外傳》卷 5 作「砥行」，《治要》卷 8 引《外傳》作「砥礪」。輔助，《外傳》作「輔弼」，《治要》引《外傳》作「輔粲」。

（3）明於進賢，敢於退不肖

方向東曰：劉師培曰：「『敢』疑『嚴』字之訛，下脫『正』字。」按：「敢」字自通。（P311）

按：劉說非是。《治要》卷 40、《御覽》卷 203 引亦作「敢」。明，讀為孟。《爾雅》：「孟，勉也。」王念孫曰：「明、孟古同聲，故其義亦同。」〔註335〕

（4）仁足以訪議

按：《治要》卷 40、《御覽》卷 203 引並無此句。

（5）仁足以合上下之驩

方向東曰：《御覽》卷 203 引「驩」作「忻」。（P311）

按：驩，《治要》卷 40 引同。《御覽》卷 621 引作「仁足以為上下之聲」。下文「能合兩君之驩」，《御覽》卷 203 引亦作「忻」。

（6）國有法則退而守之，君有難則進而死之

方向東曰：《治要》「則進而死之」作「則能死之」。（P311）

〔註335〕轉引自王引之《經義述聞》卷 26，江蘇古籍出版社 1985 年版，第 618 頁。

按：《御覽》卷 203 引亦作「則能死之」，又卷 621 引作「國有法則守之，君
有難則死之」。

（7）……職之所守，君不得以阿私託者，大臣也

方向東曰：《治要》無「得」字。《御覽》卷 621 引「大臣也」下有「古詩
『爲君既不易，爲臣良獨難』」〔註 336〕。（P311）

按：《御覽》另引古詩，與本書無涉。

（8）脩身正行，不怎於鄉曲

方向東曰：盧文弨曰：「『怎』與『怍』同，別本作『慙』。」按：王謨本、
《御覽》卷 203、《類聚》卷 45 引同。（P311）

按：怎，吉府本同，四庫本作「愆」，《治要》卷 40 引作「怍」，《御覽》卷
203、《類聚》卷 45 引作「慙」。「慙」乃「愆」俗字。

（9）道語談說不怎於朝廷

按：怎，吉府本、四庫本同，《治要》卷 40、《御覽》卷 203 引作「怍」。道
語，《治要》引作「道路」，《御覽》引作「言語」。作「道路」誤。「道
語談說」、「言語談說」皆四字同義連文。

（10）執戟居前能舉君之失過，不難以死持之者，左右也

按：失過，《御覽》卷 203 引作「過失」，下文「君有失過」亦同。難，讀爲
戁。《爾雅》：「戁，懼也。」

（11）憔悴有憂色

方向東曰：《御覽》卷 203、《類聚》卷 45 引「憔悴」作「愁悴」，《治要》
同。（P311）

按：《類聚》卷 45 未引此句。「愁悴」即「憔悴」之音轉。《淮南子·說林
篇》：「有榮華者，必有憔悴。」《文子·上德》作「愁悴」，亦其例。
朱起鳳曰：「愁、憔音之轉。」〔註 337〕《說文》以「顦顇」爲正字。
字亦作「蕉萃」、「顦悴」，《左傳·成公九年》：「雖有絲麻，無棄菅蒯；

〔註 336〕原引「易」誤作「得」，茲據景宋本訂正。
〔註 337〕朱起鳳《辭通》，上海古籍出版社 1982 年版，第 1703 頁。

雖有姬姜，無棄蕉萃。」惠棟曰：「蕉萃，猶憔悴也。」〔註338〕《後漢書・應劭傳》、《劉子・適才》、《晉書・刑法志》、《詩・東門之池》孔疏引「蕉萃」正作「憔悴」，《文選・爲范尙書讓吏部封侯第一表》、《王文憲集序》、《西都賦》凡三引，亦作「憔悴」；《史記・呂后本紀》《索隱》引作「顦悴」〔註339〕。

（12）柔色傴僂，唯諛之行，唯言之聽，以睚眦之間事君者，廝役也

方向東曰：盧文弨曰：「此『睚眦』非怒視也，蓋謂不出君之目前耳。建本作『睢眦』〔註340〕，潭本亦作『眦』，皆未詳，今從別本。」劉師培曰：「『睚眦』者，『睢眦』之誤也。睢爲邪義。『眦』義同『睢』，均爲奇邪背正之義。『間』係『姦』之假。」按：睚眦，眼邊。盧說是，劉說非。王耕心曰：「此謂視睚眦爲進退。」得之。（P312）

按：四庫本、吉府本並作「睚眦之間」，《治要》卷 40、《御覽》卷 203 引同，盧校得其字。《廣博物志》卷 16 引誤作「睢眦」。劉氏改字，無據。蔣禮鴻曰：「此當作『睢眦』，其作『睚眦』若『眦』者，形近之誤耳。《說文》：『睢，仰目也。』《集韻》：『眦，目動。』睢眦皆目動，謂伺君之眼色以承應之。」〔註341〕蔣改字亦無據。「眦」音士解反或士賣反。以睚眥之間事君者，言於君王發怒之時以迎合於君也。

（13）是以聽治論議，從容澤燕，矜莊皆殊序

方向東曰：蕭旭曰：「澤，讀爲懌。懌燕皆喜樂、歡悅義。從容，蔣先生《義府續貂》謂有『調停節度』義。從容澤燕，謂適度嬉樂也。」矜，驕傲。莊，莊嚴。（P313）

王洲明、徐超曰：澤燕，休息。（P289）

閻振益曰：《集韻》：「懌，或作澤。」朱駿聲曰：「懌，字亦作懌，怡也。」退朝而處曰燕。夏按：澤燕，猶言怡然安閒。（P296）

〔註338〕惠棟《春秋左傳補註》卷 3，收入《叢書集成新編》第 109 冊，新文豐出版公司 1985 年版，第 309 頁。

〔註339〕參見蕭旭《淮南子校補》，花木蘭文化出版社 2014 年版，第 593 頁。

〔註340〕原引「睢眦」誤作「睢眦」，茲據盧書逕正。

〔註341〕蔣禮鴻《義府續貂》，收入《蔣禮鴻集》卷 2，浙江教育出版社 2001 年版，第 81 頁。

按：我舊引蔣說以解非是。「矜莊」是秦漢人成語，與「從容」對文。矜莊，矜持嚴肅也。從容，悠閒舒緩也。故「從容澤燕」與「矜莊」二者相反，當殊序也。《史記・留侯世家》：「良嘗閒從容步遊下邳圯上。」《索隱》：「從容，閒暇也。從容，謂從任其容止，不矜莊也。」小司馬謂「從容」是不矜莊，得之；而解爲「從任其容止」，則望文生義也。

《勸學》校補

（1）夫啟耳目，載心意，從立移徙，與我同性，而舜獨有賢聖之名，明君子之實，而我曾無鄰里之聞，寬徇之智者，獨何與

方向東曰：盧文弨曰：「聞，名譽著聞也，讀爲問，建本即作『問』。寬，裕。徇，通也，即徇齊之徇。別本作『窮巷之知』，非是。」按：陸良弼本「徇」作「狥」。王謨本、弘治本作「窮巷之知」。徇齊，敏捷。（P315）

按：四庫本作「窮巷之知」，吉府本作「寬狥之智」。《淮南子・修務篇》：「三代與我同行，五伯與我齊智，彼獨有聖知之實，我曾無有閭里之聞、窮巷之知者何？」「狥」同「徇」，讀爲徇，《說文》：「徇，疾也。」朱起鳳謂「寬徇」爲「窮巷」之誤〔註342〕，無據。

（2）然則舜僵僾而加志，我僵僾而弗省耳

方向東曰：僵僾，亦作「譠謾」、「澶漫」，縱逸。（P315）

閻振益曰：僵僾，或作「澶漫」、「誕謾」，猶縱逸也。（P298）

按：《淮南子・修務篇》：「彼幷身而立節，我誕謾而悠忽。」「誕謾」亦同，字或作「誕漫」、「誕慢」、「亶曼」、「亶漫」、「壇曼」、「壇漫」、「坦謾」等，正字爲「嬗慢」。《說文》：「嬗，緩也。」倒言則作「慢訑」、「慢誕」、「漫誕」、「漫澶」等〔註343〕。

（3）夫以西施之美而蒙不潔，則過之者莫不睨而掩鼻

閻振益曰：《孟子・離婁下》：「西子蒙不潔，則人皆掩鼻而過之。」（P298）

按：《淮南子・修務篇》：「今夫毛嬙西施，天下之美人，若使之銜腐鼠，蒙蝟皮，衣豹裘，帶死蛇，則布衣韋帶之人，過者莫不左右睥睨而掩鼻。」

〔註342〕朱起鳳《辭通》，上海古籍出版社 1982 年版，第 1638 頁。
〔註343〕參見蕭旭《淮南子校補》，花木蘭文化出版社 2014 年版，第 530～531 頁。

《鹽鐵論・殊路》：「西子蒙以不潔，鄙夫掩鼻。」此文「睍」上脫「睥」字。

（4）虫虱視

方向東曰：盧文弨曰：「『虫虱』難解。」俞樾曰：「『虫』疑『望』之假字。『虱』則『風』之誤字。言望風而視也。」劉師培曰：「《淮南子・修務訓》作『籠蒙目視（目字衍）』，『虫虱視』即『籠蒙視』，高注云：『籠蒙，猶眇目視也。』則『籠蒙』爲『小』義，與『逢蒙』同。」蔣禮鴻曰：「逢蒙視爲微視。『虫虱』當作『風虫』，即『逢蒙』也。」（P315～316）

按：王念孫校《淮南子》，引此文校「虱」作「風」，云：「此當衍『視』字。目，視也。『風虫』、『籠蒙』，語之轉耳。」〔註344〕

（5）益口笑

方向東曰：俞樾曰：「益讀爲歙，掩也。」劉師培曰：「《淮南子・修務訓》作『冶由笑』。『益口』與『冶由』同，高注云：『冶由笑，巧笑。』俞以爲掩口，非也。」（P315～316）

按：《孟子・離婁下》：「西子蒙不潔，則人皆掩鼻而過之。雖有惡人，齊（齋）戒沐浴，則可以祀上帝。」《鹽鐵論・殊路》：「蒙以不潔，鄙夫掩鼻；惡人盛飾，可以宗祀上帝。」並足參證。「益」、「冶」一聲之轉，「口」則「由」脫誤。《喻林》卷94引作「籠蒙視，冶由笑」。《正字通》「歙」、「由」二字條引本書作「冶由」，不知何據。蘇鶚、楊慎、方以智謂「冶由」音轉爲「耶廞」、「挪揄」、「邪揄」、「歞廞」、「挪揄」、「歞瘌」，朱起鳳、張雙棣謂「冶由」又音轉爲「冶夷」，皆是也。「揄」古音讀「由」。《說文》：「歞，人相笑相歞瘌。」《玉篇》：「歞，人相笑也，相歞歙也。」謂舉手相弄而笑也〔註345〕。

（6）步陟山川

方向東曰：劉師培曰：「《淮南子・修務訓》云：『淬霜露……跋涉山川。』此文『步陟』乃『跋涉』之訛。」按：步陟，義亦通。劉氏據《淮南子》

〔註344〕王念孫《淮南子雜志》，收入《讀書雜志》卷15，中國書店1985年版，第16頁。
〔註345〕詳見蕭旭《淮南子校補》，花木蘭文化出版社2014年版，第675～676頁。

校，其書在後，未必切。吉府本作「步涉」。（P317～318）

閻振益曰：步涉，猶言跋涉。《後漢書・仲長統傳》：「舟車足以代步涉之艱。」
（P300）

按：當作「步涉」，猶言步行。《弘明集》卷 1 引佚名《正誣論》：「示其渡水
之方，則使資舟艦，不能令步涉而得濟也。」《抱朴子外篇・鈞世》：「舟
車之代步涉，文墨之改結繩。」朱起鳳曰：「步、跋聲之轉。」〔註 346〕
不煩說以聲轉也。《淮南子》作「跋涉」者，蓋據《左傳・襄公二十八
年》「跋涉山川，蒙犯霜露」而改。劉氏改作「跋涉」，則是讀《淮南子》，
而非讀《賈子》矣。

（7）坌冒楚棘

方向東曰：盧文弨曰：「坌，塵坌也。別本作『蚡』，『蚡冒』乃楚先君名，
此非也。」劉師培曰：「《淮南子・修務訓》云：『冒蒙荊棘。』『坌冒』
與『冒蒙』同，非『塵坌』之義也。」蔣禮鴻曰：「《玉篇》：『坌，塵也。』
《廣韻》：『坌，塵也。埲，塕埲，塵起。』坌、埲蓋一字異文。『坌冒』
之坌與『逢』同，觸犯之義也。『逢』古亦作重唇讀，即今言所謂碰。坌、
逢聲近義通。」章太炎曰：「《說文》：『坋，塵也。』《通俗文》曰：『埒
土曰坋。』楚棘不坋人，坋之為言奔也。『蚡』本字亦可借為『奔』。冒，
抵觸也。言奔觸楚棘也。」按：蔣、章二說是，蔣說長。（P317～318）

按：蔣讀坌為逢是，而引《玉篇》、《廣韻》皆非此文之誼。「坌（坋）」亦
作「埲」、「墫」，故可讀為逢也。楚先君名「蚡（蚡）冒」者，蓋言其
篳路籃縷，以啓山林，正取「坌冒楚棘」為義。

（8）即遇老聃，噩若慈父

方向東曰：噩，通「愕」，驚。（P318）

閻振益曰：「噩」通「迓」，遇也。此謂侍、迎。（P300）

按：即，盧校本作「既」，各本同。《漢語大字典》：「噩，嚴肅貌。」〔註 347〕

〔註 346〕朱起鳳《辭通》，上海古籍出版社 1982 年版，第 2774 頁。
〔註 347〕《漢語大字典》（第二版）正舉此例，崇文書局、四川辭書出版社 2010 年版，
第 742 頁。

其說是也，字亦作顝、顎、頰，《玉篇》：「顝，嚴敬也。」《廣韻》：「顎，嚴敬曰顎。」《集韻》：「顎，恭嚴也，或作頰、頗、顝。」本字當爲「愙（恪）」〔註348〕，諸家皆未及之。《說文》：「愙，敬也。」《爾雅》：「恪，敬也。」

（9）見教一高言，若饑十日而得大牢焉

方向東曰：劉師培曰：「《淮南》作『欣然七日不食，如饗太牢』，《文子・精誠篇》作『勤苦七日不食，如享太牢』。以彼文相校，則『而得大牢』即『如得大牢』。『若饑十日』乃『苦饑十日』之訛（『十』、『七』二字古籍多互舛）。」（P318）

按：高誘注：「丈夫七日不食則斃，故以七日爲極。」此文「十」當作「七」。古籍多言「七日不食」，以狀其極饑。劉氏改字皆非是。本書自通，與《淮南》、《文子》文法不同也。

（10）今夫子之達佚乎老聃，而諸子之材不避榮跦，而無千里之遠，重繭之患

方向東曰：劉師培曰：「『佚』與『軼』同。」盧文弨曰：「避，讓也。別本作『逮』，非。」按：佚，同「失」。失者，言不及也。盧說非也。當作「逮」，「逮」與「避」音近而訛。不逮，不及也。（P319）

按：盧、劉說是。軼，車出也，引申爲超過義。二句言夫子之智略超過老聃，而諸子之材又不下於南榮跦，又不必遠行求師。

（11）親與臣賢連席而坐，對膝相視

按：臣，盧校本作「巨」，各本同。

《道術》校補

（1）道者，所從接物也

方向東曰：盧文弨曰：「建、潭本『從』作『道』。」按：吉府本同。（P322）

按：作「所道」是其舊本。道，猶從也，由也，自也，介詞。

〔註348〕從各從号（霝）相轉之證甚多，參見張儒、劉毓慶《漢字通用聲素研究》，山西古籍出版社 2002 年版，第 435 頁。

（2）鏡儀而居，無執不臧，美惡畢至，各得其當；衡虛無私，平靜而處，輕重畢懸，各得其所

方向東曰：盧文弨曰：「潭本『儀』作『義』。」按：吉府本、《子彙》本同。俞樾曰：「儀，讀爲俄，傾貌，衺也。」蔣禮鴻曰：「『儀』者，即空虛之意也。居者，不動之謂。」按：蔣說是。蕭旭曰：「『儀』訓正，見《字彙》。」其說可從。陶鴻慶曰：「臧，讀爲藏。」《白帖》卷 13 引「當」作「常」，乃當形近之誤。（P323）

王耕心曰：潭本「鏡義而居」，是也。謂以此義爲立身之具。俞氏非也。（P58）

鍾夏曰：《家語·執轡》注：「義，平也。」《韓子·飾邪》：「故鏡執清而無事，美惡從而比焉。」或即誼所本。（P306）

按：《白氏六帖事類集》卷 4（即《白帖》卷 13）引無「儀」字，「不臧」作「無藏」，「畢至」作「必至」。《初學記》卷 25 引有「儀」字，「無執不臧」作「無藏無執」，「畢至」作「必至」。必，讀爲畢。《廣韻》：「儀，正也。」字亦作𧨾，《廣韻》：「𧨾，正也。」儀，讀爲宜。《說文》：「宜，所安也。」《玉篇》：「宜，當也。」《韓子·飾邪》：「故鏡執清而無事，美惡從而比焉；衡執正而無事，輕重從而載焉。夫搖鏡則不得爲明，搖衡則不得爲正。」《治要》卷 36 引《申子》：「鏡設精（清）無爲，而美惡自備；衡設平無爲，而輕重自得。」〔註349〕皆足參證。下文「明主者南面，正而清，虛而靜」，即取此文鏡、衡爲喻，「正而清」即「鏡儀」之確詁。「虛而靜」即「衡虛」之申述。此賈子自解其文也。《莊子·應帝王》：「至人之用心若鏡，不將不迎，應而不藏，故能勝物而不傷。」「不將不迎，應而不藏」即此「無執不臧」之誼。

（3）明主者南面，正而清，虛而靜，令名自宣，命物自定

方向東曰：盧文弨曰：「建、潭本無『宣』字，則『命』字爲句。」按：陸良弼本同。劉師培曰：「《淮南·繆稱訓》云：『名自命也。』則『宣』係衍文，當以『令名自命』爲句。惟『物』上疑脫『令』字。」章太炎曰：「此

〔註349〕《白氏六帖事類集》卷 4、《初學記》卷 25 引上句，皆作借字「精」。《白孔六帖》在卷 13。

『自宣』、『自定』皆取法度之誼也。」按：章說有據。劉說非是。「正」、「靜」、「定」三字押韻。（P323～324）

　　閻振益曰：《韓子・主道》：「令名自命也，令事自定也。」（P307）

按：吉府本亦無「宣」字。既以盧讀「南面而正，清虛而靜」爲誤，則不得又謂「正」字爲韻。劉師培說至確。賈子本於刑名家言。《鄧子・無厚篇》：「故明君審一，萬物自定。」《治要》卷 36 引《尸子・分》：「執一以靜，令名自正，令事自定。」又引《申子・大體》：「名自正也，事自定也，是以有道者自名而正之，隨事而定之也。」《韓子・主道》：「故虛靜以待令，令名自命也，令事自定也。」又《揚權》：「故聖人執一以靜，使名自命，令事自定。」《史記・晉世家》：「名自命也，物自定也。」《潛夫論・考績》：「此皆名自命而號自定。」

（4）如鑑之應，如衡之稱

按：《論衡・自紀》：「如衡之平，如鑑之開。」

（5）操德而固則威立，教順而必則令行

按：順，讀爲訓。《大戴禮記・保傅》：「師導之教順。」本書《保傅》、《漢紀》卷 7 作「教訓」。

（6）周聽則不蔽，稽驗則不惶

　　方向東曰：章太炎曰：「惶與蔽誼相近，是借爲『皇』也。言周聽則不爲下所蔽，稽驗則不爲下所蒙也。」（P325）

　　王洲明、徐超曰：惶，與「蔽」義近。（P303）

按：《漢語大字典》引此例釋云：「惶，迷惑。」〔註350〕其說是也。

（7）親愛利子謂之慈，反慈爲嚚

　　方向東曰：《漢書・翟方進傳》：「亡纖介愛利之風。」顏師古曰：「愛利，謂仁愛而欲安利人也。」（P325）

按：顏說非也。徐復指出「愛利」爲漢人詞語，解「利」爲仁愛〔註351〕。

〔註350〕《漢語大字典》（第二版），崇文書局、四川辭書出版社 2010 年版，第 2494 頁。

〔註351〕徐復《〈古代漢語〉自學管說》，收入《徐復語言文字學論稿》，江蘇教育出版

所釋是也，「愛利」爲詞先秦子書《管子》、《韓子》已見。

（8）兄敬愛弟謂之友，反友爲齬

方向東曰：盧文弨曰：「『齬』字無考，別本作『虐』。」〔註352〕按：王謨
本同，《子匯》本作「齧」。俞樾曰：「『齬』字無考，《說文》：『齬，缺齒也，
讀若權。』疑即此字，蓋相齮齕之意。」按：程本、弘治本作「虐」，似是。
「齬（齬）」蓋「齧」形近之訛。《廣雅》：「齧，齬也。」二字義通。（P325
～326）

按：齬，盧校本、吉府本作「齬」，四庫本作「虐」。

（9）衷理不辟謂之端，反端爲跛

方向東曰：盧文弨曰：「何云當作『跛』，今案『跛』亦有曲義。」按：《子
匯》本、王謨本「跛」下注云：「一作跛。」衷，善。辟，邪。跛，原義是
馬跛腳，引申爲不直。（P326）

王耕心曰：「跛」亦有曲義。（P58）

閻振益曰：《左傳·昭公六年》：「楚辟，我衷。」注：「辟，邪也。衷，正
也。」（P309）

王洲明、徐超曰：衷，適當，恰當。（P306）

按：四庫本、吉府本亦有注：「跛，一作跛。」作「跛」是其舊本。跛，讀
爲旁，不正也，與「辟」同義，已詳《容經》校補。衷，讀爲中，讀去
聲。端，正也。

（10）據當不傾謂之平，反平爲險

方向東曰：當，妥當。據當不傾，處於妥當的地位而不傾覆。（P326）

閻振益曰：《呂氏春秋·義賞》注：「當，正也。」《荀子·解蔽》注：「險，
傾斜也。」（P309）

按：當，讀去聲，猶言宜、正。傾，傾側。《管子·宙合》、《淮南子·本經
篇》、《文子·下德》並云：「壞險以爲平。」《淮南子·時則篇》：「平而
不險。」是「險」與「平」相對。

社 1995 年版，第 275～276 頁。
〔註352〕原引「齬」誤作「齬」，茲據盧書徑正。下同。

（11）行善決衷謂之清，反清為濁

方向東曰：戴望校本「衷」作「死」，吉府本、《子匯》本作「菀」。盧文弨曰：「濁，建本作『鮫』，潭本作『鮫』，皆不可曉，或是『汶』字。」按：陸良弼本作「鮫」，吉府本、戴望校本作「鮫」。決衷，由內心作出決斷。（P326）

閻振益曰：菀，何本作「宛」，李本作「死」，盧本作「衷」，莫本、傅校本作「□」。朱起鳳曰：「菀，古多省作宛。」宛，死貌。是作「死」者以訓詁代字或其壞字。盧本未言所據，當係臆改。此當作「菀」。決菀，謂裁處屈塞、鬱塞。鮫，原作「鮫」，何本、程本、周本、盧本作「濁」。夏按：據盧校知宋本不作「濁」，作「濁」雖文從字順，當是臆改，不可從。鮫，字書無考，疑爲「鮫」之訛壞。「鮫」即「文」。有昏亂迷亂義，即「清」之反義。（P309～310）

按：四庫本作「菀」。吉府本作「鮫」。決菀，閻說是也。「鮫」字是，「鮫」則形誤。後人不達其誼，臆改作「濁」，非其舊本矣。清，清正。「鮫」從「女」得聲，實「如」省聲。「敷」亦從「如」省聲，是其比也。字亦作胏，《玉篇》：「胏，魚敗。」《廣韻》：「胏，魚不鮮。」《集韻》：「胏，肉敗曰胏。」字亦作秱，《玉篇》：「秱，臭草也。」字亦作茹，《呂氏春秋·功名》：「以茹魚去蠅，蠅愈至。」高誘注：「茹，臭也。」《玄應音義》卷13：「臭茹：案茹亦臭也。今謂腜敗爲茹也。」臭敗之魚爲鮫、胏、茹，臭敗之肉爲胏，臭敗之草爲秱、茹，其義一也。此文用其引申義「敗壞」〔註353〕。

（12）辭利刻謙謂之廉，反廉為貪

方向東曰：盧文弨曰：「潭本『刻』作『該』，訛。」按：《子匯》本「謙」作「廉」，王謨本、弘治本作「謀」，皆訛。刻廉，廉遜。章太炎曰：「辭，不受也。」（P326）

王洲明、徐超曰：刻謙，謙讓。（P306）

閻振益曰：刻謙，刻意謙讓。（P310）

按：四庫本作「刻謀」。「刻謙」、「刻謀」皆不辭，當作「刻廉」。《晏子春

〔註353〕參見蕭旭《〈龍龕手鑑〉「鉧」字考》。

秋‧內篇問下》：「刻廉而不劌。」《史記‧陸賈傳》：「平原君爲人辯有口，刻廉剛直。」又《田叔傳》：「叔爲人刻廉自喜，喜游諸公。」亦謂之「苛廉」，《戰國策‧楚策一》：「以苛廉聞於世。」「苛」、「刻」義同。

（13）功遂自却謂之退，反退为伐

方向東曰：盧文弨曰：「伐，建、潭本作『戟』。」按：吉府本同，形近致誤。章太炎曰：「伐與退反，則有前進之義。」伐，謂有功而自稱。（P327）

閻振益曰：「棘」、「戟」同。《方言》卷 3：「凡草木刺人，江湘之間謂之棘。」夏按：是戟有刺義，刺必急進方可，故反退爲戟。又《正字通》：「撽，與擊通。」亦進擊義。（P311）

按：閻、鍾皆妄說通借。章說亦未安。退，謙讓。伐，自誇。

（14）厚人自薄謂之讓，反讓为冒

方向東曰：章太炎曰：「厚人自薄者，不妄取于人也，故曰讓。」（P327）

王洲明、徐超曰：冒，犯。（P307）

閻振益曰：冒，貪也。（P311）

按：冒，侵冒。章太炎又曰：「古音牟如冒，《淮南‧時則訓》：『毋或侵牟。』《漢書‧景帝紀》：『侵牟萬民。』此牟乃借爲冒。《左傳》云：『冒於貨賄。』《賈子》云云，故曰侵冒。」〔註354〕

（15）心兼愛人謂之仁，反仁为盭

方向東曰：王謨本「盭」作「疾」。章太炎曰：「戾，很也。」按：盭，同「戾」。（P327）

按：盭，四庫本作「疾」，吉府本作「戾」。「疾」即「戾」形譌。

（16）行充其宜謂之義，反義为㦿

方向東曰：盧文弨曰：「㦿，與『懫』同，建、潭本作『憒』，訛。」孫詒讓曰：「宋本作『憒』，亦字書所無。『憒』疑讀爲費，古與『悖』通。又與『拂』通。」（P327）

〔註354〕章太炎《新方言》卷2，收入《章太炎全集（7）》，上海人民出版社1999年版，第54頁。

　　　　閻振益曰：充，當也。（P311）

按：充，吉府本作「克」。「克」字是，猶任也，當也。《管子·心術上》：「義
　　者，謂各處其宜也。」《法言·重黎》：「事得其宜之謂義。」《淮南子·
　　齊俗篇》：「義者，循理而行宜也。」皆足相證。「宜」、「義」是聲訓字，
　　《禮記·祭義》：「義者，宜此者也。」又《中庸》：「義者，宜也。」《詩·
　　有駜》孔疏：「行允事宜謂之義。」「允」亦疑是「克」形譌。孫說亦是，
　　字本作「咈」，《說文》：「咈，違也。」《廣韻》：「咈，戾也。」字亦作
　　怫、佛，又省作弗，音轉又作勃〔註355〕。

（17）合得密周謂之調，反調為盭

　　　　方向東曰：「合得」當作「合德」，和同其德。（P327）

按：「得」讀如字。合得，猶言相合。得，猶宜也。

（18）優賢不逮謂之寬，反寬為阨

　　　　方向東曰：優賢，指寬厚，二字同義連用。從蕭旭說。不逮，不及，猶言
　　　　覺得做得不夠。（P327）

　　　　王洲明、徐超曰：優賢，優待賢者。逮，捕，指粗暴的處置。（P307）

按：不逮，不及，指缺點錯誤，不足之處。對待缺點寬厚，即謂之寬。

（19）包眾容易謂之裕，反裕為褊

　　　　方向東曰：盧文弨曰：「『包』舊訛『色』今以意定作『包』。」按：陸良
　　　　弼本作「色」。王謨本作「色」，「褊」作「偏」。吉府本正作「包」。《子彙》
　　　　本「易」作「物」，當是。容易，顏色和悅。（P327）

　　　　王洲明、徐超曰：容易，平和相待。易，平和。（P307）

　　　　閻振益曰：容易，即寬容。王念孫曰：「假、易皆寬縱之意也。《賈子》云
　　　　云。」（P312）

按：既以作「物」為是，則不得訓容易為顏色和悅。吉府本亦作「色」，不
　　作「包」。四庫本作「偏」。偏，讀為偏，與「褊」同源。當作「包眾容
　　物」，猶言包容萬物。裕，寬緩不急。褊，急迫也。故為對文。

〔註355〕參見蕭旭《淮南子校補》，花木蘭文化出版社 2014 年版，第 104 頁。

（20）欣憜可安謂之熅，反熅為鶩

　　方向東曰：盧文弨曰：「『憜』字無考，當是和悅意。『熅』當謂溫藉也，一云『煙熅』，亦和意。」按：鶩，猛。（P327）

　　王洲明、徐超曰：熅，通「溫」，溫和。鶩，凶猛。（P307）

　　閻振益曰：《漢書・匈奴傳》注：「鶩，很也。」（P312）

按：憜，吉府本同，四庫本作「熏」。「憜」當是「燻」形譌，「燻」乃「熏」俗字。《廣韻》：「熏，火氣盛兒。燻，上同。」考《詩・鳧鷖》：「公尸來止熏熏，旨酒欣欣，燔炙芬芬。」毛傳：「熏熏，和說（悅）也。欣欣然樂也。」《說文》：「醺，醉也。《詩》曰：『公尸來燕醺醺。』」《繫傳》：「飲有酒气熏熏然。」火氣薰蒸爲熏，酒氣薰蒸爲醺，其義一也。酒氣熏熏然，故引申爲和悅貌。欣之言炘，字亦作焮，亦熏也，火氣上蒸貌。賈子「欣燻」，即用《詩》語，決可知也。然則「憜」當作「燻」，又可決矣。熅，讀爲昷。《說文》：「昷，仁也。」《莊子・天下》：「薰然慈仁謂之君子。」正可與《賈子》相印證。「薰」亦同「熏」。《廣雅》：「恎、鶩，很也。」「鶩」同「恎」，很戾也。本字爲摯，《說文》：「摯，忿戾也。」字亦作詆、跮、痓、窒、室、懫、憶、疐，字亦省作至〔註356〕。

（21）安柔不苛謂之良，反良為齧

　　方向東曰：《子匯》本「齧」作「齛」。劉師培曰：「此蓋假『齧』爲『挈』。《說文》：『挈，刻也。』引申則爲刻苛之刻，故不苛爲良，反良爲齧。」

　　徐復先生曰：「齧，謂齧挈。《釋名》：『齧挈：挈，卷挈也。齧，嚙齧也。語說卷挈，與人相持齧也。』」（P328）

　　王洲明、徐超曰：齧，咬，指不安分。（P307）

按：「齛」乃「齧」俗字。劉說同朱駿聲〔註357〕。挈訓刻，謂鍥刻，無苛刻義。齧訓齧挈，即讀爲挈，與「不苛」義不屬。齧，讀爲瘛，字亦作狋、猘、獡、瘈、唰，狂也〔註358〕。

〔註356〕參見蕭旭《淮南子校補》，花木蘭文化出版社 2014 年版，第 643～645 頁。
〔註357〕朱駿聲《說文通訓定聲》，武漢市古籍書店 1983 年版，第 660 頁。
〔註358〕參見蕭旭《〈爾雅〉「猰貐」名義考》。

（22）廣較自斂謂之儉，反儉為侈

方向東曰：盧文弨曰：「潭本『較』，建本作『較』，別本作『鈑』，皆未詳。」按：吉府本同潭本，王謨本作「鈑」。廣較，即寬較，言對別人不錙銖必較。（P328）

王洲明、徐超曰：較，校量。（P308）

閻振益曰：較、鈑，於義無取。較，校量也。（P312）

按：四庫本作「鈑」；吉府本作「較」（不同潭本），有注：「較，音反。」據注音，似亦作「鈑」字；《經濟類編》卷94引作「較」。王引之引作「廣較」，云：「廣，疑當作廉。」〔註359〕其說是也。「較」字是，「較」、「鈑」皆形誤。《爾雅》：「較，直也。」郭璞注：「正直也。」《周禮·司裘》鄭玄注：「較者直也。」字亦作校，《禮記·祭統》鄭玄注：「校，豆中央直者也。」字亦作覺，《詩·抑》毛傳：「覺，直也。」廉較，猶言廉直、廉正。《說文》：「侈，一日奢也。」

（23）□□勉善謂之慎，反慎為怠

方向東曰：盧文弨曰：「空二字建本作『弗勤』，別本作『昒很』，潭本作『眇口』，皆訛。或校改作『俛勉就善』，亦意定耳。」〔註360〕按：喬本作「昒很」，陸良弼本、程本、王謨本作「眇很」，下注云：「很，五恨切。」何本、《子彙》本作「俛勉就善」。章太炎曰：「按『□□』當從建本作『弗勤』，『弗』借為勿。《詩》：『密勿從事。』《祭義》注：『勿勿猶勉勉也。』」（P328）

按：四庫本作「吻很勉善」，吉府本作「眇很勉善」，注：「很，五恨切。」《經濟類編》卷94引亦作「眇很勉善」。作「俛勉就善」者，蓋後人據「勉」字臆改，非其舊。二字當作「昒很」，與「弗勤」音轉。「昒」即「勿」增旁俗字，音轉亦作「勉」，蓋力田義的專字。《老子》第16章：「夫物芸芸，各復歸其根。」馬王堆帛書《老子》乙本「根」同，郭店楚簡作「堇」。《周易·艮》：「艮其限。」上博楚簡（三）「限」作「瞳」〔註361〕。《周禮·遺人》：「以恤民之囏阨。」鄭玄注：「故書艱阨作

〔註359〕王引之《春秋名字解詁》，收入《經義述聞》卷22，江蘇古籍出版社1985年版，第540頁。
〔註360〕原引「很」誤作「很」，茲據盧書逕正。
〔註361〕「瞳」整理者原誤隸作「瞙」，茲從徐在國《上博竹書（三）釋文補正》改正，

槿柅，杜子春云槿柅當爲艱柅。」此皆「銀」音轉爲「勤」之證〔註362〕。「銀」音轉亦作「懇」，至誠勞苦也。昒銀，猶言勤勉。

（24）思惡勿道謂之戒，反戒爲傲

方向東曰：盧文弨曰：「潭本『思』作『忠』。此『傲』當與『警』同，放也。」按：吉府本、《子彙》本、王謨本同潭本。道，同「導」。（P328）

閻振益曰：疑「忠」是「忡」之譌。忡，憂也。（P313）

按：「思」字是，思慮。道，言也，語也。《荀子·勸學》：「故不問而告謂之傲。」又「故未可與言而言謂之傲。」《論語·季氏》：「言未及之而言謂之躁。」《釋文》：「躁，魯讀躁爲傲。」「傲」即「躁」義。言思其惡而勿道謂之戒愼，反之則爲急躁。

（25）亟見窕察謂之慧，反慧爲童

方向東曰：盧文弨曰：「窕察，深察也。」（P328）

王洲明、徐超曰：亟，多次。（P308）

閻振益曰：《太玄·錯》：「童，無知。」（P313）

按：《說文》：「亟，敏疾也。」窕，讀爲遙，遠也。慧，辨察。字或作譓、譿，《玉篇》：「譓，材智也，察也。譿，同上。」《集韻》：「譿，辨察也，或作譓。」字又省作惠，《史記·秦始皇本紀》：「惠論功勞。」吳國泰曰：「惠者譿之借字。《國語·晉語》：『今陽子之情譿矣。』注：『譿，辨察也。』」〔註363〕所引《國語》見《晉語五》，公序本作「譓」，明道本作「譿」。童謂童蒙，汪中引《廣雅》「童，癡也」〔註364〕，今《廣雅》作「僮，癡也」。音轉則爲「懂」，《廣韻》：「懂，懵懂，心亂。」馬敍倫曰：「童借爲惷，愚也。」〔註365〕非是。

---

http://www.jianbo.org/ADMIN3/HTML/xuzaiguo04.htm。

〔註362〕《老子》第59章：「是謂深根固柢，長生久視之道。」馬王堆帛書《老子》乙本「根」同，甲本作「槿」。高明謂甲本作「墾」，整理者誤釋作「槿」。此字圖版作「𣏌」，不甚清晰，故本文不舉此例。高明《帛書〈老子〉校注》，中華書局1996年版，第117頁。

〔註363〕吳國泰《史記解詁》，1933年成都居易簃叢著本，第1冊，第43頁。

〔註364〕汪中《舊學蓄疑》，收入《叢書集成續編》第24冊，新文豐出版公司1988年印行，第265頁。

〔註365〕馬敍倫《讀書續記》卷5，中國書店1985年版，第12頁。

（26）動有文體謂之禮，反禮為濫

方向東曰：章太炎曰：「《昭八年》：『民聽濫也。』《說苑·辨物》同。《論衡·紀妖篇》『濫』作『偏』。此必賈太傅訓故也。」（P328）

王洲明、徐超曰：濫，失，指不合禮節。（P308）

閻振益曰：濫，僭差也。（P313）

按：宋本《論衡》作「濫」，今本作「偏」，蓋後人妄改。朱駿聲謂濫借爲譀〔註366〕，《說文》：「譀，過差也。」「過差」猶言過甚、過度〔註367〕。《廣韻》：「譀，失禮也，俗作濫。」水之放縱無度爲濫，人之放縱失禮爲譀，犬之狂吠不止爲猛，火焰延行外伸爲爓，其義皆一也。字亦作蘭、闌，《玄應音義》卷22引《通俗文》：「縱失曰蘭。」章太炎曰：「凡人縱馳無檢亦曰蘭。《列子·說符篇》：『宋有蘭子者。』注：『應劭曰：蘭，妄也。』蘭與闌同。今人謂舒縱不節曰爛，爛亦蘭字也。」〔註368〕

（27）容服有義謂之儀，反儀為詭

王洲明、徐超曰：詭，異，指違背禮儀規定。（P308）

閻振益曰：朱駿聲曰：「詭，假借爲乖。」（P313）

按：《玉篇》：「詭，怪也。」字本作恑，《說文》：「恑，變也。」《玉篇》：「恑，異也。」

（28）行歸而過謂之順，反順為逆

方向東曰：盧文弨曰：「『而過』疑誤，舊校者改『過』爲『適』，建本作『勉』。」〔註369〕按：《子彙》本作「適」。俞樾曰：「『咼』當作『和』，《賈子》原文作『咼』，後人不識，因改爲『過』矣。」（P329）

王洲明、徐超曰：行，行爲。歸，合，指符合規定。（P308）

鍾夏曰：俞說是。行歸猶言行止。（P313）

按：歸，讀爲規，謂合於法度也。《文選·高唐賦》：「姊歸思婦。」李善注引郭璞曰：「子巂鳥出蜀中，或曰即子規，一名姊歸。」「過」爲「適」

〔註366〕朱駿聲《說文通訓定聲》，武漢市古籍書店1983年版，第134頁。
〔註367〕參見蕭旭《古書虛詞旁釋》，廣陵書社2007年版，第390～391頁。
〔註368〕章太炎《新方言》卷2，收入《章太炎全集（七）》，上海人民出版社1980年版，第65頁。
〔註369〕原引二「過」皆誤作「咼」，茲據盧書逕正。

形讇，謂得其宜也。《經濟類編》卷 94 引作「適」。

（29）動靜攝次謂之比，反比為錯

方向東曰：攝次，正其順序。（P329）

按：動，四庫本誤作「勤」。

（30）容志審道謂之僴，反僴為野；辭令就得謂之雅，反雅為陋

方向東曰：僴，嫻雅之義。「得」當作「德」。（P329）

王洲明、徐超曰：審道，慎道，於道謹慎。僴，通「嫻」，嫻雅。（P309）

閻振益曰：審，明也。《荀子·榮辱》：「陋者，俄且僴也。」盧文弨：「疑僴當為嫻雅之義，《賈誼書·道術篇》：『容志審道謂之僴，反僴為野。』此以『僴』與『陋』相對，義亦合。」就，因也，即也，歸也。得，假借為德。夏按：「審道」即此之「就得」，故得訓德。又，若謂就得即得當，亦通。（P314）

按：僴亦雅也，陋亦野也。《荀子·榮辱》：「則夫塞者俄且通也，陋者俄且僴也，愚者俄且知也。」楊倞注：「僴與憪同，猛也。《方言》云：『晉魏之間謂猛為僴。』陋者俄且僴，言鄙陋之人，俄且矜莊有威儀也。《詩》曰：『瑟兮僴兮。』鄭云：『僴，寬大也。』」盧文弨、謝墉曰：「疑僴當為嫻雅之義，《賈誼書·傅職篇》云：『明僴雅以道之。』又《道術篇》云：『容志審道謂之僴，反僴為野。』此以『僴』與『陋』相對，義亦合。」〔註370〕王念孫曰：「盧說是也。《脩身篇》：『多見曰閑，少見曰陋。』閑與陋對文，是其證。僴、閑古字同耳。楊後說以僴為寬大，近之。（陳說略同）。」〔註371〕郝懿行曰：「注前說謬，後說是矣。謝氏疑僴當為嫻雅之義，引《賈誼書·傅職篇》，文義亦相近，而非本義。今詳《賈子》之僴為假借，《荀子》之僴為本義。何以明之？陋為陜隘，僴為寬大，故以陋、僴相儷。證以《修身篇》云：『多見曰閑，少見曰陋。』閑亦僴之假借。閑謂寬閑，即僴訓寬大之義。楊注訓為閑習，亦非。」〔註372〕本字為「嫻」，《說文》：「嫻，

〔註370〕盧文弨、謝墉《荀子》校本，收入《諸子百家叢書》，上海古籍出版社影印浙江書局本 1989 年版，第 22 頁。

〔註371〕王念孫《荀子雜志》，收入《讀書雜志》卷 10，中國書店 1985 年版，第 67 頁。

〔註372〕郝懿行《荀子補注》，收入《四庫未收書輯刊》第 6 輯第 12 冊，北京出版社

雅也。」俗作「嫺」，謂嫺雅、寬裕不迫局也。「得」讀如字，適宜也。就，猶言趨向。辭令就得，謂辭令得宜，說話得體。審，讀爲媕、湛，安也，樂也。《方言》卷 13：「湛，安也。」《集韻》：「媕，《說文》：『樂也。』或作湛。」朱駿聲謂偄借爲憪〔註 373〕。考《說文》：「憪，愉也。」非其誼也。

（31）論物明辯謂之辯，反辯爲訥

按：《列子・仲尼》：「賜能辯而不能訥。」《淮南子・人間篇》「孔子曰：『丘能仁且忍，辯且訥，勇且怯。』」《論衡・定賢》：「雖訥不辯。」亦以「辯」、「訥」對文。

（32）誠動可畏謂之威，反威爲圛

方向東曰：劉師培曰：「『圛』假爲『搹』，義同『扼』，脅持也。」蕭旭曰：圛訓辱，見《漢書・陸賈傳》服虔注。（P329）

閻振益曰：朱駿聲曰：「圛，假借爲惲。《賈子》云云。」「惲，重厚也。」夏按：《六書故》：「圛，亦作漍。」《漢書・陸賈傳》注：「漍，辱也。」訓辱亦通。《大政上》：「君以民爲威侮。」威、侮反義，侮、辱義近連反（及）。（P314）

按：圛，讀爲漍，污濁，故引申訓辱，字亦作圂（㥄）。方引余舊說，脫「讀爲漍」三字。《漢書・陸賈傳》作「漍」，《史記》作「圂」，《集解》引韋昭曰：「圂，污辱。」《禮記・儒行》鄭玄注：「圂，猶辱也。」「惲」訓重厚，非其誼也。

（33）臨制不犯謂之嚴，反嚴爲帳

方向東曰：盧文弨曰：「『帳』字無考。或校改爲『頓』，義頗相近。」〔註 374〕按：何本、《子匯》本作「軟」。劉師培曰：「《說文》：『辰，伏也。』義與柔相近，疑即此字。」洪頤煊曰：「『帳』當是『㒄』字之訛，笑貌。」章太炎曰：「『帳』亦震也。」（P329）

2000 年版，第 6 頁。
〔註 373〕朱駿聲《說文通訓定聲》，武漢市古籍書店 1983 年版，第 726 頁。
〔註 374〕原引「頓」皆作「軟」，俗字，茲據盧書徑改。

王耕心曰：「辰」音訓無考。或本作「頓」，亦非。（P58）

鍾夏曰：字書無「辰」字，然《韓非子·南面》有「辰小變而失長便」語，當係字書失收。參上句「苦小費而忘大利」，此辰與苦相應，似當訓爲懼。辰、脣、震聲同當通。（P314〜315）

按：《說文》：「辰，伏貌。一日屋宇。」訓屋宇者，與「宸」同。訓伏貌者，當即「臣」字。非此文之誼。章說是也，「辰」字亦見《韓子·南面》，于省吾曰：「辰當即震之異文，謂震懼也。」高亨說同〔註375〕。此文「辰」同，謂驚恐無威儀也。

（34）伏義誠必謂之節，反節爲罷

方向東曰：《子匯》本作「伏」作「仗」。劉師培曰：「『伏義』亦『仗義』之訛。」（P330）

王洲明、徐超曰：伏義，猶服義。「伏」通「服」。（P309）

閻振益曰：伏，猶憑也，依也。《齊語》注：「無行曰罷。」（P315）

按：王、徐說是。服義，猶言行義。本書《階級》：「守節而服義。」《鶡冠子·道端》：「服義行仁。」《大戴禮記·衛將軍文子》：「畏天而敬人，服義而行信。」《鹽鐵論·論誹》：「從善不求勝，服義不恥窮。」「伏義誠必」即「服義行信」之誼。罷，讀爲疲，疲弱不任事，指不守信義者。

（35）信理遂惔謂之敢，反敢爲揜

方向東曰：盧文弨曰：「『惔』或是『錟』字之訛。錟者鋒銳，與『敢』義近。『惔』是恬惔，疑非也。」按：「惔」疑當作「餤」，《詩·巧言》：「亂是用餤。」《傳》：「餤，進也。」信，伸。（P330）

王洲明、徐超曰：揜，通「掩」，遮蔽，掩蓋。這裏指怯懦。（P309）

閻振益曰：《廣雅》：「揜，藏也。」夏案：《詩·節南山》《釋文》：「惔，《韓詩》作炎。」《吳語》注：「炎炎，進也。」「惔」或取義於此。（P315）

按：餤訓進是進食、進獻義，「炎炎」謂火光上行，皆非此文之誼。《玉

〔註375〕于省吾《雙劍誃諸子新證》，上海書店 1999 年版，第 368 頁。高亨《諸子新箋》，收入《高亨著作集林》卷 6，清華大學出版社 2004 年版，第 205 頁。

篇》：「逯，進也。」《漢語大字典》釋「逯」爲「表明、表達」〔註376〕，
非也。悢，讀爲剡，《說文》：「剡，銳利也。」鋡訓鋒銳，亦「剡」借
字。揜，讀爲媕。《說文》：「媕，女有心媕媕也。」又「娿，媕娿也。」
「媕」、「娿」一聲之轉，「媕媕」即「媕娿」也。「媕」亦作「諳」，「娿」
亦省作「阿」。《方言》卷6：「誣，諳與也，吳越曰誣，荊齊曰諳與，
猶秦晉言阿與。」戴震曰：「諳、阿乃一聲之轉也。」〔註377〕段玉裁
曰：「『媕娿』雙聲字。《韻會》作『陰阿』，李燾本作『陰娿』，《集韻》、
《類篇》同。《廣韻》曰：『媕娿不決。』媕音庵。」〔註378〕「陰」當
是「媕」形誤〔註379〕，又涉下「娿」改從「阝」旁。《繫傳》作「媕
娿」不誤。《集韻》、《類篇》、《韻會》引《說文》雖誤作「陰娿（阿）」，
而申釋之語「謂媕娿不決」，則不誤。《玉篇》：「娿，媕娿。」敦煌寫
卷 P.2011 王仁昫《刊謬補缺切韻》：「娿，媕娿，不決。媕字烏含反。」
P.2717《碎金》：「相媕娿：烏合反，烏哥反。」皆是其證。《龍龕手鑑》：
「娿，媕娿不快也。媕，媕娿不快也。」「快」乃「決」之譌。馬敘倫
曰：「嚴可均曰：『娿承媯（引者按：指《說文》『娿』次於『媯』下），
則陰、娿皆媯之誤。』倫按：陰蓋媯下校者所注以釋媯字之音者，傳
寫誤入此下；或爲媯字之訛，傳寫者以音近誤易也。媕字亦然。本書
弇、盦並訓蓋覆，而皆借爲盉字，則知古音同矣。媯、娿轉注字，媯
從盦得聲，盦、娿音同影紐也，故亦得連綿爲詞。」〔註380〕其說皆誤，
嚴章福已駁嚴可均說〔註381〕。此文「揜」謂「媕娿」，指軟弱，臨事
不能決斷，故與「敢（謂果決）」對舉。「媕娿」又作「媕婀」，《子華
子·晏子問黨》：「媕婀脂韋者，未必御也。」唐·宗密《圓覺經大疏
釋義鈔》卷12：「媕婀者，媕含莽鹵，含其大意之謂也。《切韻》釋云：

〔註376〕《漢語大字典》（第二版），崇文書局、四川辭書出版社2010年版，第4121頁。
〔註377〕戴震《方言疏證》，收入《戴震全書》第3冊，黃山書社1994年版，第103頁。
〔註378〕段玉裁《說文解字注》，收入丁福保《說文解字詁林》，中華書局1988年版，第12223頁。
〔註379〕王筠《說文解字句讀》已及，收入丁福保《說文解字詁林》，中華書局1988年版，第12223頁。
〔註380〕馬敘倫《說文解字六書疏證》卷24，上海書店1985年版，第61頁。
〔註381〕嚴章福《說文校議議》，收入丁福保《說文解字詁林》，中華書局1988年版，第12223頁。

『不決也。』」前說望文生義。字又作「譇阿」,《集韻》:「譇,譇阿,
語不決,或作誻,通作媠。」字又作「媠阿」,宋‧范純仁《論富弼入
相久謝病不出》:「何必傴勉媠阿,自爲卷縮?」倒言則作「阿邑」、「阿
匼」,引申爲相依隨,《六書故》:「邑,烏合切,《漢書》:『張湯以知阿
邑人主。』」所引《漢書》見《酷吏傳》。《新唐書‧蕭復傳》:「或詔諛
阿匼。」方以智曰:「阿匼即阿邑。」〔註 382〕王念孫曰:「『阿邑』雙
聲,字或作『阿匼(烏合反)』。」〔註 383〕「女有心媠媠」者,謂女有
心,而媠媠然猶豫不決。朱駿聲曰:「眉語目成之意。」〔註 384〕馬敘
倫曰:「吳穎芳曰:『嬌之轉語。』倫按:其義未詳,字或出《字林》。
媠蓋嬌之音同影紐轉注字。」〔註 385〕張舜徽引朱駿聲說,又曰:「媠
之言懕也,謂心安於是也。媠媠猶懕懕耳。」〔註 386〕諸家皆未得其誼。
朱駿聲又謂拚借爲閃。考《說文》「閃,闚頭門中也。」又「闚,閃也。」
二字互訓,竊視義,非其誼也。

(36) 志操精果謂之誠,反誠爲殆;克行遂節謂之必,反必爲怛

方向東曰:《子彙》本作「怛」作「恒」。劉師培曰:「『怛』假爲『譠』。《方
言》卷 10:『譠謾,欺謾之語也。』《廣雅》:『譠,欺也。』『譠』與『誕』
同。」按:「怛」有驕義,「必」謂行節至終,驕則否。「怛」字不當假爲
「譠」。(P330)

王洲明、徐超曰:殆,通「怠」,鬆懈。克行,約束行動。遂節,實現節
操。必,不已,指不停止修養。怛,通「誕」,驕傲。(P309~310)

閻振益曰:殆,疑也。疑則不誠。克,成也。遂,盡也,猶達也。必,專
也。怛(音粗),心不精也。(P315)

按:四庫本作「恒」,吉府本作「怛」。誠,信也,亦必也。殆,讀爲怠,惰
慢也。克,必也。字亦作剋,《廣韻》:「剋,必也。」遂,成也。「怛」

〔註 382〕方以智《通雅》卷 7,收入《方以智全書》第 1 冊,上海古籍出版社 1988 年
版,第 280 頁。
〔註 383〕王念孫《漢書雜志》,收入《讀書雜志》卷 6,中國書店 1985 年版,第 91
頁。
〔註 384〕朱駿聲《說文通訓定聲》,武漢市古籍書店 1983 年版,第 128 頁。下引同。
〔註 385〕馬敘倫《說文解字六書疏證》卷 24,上海書店 1985 年版,第 45 頁。
〔註 386〕張舜徽《說文解字約注》,華中師範大學出版社 2009 年版,第 3064 頁。

訓傷痛，無驕義。《淮南子・繆稱篇》：「矜怛生於不足，華誣生於矜。」許慎注：「怛，驕也。」此「怛」是「怚」形譌。《說文》：「怚，驕也。」〔註387〕《賈子》亦當從吉府本作「怚」，怚亦殆（怠）也。字亦作媔、駔、姐、苴、狙〔註388〕。《家語・王言解》：「慘怛以補不足，禮節以損有餘。」四庫本作「懆怛」，寬永本、宗智本作「慘怛」，《治要》卷10引亦作「慘怛」，《大戴禮記・主言》作「慢怛」，《先聖大訓》卷3作「懁怛」。「慘」、「懁」並爲「慢」之誤，「怛」爲「怚」之誤。以《淮南子》證之，可確定《家語》、《大戴》當作「怚」字無疑。「慢怚」者無禮，故與「禮節」對舉。治《大戴》者，諸家並未得〔註389〕。朱駿聲謂《淮南》及本書之「怛」借爲誕〔註390〕，非也。

《六術》校補

（1）行和則樂興，樂興則六，此之謂六行

方向東曰：盧文弨曰：「潭本作『行和則樂與，樂則六』。」〔註391〕按：吉府本、《子彙》本同。（P333）

閻振益曰：與，從也，偕也。（P320）

按：汪中曰：「『與』當作『興』。」〔註392〕是也。

（2）是以先王為天下設教，因人所有，以之為訓；道人之情，以之為真

方向東曰：劉師培曰：「『真』當作『慎』。慎者，『順』字之假文也。以之為順，猶言道人之情以順之也。『順』與『道』應。」按：真，正。道，猶說。劉說非是。（P333）

王洲明、徐超曰：道，通「導」。真，正。（P313）

〔註387〕王念孫《淮南子雜志》已訂正，收入《讀書雜志》卷13，中國書店1985年版，第86頁。

〔註388〕參見蕭旭《〈荀子・大略〉「藍苴路作」解詁》。

〔註389〕參見方向東《大戴禮記匯校集解》，中華書局2008年版，第33頁。

〔註390〕朱駿聲《說文通訓定聲》，武漢市古籍書店1983年版，第738頁。

〔註391〕原引誤以「與」屬下句，徑正。

〔註392〕汪中《舊學蓄疑》，收入《叢書集成續編》第24冊，新文豐出版公司1988年印行，第265頁。

按：劉說是。道亦因也，介詞。《禮記‧坊記》：「禮者，因人之情而爲之節文。」《管子‧心術上》：「禮者，因人之情，緣義之理而爲之節文者也。」先王因人之情而設教，故云順之也。

（3）數度之始，始於微細

方向東曰：《御覽》卷 750 引無「始」字。（P334）

按：《御覽》卷 750 引有二「始」字，與今本同。

《道德說》校補

（1）腒如竊膏謂之德

方向東曰：盧文弨曰：「腒，潭本作『倨』，下同。」蔣禮鴻曰：「『腒』爲鳥腊，義無所取，蓋『昵』字形近之誤。昵者，黏也。《說文》『昵』爲『暱』之或體，《詩》『德』、『暱』古韻同部，以『昵』解『德』，又古人聲訓之例也。竊亦黏附也。」（P339）

閻振益曰：《說文》：「腒，北方謂鳥腊腒。」《廣雅》：「腒，脯也。」又「竊，淺也。」夏案：下文云「目足以明道德之潤澤」，「德者離無而之有，故潤而腒然濁而始形矣」，「道冰而爲德」。此蓋以肉之乾縮成腒，喻道之「清虛」凝聚成「濁而始形」之德。又，疑「腒」爲「膈」之壞訛，《廣雅》：「膈，脂也。」正合「腒（膈）如竊膏」之義。蓋以玉色淺淡喻始形之膏。又，下文云「如膏，謂之德」，無「竊」字，疑此衍。（P329）

按：蔣說非也，此非聲訓之例。下文「倨然濁而始形」，「腒」即「倨」，用以形容濁，是其義當爲「濁」。「腒（倨）」當作「腒」，形之譌也。「腒」讀爲淈，《說文》：「淈，濁也。」竊，讀爲膈。《廣雅》：「膈，脂也。」竊膏，猶言脂膏。

（2）湛而潤厚而膠謂之性

方向東曰：湛，厚重。膠，牢固。（P339）

按：《說文》：「膠，昵也。」即黏連義。下文「濁而膠相連，在物之中」，亦同。

（3）礐乎堅哉謂之命

方向東曰：礐，多大石之山。（P340）

閻振益曰：《類篇》：「礐，石名。」（P330）

按：下文：「其受此具也，礐然有定矣，不可得辭也，故曰命。」《漢語大字典》引此二例，釋「礐」為「堅硬、堅定」〔註 393〕，其說是也，而尚未得本字。礐，當讀為塙。《說文》：「塙，堅不可拔也。」《玉篇》：「塙，土堅不可拔。」字亦作碻，《玄應音義》卷 1 引《通俗文》：「物堅硬謂之碻。」字亦作確，《易·乾》：「確乎其不可拔。」《釋文》引鄭玄注：「確乎，堅高之貌。」字或作慤，《淮南子·時則篇》：「誠信以必，堅慤以固。」俗字亦作碻、硞、皼、埆〔註 394〕。石堅為碻、硞、确、確，皮堅為皼，土堅為塙、埆，心堅為慤，所指雖異，語源則同也。

（4）德生理，通之以六德之華離狀。六德者，德之有六理。理，離狀也

方向東曰：盧文弨曰：「《周禮·形方氏》：『無有華離之地。』『華』當讀如《曲禮》『為國君削瓜者華之』之『華』，今人語猶謂離絕為『華』，鄭康成讀為『瓜哨』之『瓜』，非也。舊本『華』訛『畢』，下同。」俞樾曰：「盧校本改『畢』作『華』，而說以『華離之地』，恐未足據。其於『離』字絕句，尤誤。據下文『故曰如膏謂之德，德生理，通之以六德之畢雖狀』，則『狀』字當屬上讀。此云『理，離狀也』，亦『離狀』連文。『理離狀』即『畢離狀』，蓋『畢』誤作『里』，又誤作『理』耳。」劉師培曰：「盧改為『華』是也，惟解釋『華離』之義，及於『離』字絕句，則均非是。『華離』者，《周禮》鄭注云：『讀若謂瓜哨之瓜，正之，使不瓜邪離絕。』〔註 395〕則華離為不齊一之狀。下『理』字亦『華』之訛。」王耕心曰：「『畢離狀』句終不可曉，殆謂六理分別之狀也。」按：華，光彩。（P340）

閻振益曰：《說文》：「畢，田網也。」夏按：網之狀，諸縷分離又皆繫於綱，即如「德生理」，「各有條理而載於物」之狀。又，疑「畢離」即「披離」，音轉而義同，即紛披狀。（P330）

〔註 393〕《漢語大字典》（第二版），崇文書局、四川辭書出版社 2010 年版，第 2633 頁。
〔註 394〕參見蕭旭《敦煌寫卷〈碎金〉補箋》，收入《群書校補》，廣陵書社 2011 年版，第 1346 頁。
〔註 395〕原引誤作「正之使不瓜邪？」，以「離絕」二字屬下句，不作鄭注之語，茲徑訂正。

按：盧校「畢」作「華」，俞氏以「狀」屬上，劉氏校「理」作「華」，皆是
也。然盧及劉氏所釋皆誤。鍾夏二說皆妄，不通訓詁。(a)《曲禮》「爲
國君削瓜者華之」，今人語謂離絕爲「華」，這個「華」讀如「花」，俗
作「劃」，謂以刀切開。(b)《周禮》「華離」之「華」，「佹啙」之「佹」，
皆讀爲䚯，《說文》：「䚯，不正也。」俗作「歪」，音轉又作「㖩（乖）」，
「華離」即「乖離」〔註396〕。顯然「華」二義皆不合此文之誼。(c)
此文「華離」當讀爲「華麗」。離、麗一聲之轉，古書相通之例甚多，
無煩舉證。下句「德之有六理華離狀也」作一句讀。

（5）澤者，鑑也，鑑以道之神，摹貫物形，通達空竅，奉一出入為先，故謂之鑑

方向東曰：盧文弨曰：「潭本『模』作『摸』，別本又訛『㩍』。」按：吉府
本訛「㩎」，《子匯》本作「攓」。（P342）

閻振益曰：攓，原作「㩎」。《詩》傳：「貫，中也。」夏按：「㩎」當是「撑」
之壞字。李本作「摸」。《集韻》：「摹，亦書作摸。」中，謂符合。（P333）

按：四庫本作「摹」，《經濟類編》卷94引作「攓」。作「模」或「摹」是。
貫，容納、接受。「空竅」即「孔竅」。言鑑以摹寫觀察萬物之形者也。

（6）各有極量指奏矣

方向東曰：盧文弨曰：「『奏』疑與『湊』音義同。」指奏，亦猶定數。（P346）

王洲明、徐超曰：指奏，旨趣。（P326）

閻振益曰：《淮南子・原道訓》注：「指，所之也。湊，所合也。指湊，猶
言行止。」（P335）

按：盧氏及王、徐說是。《淮南子・齊俗篇》：「百家之言，指奏相反。」又
《要略》：「指奏卷異，各有爲語。」方以智曰：「奏即湊字，又與趣通，
以《淮南》『指趣』即『指奏』也。」〔註397〕黃生曰：「指奏即指趣，
古音近通用。」〔註398〕朱起鳳曰：「指、旨同音通叚。趣字古又讀此苟

〔註396〕參見蕭旭《國語補箋》。
〔註397〕方以智《通雅》卷38，收入《方以智全書》第1冊，上海古籍出版社1988
年版，第1160頁。當作「《淮南》『指奏』即『指趣』」。
〔註398〕黃生、黃承吉《字詁義府合按》，中華書局1954年版，第217頁。

切，此苟之合聲，即爲湊字，故又叚作湊。奏乃湊字之省。」〔註399〕

《大政上》校補

此篇又見《鬻子·周公篇》，另詳。

（1）是以一罪疑則弗遂誅也，故不肖得改也

王洲明、徐超曰：遂，盡。（P336）

按：《廣雅》：「遂，行也。」

（2）柔而假之

方向東曰：柔，安撫。章太炎曰：「『柔』即『優』之假借。」假，寬容。（P354）

王洲明、徐超曰：柔，懷柔，感化。（P336）

按：章說是也。《後漢書·劉愷傳》：「肅宗美其義，特優假之。」優、假皆寬縱、寬緩之義。

（3）故紂自謂天王也，桀自謂天子也，已滅之後，民以相罵也

方向東曰：《治要》「桀」上有「而」字。（P356）

按：《治要》卷40引無「相」字。《御覽》卷466引「桀」上有「而」字，「天子」作「天父」。

（4）君鄉善於此，則佚佚然協，民皆鄉善於彼矣，猶景之象形也；君為惡於此，則啍啍然協，民皆為惡於彼矣，猶響之應聲也

方向東曰：盧文弨曰：「佚佚，輕便之貌。建本訛作『失然』，今從潭本。啍啍，壯健之貌。」按：吉府本同建本。失，與「佚」通。王謨本作「共默協」。啍，與「訰」通。《爾雅》：「訰訰，亂也。」（P357）

王洲明、徐超曰：佚佚然，安然的樣子。啍啍然，愚蠢的樣子。（P340）

按：四庫本亦作「共默協」，即「失然協」之誤。《管子·任法》：「故下之事上也，如響之應聲也；臣之事主也，如影之從形也。」又《明法解》：「如此則下之從上也，如響之應聲；臣之法主也，如景之隨

形。」《荀子·彊國》:「夫下之和上,譬之猶響之應聲,影之像形也。」此皆賈子所本。《淮南子·主術篇》:「故聖人……抱德推誠,天下從之,如響之應聲,景之像形。」亦足參證。象(像),猶隨也,從也。佚佚然,疾速貌。《荀子·宥坐》:「若有決行之,其應佚若聲嚮。」王念孫曰:「佚,讀爲呋。呋,疾貌也。《漢書·揚雄傳》《甘泉賦》:『蠁呋肸以棍根兮。』《文選》李善注:『呋,疾貌也。』古無呋字,故借佚爲之耳。」〔註400〕王說是也,而尚未探本。考《說文》:「駃,馬有疾足。」《玉篇》:「駃,馬疾走也。」「駃」乃本字。此以佚佚然疾速形容景之象形。嗔嗔然,聲響貌。《詩·大車》:「大車檻檻……大車嗔嗔。」毛傳:「檻檻,車行聲也。嗔嗔,重遲之貌。」馬瑞辰曰:「『檻檻』乃『轞轞』之假借。《通俗文》:『車聲曰轞。』『嗔嗔』亦當爲車行之聲,猶檻檻也。」〔註401〕此以嗔嗔然形容響之應聲。《資治通鑑外紀》卷2引《尚書大傳》:「天之命文王,非嗔嗔然有聲音也。」

《大政下》校補

此篇又見《鬻子·撰吏篇》、《守道篇》,另詳。

(1)刑罰不可以慈民,簡泄不可以得士

方向東曰:簡泄,怠慢。(P361)

閻振益曰:《荀子·榮辱》注:「泄,與媟同,嫚也。」(P351)

按:《荀子·榮辱》:「憍泄者,人之殃也。」王念孫曰:「劉云:『憍,當從元刻作憍。』宋、錢本亦作憍。『憍泄』即『驕泰』之異文,《荀子》他篇或作汏,或作忕,或作泰,皆同。古字世、大通用。《賈子》曰:『簡泄不可以得士。』亦以泄爲汏。」〔註402〕王說可通。竊謂泄讀爲愧,俗字亦作伳。《說文》:「愧,習也。」謂狎習。字亦作忕,《玄應音義》卷12:「習忕:又作愧。《字林》:『愧,習也。』」亦備一通。

〔註400〕王念孫《荀子雜志》,收入《讀書雜志》卷12,中國書店1985年版,第28頁。
〔註401〕馬瑞辰《毛詩傳箋通釋》,中華書局1989年版,第243~244頁。
〔註402〕王念孫《荀子雜志》,收入《讀書雜志》卷10,中國書店1985年版,第60頁。

（2）故欲以刑罰慈民，辟其猶以鞭狎狗也，雖久弗親矣；故欲以簡泄
得士，辟其猶以弧怵鳥也，雖久弗得矣

　　方向東曰：盧文弨曰：「『怵』當與『訹』同，誘也。」（P361）

按：怵，吉府本誤作「怀」。《淮南子·主術篇》：「執政有司……削薄其德，
曾累其刑，而欲以爲治，無以異於執彈而來鳥，挀（捭）梲而狎犬也，
亂乃逾甚。」又《說山篇》：「執彈而招鳥，揮梲而呼狗，欲致之，顧
反走。」《說苑·尊賢》：「猶舉杖而呼狗，張弓而祝雞矣。」皆足參
證。《管子·心術上》：「人迫於惡則失其所好，怵於好則忘其所惡。」
《文子·道原》：「智怵於外。」《淮南子·原道篇》作「知诱於外」。
「怵」亦同「訹」。《集韻》：「訹，《說文》：『誘也。』或作怵、鈗。」

（3）故君功見於選吏，吏功見於治民

按：選吏，當從《治要》卷 40 引作「選士」，涉下而誤。上文皆以「士」、
「民」對舉，此亦然。

（4）故世未嘗無聖也，而聖不得聖王則弗起也；國未嘗無士也，不
得君子則弗助也

　　方向東曰：《子匯》本「不得君子」上有「而」字。（P361）

按：例以上句文法，「不得君子」上當有「而士」二字。

（5）王者有易政而無易國，有易吏而無易民

　　方向東曰：易，改变。（P362）

按：《治要》卷 40 引同。《慎子·君人》：「王者有易政而無易國，有易君而
無易民。」作「君」義長。

（6）故民之治亂在於吏，國之安危在於政。故是以明君之於政也慎
之，於吏也選之，然後國興也

　　方向東曰：《子匯》本「故是以」作「是故」，王謨本作「是以」。劉師培
曰：「案『故』即『是』，『以』乃衍文也。蓋『政』字別本訛作『故』，
校者併入正文。」按：「故是以」義同「是以」、「是故」，賈子書中多三
虛字連用者。劉說非。（P363）

按：劉氏校語當點作「案『故』即『是以』，乃衍文也」，劉氏謂「故」爲衍
文。《愼子・君人》：「民之治亂在於上，國之安危在於政。」

（7）故士能言道而弗能行者謂之器，能行道而弗能言者謂之用，能
言之能行之者謂之實，故君子訊其器，任其用，乘其實，而治
安興矣

方向東曰：盧文弨曰：「建本『訊』作『詳』，疑是『誶』。」按：實，與「虛」
相反，指實際的能力。訊，問。（P369）

王洲明、徐超曰：器，指供玩賞之物，中看不中用。訊，投棄。乘，用。
（P351）

閻振益曰：用，行也。乘，因也，依也。夏案：能言道行道者，即名至實
歸，故謂之實。（P357）

按：《荀子・大略》：「口能言之，身能行之，國寶也；口不能言，身能行之，
國器也；口能言之，身不能行，國用也；口言善，身行惡，國祅也；治
國者敬其寶，愛其器，任其用，除其祅。」此《賈子》所本。二書「國
器」、「國用」之說互易。《鹽鐵論・能言》：「能言而不能行者，國之寶
也；能行而不能言者，國之用也；兼此二者，君子也。」說「國用」與
本書同。本書「實」當作「寶」，「訊」當作「信」，「乘」當作「愛」，
並字之誤也。《廣雅》：「信，敬也。」

《脩政語上》校補

此篇又見《鬻子・數始篇》，另詳。

（1）黃帝曰：「道若川谷之水，其出無已，其行無止。」

按：《路史》卷 18 引黃帝之言曰：「道若川水，其出亡已，其流亡止。」

（2）故服人而不爲仇，分人而不譖者，其惟道矣

方向東曰：盧文弨曰：「譖，嚕遝也。」俞樾曰：「譖，讀爲劗，減也。字
或作撍，又或作繂。謂雖分以與人，而其數不爲之減也。」按：譖，聚語。
（P372）

按：《路史》卷 18「譖」上有「爲」字，當據補。俞說是，言分人而能不減

損者惟道。

（3）帝顓頊曰：「至道不可過也，至義不可易也。」是故以後者復迹也

按：《路史》卷 17：「（顓頊）謂至道不可過，至義不可易，而後治者復迹也。」今本「以後」下脫「治」字。

（4）故上緣黃帝之道而行之，學黃帝之道而賞之，加而弗損，天下亦平也

方向東曰：俞樾曰：「賞讀爲償。《廣雅》：『償，復也。』」劉師培曰：「案賞當作常。常者，恒一而守之也。《鶡子》作『常』，此其證。」按：依劉說，則「加而弗損」之「加」，義無所屬，俞說見長。《子彙》本「賞」作「常」……陶鴻慶曰：「此本作『弗加弗損』。」按疑當作「而弗加損」，此言緣黃帝之道而行，學黃帝之道而還原其道，而不加損，天下亦平矣。（P373～374）

王耕心曰：常者，天不變，道亦不變也。俞別有說，非。（P71）

王洲明、徐超曰：賞，通「尙」，崇尙。（P356）

按：俞說是，另詳《鶡子》校補。方氏乙作「而弗加損」，亦是。《路史》卷 17：「故上緣黃帝之道而行之，修黃帝之道而賞之，弗或損益，而致治平。」「加損」即「損益」也。

（5）故節仁之器以修其躬，而身專其美矣

方向東曰：陸良弼本、《子彙》本「躬」作「財」。此「器」疑即《大政下》「士能言道而弗能行者謂之器」之「器」。節仁之器，言品節仁義之器也。躬，身。專，通「摶」，集。劉師培曰：「『仁』當作『人』，『節』當作『即』。《方言》卷 12：『即，就也。』言就人之器以修己身也。『人』與『躬』對文。」（P374）

闇振益曰：節，準，法度。《易·繫辭下》：「君子藏器于身。」疏：「君子善藏道於身。」夏案：「節」用作動字，即上文之「緣」義。「器」即「道」。作「躬」文從字順，然早期明本皆作「財」，疑係臆改。且《困學紀聞》卷 2 引亦作「財」，尤爲明證。財，借爲才。（P365）

按：《禮記·表記》：「子曰：『仁之爲器重，其爲道遠。舉者莫能勝也，行

者莫能致也。』」又「子曰：『恭近禮，儉近仁，信近情敬讓以行。此雖有過。其不甚矣。』夫恭寡過，情可信，儉易容也。以此失之者，不亦鮮乎？」孔子以「器」、「道」比喻「仁」，故可「舉」可「行」，賈子即本孔說。「節」即「節儉」義，節儉仁之器以修其才，則易容（容易裝滿）也，即謂容易達到修身的目的。「專」謂專有、獨自佔有。《書・說命下》：「罔俾阿衡，專美有商。」

（6）憂眾生之不遂也

方向東曰：遂，終。不遂，言不能盡享天年。（P375）

王洲明、徐超曰：不遂，不能順利生長。（P358）

鍾夏曰：遂訓成長，參下「饑寒」語，不遂謂民生不寧。（P365）

按：《玉篇》：「遂，安也。」

（7）仁行而義立，德博而化富

方向東曰：劉師培曰：「『富』當從《說苑》作『廣』。」（P375）

王洲明、徐超曰：化富，指教化多。（P358）

鍾夏曰：富，備也，盛也。於文皆通。（P365）

按：劉說是也。行，《說苑・君道》作「昭」。

（8）故不賞而民勸，不罰而民治，先恕而後行，是以德音遠也

方向東曰：盧文弨曰：「《說苑》『行』作『教』。」（P375）

鍾夏曰：疑此「行」通「刑」，謂恕而重犯者刑之。（P365）

按：鍾說非也。《莊子・天地》：「故不賞而民勸，不罰而民畏。」〔註403〕《呂氏春秋・上德》：「不賞而民勸，不罰而邪止。」《新語・無為》：「民不罰而畏，不賞而勸。」〔註404〕《管子・小問》：「後之以事，先之以恕。」「行」謂行事，即「後之以事」之誼。

（9）好賢而隱不逮，彊於行而薔於志

方向東曰：《子彙》本、吉府本「逮」作「還」。盧文弨曰：「『薔』謂植立

〔註403〕《新序・節士》同。
〔註404〕據《治要》卷40所引，今本有衍誤。

也。」按：與「栽」通。不逮，謂不及賢者。隱不逮，使不賢者隱。蕭旭曰：「逮，疑讀爲肄，即『肆』，力也，勤也。隱不逮，黜退不勤勉者。薔，疑讀爲孜，勤勉，與『彊』訓努力同義對舉。」其說可參。（P376）

王洲明、徐超曰：隱不逮，指不用無德無行之人。（P359）

閻振益曰：隱不還，李本、盧本作「隱不逮」。夏案：二者似皆通。《易・坤・文言》：「天地閉，賢人隱。」還，歸也。隱，憂也。逮，及也，與也。謂好賢而憂己之不及，或謂好賢而憂賢者不己與。（P367）

按：鍾夏亂引一通，非是。余舊說亦不確，謹訂正焉。四庫本亦作「還」，《經濟類編》卷7引作「逮」。「還」乃「遝」形譌，即「逮」字。本書《道術》：「優賢不逮謂之寬。」「不逮」義同。隱，憐憫、同情，與「優賢」、「寬」義近。《路史》卷20：「彊于行薔于志，以養天下之形。」「薔」當作「薔」，形之譌也。「薔」或體作「薔」，見《玉篇》，故致譌耳。王念孫曰：「薔可訓爲立，而字書、韻書皆無此訓……事、傳並與薔通，故《賈子・脩政語篇》曰：『彊於行而薔於志。』謂立於志也。是薔、事、傳皆有立義。」〔註405〕

（10）吾盡吾敬以事吾上，故見謂忠焉

　　方向東曰：見，同「現」。（P376）

　　鍾夏曰：見，猶今所謂被。「焉」即「於之」。（P367）

按：《路史》卷21「見」下有「者」字，下二句同，當據補。

（11）是以見愛親於天下之民，而歸樂於天下之民，而見貴信於天下之君

按：下二句，《路史》卷21作「而歸樂于天下之士，又貴信于天下之君」。

（12）故吾取之以敬也，吾得之以敬也

　　方向東曰：「取」上原有「詳」字。俞樾曰：「《困學紀聞》引此無『詳』字，當據刪。」（P376）

〔註405〕王念說轉引自王引之《經義述聞》卷31，江蘇古籍出版社1985年版，第730～731頁。

按：《玉海》卷 31 引無「詳」字。《路史》卷 21 作「則取之以敬也」，亦無「詳」字。

（13）唯以敬者為忠必服之

按：今本不通，《路史》卷 21 作「惟以忠敬而時鄉之」，當是。

（14）諸侯大夫以寡人為汰乎

> 方向東曰：《廣韻》：「汰，太過也。」（P378）

按：汰，四庫本、吉府本作「汏」，《困學紀聞》卷 2 引同，皆「泰」之借字，俗字亦作忕、惏。「汰」字《廣韻》釋爲「汰過」，《集韻》釋爲「太過」。

（15）故鬢河而道之九牧，鑿江而道之九路，灑五湖而定東海

> 方向東曰：盧文弨曰：「『鬢』與『環』同，別本作『環』。又『道』作『導』，下同。『灑』與『釃』同，疏也。建本作『澄』，潭本作『登』，皆訛。」章太炎曰：「『鬢』與『鑿』、『灑』同是決行之意。河千里一曲，必轉旋行之，故曰鬢河也。『鬢』即『旋』之假借。」蔣禮鴻曰：「『鬢河』義不可通。『鬢』乃『鬀』字之誤。鬀者，謂疏濬耳。《淮南子·要略篇》作『剔河而道九岐，鑿江而通九路』。」按：蔣說是。「牧」疑當從《淮南子》作「岐」。（P378～379）

> 王耕心曰：別本作「環」，是也。（P71）

按：明·周嬰《卮林》卷 5「鬢河釃湖」條：「高誘《淮南》注曰：『剔，洩去也。』《莊子》『燒之剔之』，向秀、崔譔並作『鬀』。鄭玄《儀禮》注曰：『今文鬀爲剔。』據此則《新書》當作『鬀河而導之九枝』，正與《淮南》同字也。」《說苑·君道》：「禹……故疏河以導之，鑿江通於九派，灑五湖而定東海。」向宗魯曰：「鬢當爲鬀，牧當爲岐，皆字形相似而誤。」〔註406〕向、蔣二說與周氏暗合。虁一氏則讀「鬢」爲「濬（浚）」，舉《易·恒》：「浚恒，貞凶，無攸利。」上博竹書《周易》第 28 簡「浚」作「𣪠」〔註407〕，其說可從。《玉海》卷 20 引作「鬢河而導之九牧，鑿江而導之九路」，又卷 21 引作「大禹

〔註406〕向宗魯《說苑校證》，中華書局 1987 年版，第 7 頁。
〔註407〕虁一《「鬢河」新解》，http://www.gwz.fudan.edu.cn/Srcshow.asp?Src_ID=788。

鬡河而道之九牧，鑿江而導九路，澄五湖而定東海」，《路史》卷 22 作「鬡河而定之九牧，鑿江而涓之九路，疏五湖而定東海」。「牧」字亦誤。灑，分也，字或作釃，《困學紀聞》卷 10 引《說苑》「灑」作「釃」。

（16）禹嘗晝不暇食，夜不暇寢矣

方向東曰：暇，閑。（P379）

按：嘗，《御覽》卷 82 引作「常」，借字。暇，猶得也〔註 408〕。《書鈔》卷 15、《御覽》卷 82 引同，《路史》卷 22 下「暇」作「獲」，獲亦得也。

（17）方是時也，憂務故也

方向東曰：《御覽》卷 82 引「故」作「民」。務，指治水之事。作「故」為是。（P379）

王洲明、徐超曰：務民，為民。（P362）

按：「憂務」是漢人成語，猶言憂急。《詩·谷風》：「將恐將懼，維予與女。」鄭玄箋：「當此之時，獨我與女爾，謂同其憂務。」《玄應音義》卷 6 引《廣雅》：「務，遽也。」《廣韻》同。下文「禹與民士同務」，言同其急也。

（18）故禹與士民同務，故不自言其信，而信諭矣

方向東曰：陸良弼本「士民」二字倒。（P379）

王洲明、徐超曰：務，致力、從事。（P362）

按：四庫本、吉府本亦誤倒作「民士」，《御覽》卷 430 引不倒。《御覽》脫「而信」二字，《路史》卷 22 不脫。

（19）湯曰：「學聖王之道者，譬其如日；靜思而獨居，譬其若火。」

方向東曰：章太炎曰：「《御覽》卷 3 引作『靜居而獨思』。按：此下亦作『靜居獨思』，則《御覽》是。」按：《類聚》卷 1 同。（P379）

按：《御覽》卷 607 引亦作「靜居而獨思」，《說苑·建本》河間獻王引湯語作「靜居獨思」，尤其確證。《困學紀聞》卷 2 引已倒同今本。

〔註 408〕參見蕭旭《古書虛詞旁釋》，廣陵書社 2007 年版，第 95～96 頁。

（20）故使人味食，然後食者，其得味也多；若使人味言，然後聞言
　　　者，其得言也少

按：裴學海曰：「故，猶若也。爲『若或』之義。『故』與『若』爲互文。」
　　〔註409〕

（21）以數施之萬姓為藏

按：萬姓，《說苑・君道》作「万物」。

（22）故人主有欲治安之心而無治安之故者

　　　方向東曰：盧文弨曰：「下『故』疑當作『政』。」（P380）

按：吉府本作「政」，《經濟類編》卷7引同。

（23）故明君敬士、察吏、愛民以參其極，非此者則四美不附矣

　　　方向東曰：參，參照。極，準則。（P380）

　　　王洲明、徐超曰：以參其極，以正確規定加以檢驗。參，驗。極，正。（P365）

　　　閻振益曰：參，猶言至。（P369）

按：「參」同「三」，指「敬士、察吏、愛民」。參其極，謂三者皆達到極致，
　　做到最好。

《修政語下》校補

（1）旭旭然如日之始出也

　　　方向東曰：旭旭然，日出時光明燦爛的樣子。（P382）

按：《爾雅》：「旭旭，憍也。」郭璞注：「皆小人得志憍蹇之貌。」非此之
　　誼。《太玄・從》：「（日）方出旭旭，朋從爾醜。」范望注：「旭旭，
　　未明之間。醜，類也。日方出旭旭之時，羣類莫不望之而從，故曰朋
　　從爾醜也。」「旭旭然」形容日始出未明之貌。《說文》：「旭，日旦出
　　皃。一曰，明也。」此用前一義。

（2）君子既入其职，則其於民也，暵暵然如日之正中

　　　方向東曰：《御覽》卷3引「暵暵」作「暵暵」，下注云：「音漢。」當從。

〔註409〕裴學海《古書虛字集釋》，中華書局1954年版，第317～318頁。

章太炎曰：「此『暵』爲訛誤無疑。」暵，暴曬。此指日中光明貌。（P382）

按：暵暵，《事類賦注》卷1引作「暵暵」，注：「暵音漢。」《天中記》卷1引亦作「暵暵」。《鶡子·道符》唐·逢行珪注作「昭昭」，蓋臆改。《說文》：「暵，乾也，耕暴田曰乾。」字亦作熯，《說文》：「熯，乾貌。」《初學記》卷25引作「熯，蒸火也」。謂日氣蒸騰也。

（3）寡人願守而必存，攻而必得，戰而必勝，則吾爲此奈何

方向東曰：《子彙》本「存」作「有」。（P383）

按：「有」爲「存」形譌。《治要》卷40、《長短經·政體》引並作「存」。

（4）唯攻守而勝乎同器，而和與嚴其備也

方向東曰：盧文弨曰：「勝乎，別本作『戰乎』。」《治要》作「攻守戰勝同道」。俞樾曰：「別本作『戰乎』，當從之。言攻守與戰也，三者並舉，以『而』字連屬之〔註410〕，又用『乎』字爲語詞耳。」按：俞說是。（P383）

按：此當作「攻守戰勝乎同器」，《長短經·政體》作「攻守同道」，各本及諸書所引皆有脫文。

（5）和可以守而嚴可以守，而嚴不若和之固也；和可以攻而嚴可以攻，而嚴不若和之得也

按：《治要》卷40引同，《長短經·政體》作「嚴不可以守」、「嚴不可以攻」，誤衍二「不」字。

（6）諸侯聽獄斷刑，仁於治，陳於行

方向東曰：盧文弨曰：「建本、別本皆譌，此從潭本。」按：吉府本「刑」上有「治」字。《子彙》本同，並「行」作「刑」。王謨本、弘治本作「聽獄斷治，陳仁於行」。《治要》「斷」下有「治刑仁於人者謂之文誅矣故三文行於政」十七字，「仁」作「立」。據上文「文政」、「文禮」言，《治要》引當是。劉師培曰：「疑本文當作『諸侯斷獄聽治，刑仁於人者謂之文刑矣』。程本作『諸侯聽獄斷治治陳仁于刑』，雖多脫誤，然必於下脫『人者謂之文』五字，『治陳』爲衍文。」（P383）

〔註410〕原引誤作「『以』、『而』字連屬之」，經正。

按：《長短經・政體》作「聽獄斷刑，治仁於人者，謂之文誅矣。故三文立
　　於政，行於理」。此當有「文誅」之說，與「文政」、「文禮」合稱「三
　　文」。參以二書所引，疑當作「諸侯聽獄斷刑，治仁於人者，謂之文誅
　　矣。故三文行於政，立于治，陳於禮」。「政」、「治」、「禮」與上文「政
　　平於人」、「禮恭於人」、「治仁於人」相應，「治」指「聽獄斷刑」。《大
　　戴禮記・盛德》：「故季冬聽獄論刑者，所以正法也。」「聽獄斷刑」即
　　「聽獄論刑」。

（7）故諸侯凡有治心者，必脩以之道而與之以敬，然後能以成也；
　　　凡有戰心者，必脩之以政而興之以義，然後能以勝也

　　　　方向東曰：王謨本「與之以敬」作「興之以敬」，《子彙》本「興之以義」
　　　　作「與之以義」，皆形近致譌。（P384）

按：脩以之道，盧本作「脩之以道」，各本同。與，四庫本作「興」，《格物
　　通》卷19、《經濟類編》卷7引同。「興」字是。

（8）天下壞壞，一人有之；萬民蘸蘸，一人理之

按：「有」古音以，故與「理」為韻。

（9）故天下者，非一家之有也，有道者之有也。故夫天下者，唯有
　　　道者理之，唯有道者紀之，唯有道者使之，唯有道者宜處而久之

按：《逸周書・殷祝解》：「此天子位，有道者可以處。天子（下），非一家
　　之有也，有道者之有也。故天下者，唯有道者理之，唯有道者紀之，唯
　　有道者宜久處之。」〔註411〕《御覽》卷83引《尚書大傳》：「此天子之
　　位，有道者可以處之矣。夫天下，非一家之有也，唯有道者之有也，唯
　　有道者宜處之。」皆賈子所本。

（10）故上忠其主者，非以道義則無以入忠也；而中敬其士〔者〕，不
　　　以禮節〔則〕無以諭敬也；下愛其民〔者〕，非以忠信則無以諭
　　　愛也

按：二「者」一「則」，皆據文例補。

〔註411〕《類聚》卷12引《周書》下「天子」作「天下」，《慎子外篇》同。《白虎通・
　　三正》：「明天下非一家之有。」

（11）故智愚之人有其辭矣，賢不肖之人別其行矣，上下之人等其志矣

　　　方向東曰：陶鴻慶曰：「『有』字誤文，雖不能定爲何字，當與下文『別其行』、『等其志』意義相近。」劉師培曰：「文『別其行』、『等其志』（俞云：『等猶差也。』）均爲分別之義。『有』與『囿』同，言智愚之人均可以言定之也。」按：辭，別。有其辭即有其別，義可自通。（P386～387）

　　　鍾夏曰：《廣韻》：「有，質也。」（P377）

　按：「有其辭」、「別其行」、「等其志」均動名結構，「辭」不得訓別。劉氏讀「有」爲囿，拘也，其義未安。《廣韻》「有」訓質，本於《廣雅》，指形質，名詞，亦非其誼。「辭」與「行」對文，猶言也。有，讀爲究，窮究也，深察也。

（12）若夫富則可爲也，若夫壽則不在於天乎

　按：《類聚》卷12引無「不」字，《愼子・君人》同。

（13）聖王在上位，則天下不死軍兵之事

　　　方向東曰：《治要》、《御覽》卷84引「不死」作「無」。《書鈔》卷15引作「則天下無兵車之事」。（P387）

　按：《類聚》卷12、唐・崔融《拔四鎭議》引亦作「無」〔註412〕，《愼子・君人》同。《書鈔》見卷15引作「無兵車之事」，未引「則天下」三字。「兵車」為「軍兵」倒误。

（14）故諸侯不私相攻，而民不私相鬬閡，不私相煞也

　按：閡，吉府本誤作「閱」，《類聚》卷12、《御覽》卷84引無此字，《愼子・君人》同。《海錄碎事》卷10引雖誤作「私門」，亦無此字。此文以一字相對舉，「閡」爲後人妄增。

（15）而民無夭遏之誅

　　　方向東曰：《治要》「遏」訛作「竭」。夭遏，夭折。（P387）

　　　閻振益曰：朱起鳳曰：「夭閼，猶言夭壽也，『夭遏』同音通用。」（P377）

〔註412〕《文苑英華》卷769唐・崔融《拔四鎭議》，中華書局1966年版，第4049頁。下引同。

按：唐・崔融《拔四鎮議》引誤作「天闕」。《莊子・逍遙遊》：「背負青天而莫之夭閼者。」司馬彪曰：「夭，折也。閼，止也。」是崔氏所見本必作「夭閼」也。

（16）則民無厲疾

　　方向東曰：厲，通「癘」。（P388）

按：厲，《海錄碎事》卷 10 引作「癘」。

《禮容語下》校補

（1）魯叔孫昭聘于宋，宋元公與之燕，飲酒樂

按：當「燕飲酒」連讀。《周禮・天官・冢宰》：「王燕飲酒，則為獻主。」又「凡王之燕飲酒，共其計，酒正奉之。」《詩・湛露》序：「湛露，天子燕諸侯也。」鄭玄箋：「燕謂與之燕飲酒也。」燕，《左傳・昭公二十五年》作「宴」。

（2）已而告人曰

按：已，《左傳・昭公二十五年》作「退」。《玉篇》：「已，退也。」

（3）吾聞之，哀樂而樂哀，皆喪心也

按：《左傳・昭公二十五年》、《漢書・五行志》同，吳昌瑩釋之曰：「而，猶與也，及也。」〔註413〕《類聚》卷 35 引《左傳》作「哀而樂，樂而哀」，非也。

（4）主民者不可以媮，媮必死

　　方向東曰：媮，同「偷」，鄙薄。（P391）

按：本字為「愉」，《說文》：「愉，薄也。《論語》曰：『私覿愉愉如也。』」《集韻》：「愉、媮，或從女。」

（5）吾聞之曰：「一姓不再興。」

　　方向東曰：韋昭曰：「一姓，一代也。」一姓，指周室之姬姓，韋云一代，

〔註413〕吳昌瑩《經詞衍釋》，中華書局 1956 年版，第 114 頁。

非是。（P391）

按：汪遠孫引《逸周書‧太子晉解》：「自太皥以下至于堯、舜、禹，未有一姓而再有天下者。」〔註414〕

（6）夫宮室不崇，器無蟲鏤，儉也

方向東曰：盧文弨曰：「蟲鏤，別本作『雕鏤』，《國語》作『彤鏤』。」按：當作「彤鏤」，韋昭曰：「崇，高也．彤，丹也。鏤，刻金飾也。」《說文》：「彤，丹飾也。」《左傳‧哀公元年》：「器不彤鏤。」賈誼必從《左傳》。（P391～392）

閻振益曰：蟲鏤，謂雕鏤之細如蟲蛀，程本即作「雕鏤」。（P383）

按：閻氏臆說。《國語‧周語下》、《楚語上》皆作「彤鏤」，《吳越春秋‧王僚使公子光傳》：「蟲鏤之刻畫。」王引之曰：「蟲者烅之借字，《說文》：『烅，赤色也。』通作蟲，又通作彤，故《左傳》、《國語》作『彤鏤』，《賈子》、《吳越春秋》作『蟲鏤』。」〔註415〕徐復說略同〔註416〕。汪遠孫曰：「彤、蟲聲近通假。」〔註417〕朱駿聲曰：「蟲，叚借爲彤。」〔註418〕朱起鳳曰：「彤爲彫字之誤，蟲、彤疊韻。」〔註419〕竊謂《賈子》、《吳越春秋》「蟲」當讀如字。《淮南子‧本經篇》：「華蟲疏鏤，以相繆紾。」高誘注：「《書》曰：『山龍華蟲，藻火粉米。』」「蟲鏤」即「華蟲疏鏤」也。崇，韋昭訓高，亦未安，當訓飾。《周語中》：「容貌有崇。」《楚語下》：「容貌之崇。」韋昭注並曰：「崇，飾也。」《晏子春秋‧內篇問上》：「宮室不飾。」

（7）賓之禮事，稱上而差，資也

方向東曰：盧文弨曰：「稱上而差，《國語》作『放上而動』。」按：意相近。《子匯》本「資」作「咨」。稱，合也。差，別也。（P392）

〔註414〕汪遠孫《國語發正》，收入王先謙《清經解續編》卷631，鳳凰出版集團2005年版，第3冊，第163頁。

〔註415〕王引之《經義述聞》卷19，江蘇古籍出版社1985年版，第473頁。

〔註416〕徐復《〈賈誼集匯校集解〉序》，河海大學出版社2000年第2版，第3頁。

〔註417〕汪遠孫《〈國語〉明道本考異》，《國學叢書‧〈國語〉附錄》，商務印書館1958年版，第281頁。

〔註418〕朱駿聲《說文通訓定聲》，武漢市古籍書店1983年版，第41頁。

〔註419〕朱起鳳《辭通》，上海古籍出版社1982年版，第2173頁。

按：《國語》作「咨」。韋昭注：「放，依也。咨，言必與上咨也。」差，制
等次也。言迎合上意，而爲制禮賓的等級。余舊說云：「差，擇也。」
〔註420〕非是。

（8）若是而加之以無私，重之以不侈，能辟怨矣

方向東曰：盧文弨曰：「侈，《國語》作『殽』，雜也。」（P392）

按：韋昭注：「殽，雜也。眾人過郊，單子獨否，所以不殽雜。」「侈」疑「偝」
形譌。偝，讀爲殽。余舊說云：「侈，多也。」非是。辟，《國語》公序
本同，明道本作「避」，古今字。

（9）晉之三卿，郤錡、郤犨、郤至從晉厲公，會諸侯于柯陵

方向東曰：陸良弼本「柯」作「加」。（P395）

按：吉府本亦作「加」，《國語・周語下》、《左傳・成公十七年》作「柯」，《永
樂大典》卷 2978 引《國語》作「阿」〔註421〕。《淮南子・人間篇》：「晉
厲公之合諸侯于嘉陵。」「加」即「嘉」，與「柯」一聲之轉也〔註422〕。
宋・宋庠《國語補音》：「柯，古何反，今本或作加陵，按內傳及二傳並
作柯，又無別音。設作加字，亦當音柯。」

（10）郤錡見單子，其語犯；郤犨見，其語訐；郤至見，其語伐

方向東曰：盧文弨曰：「《說文》：『訐，詭譌也。』《國語》作『迀』，此『訐』
義亦相近。舊本作『訏』，訛。」按：吉府本、《子匯》本作「訏」。韋昭
曰：「犯，陵犯人也。迀，迀回加誣於人也。伐，好自伐其功也。」按：《漢
書・五行志》：「今郤伯之語犯，叔迀，季伐。」顏師古曰：「迀，誇誕也。」
（P395）

按：四庫本、吉府本亦誤作「訏」（不作「訐」）。盧校作「訐」是，然與
韋昭解皆誤。顏師古說是。訐、迀，並讀爲誇，字或作夸、華、嘩、
譁、芌、諤、宇〔註423〕。《家語・三恕》：「奮於言者華，奮於行者伐。」

〔註420〕蕭旭《國語校補》，收入《群書校補》，廣陵書社 2011 年版，第 95 頁。下引同。
〔註421〕《永樂大典》，中華書局 1986 年影印，第 1634 頁。
〔註422〕從可從加古通，參見張儒、劉毓慶《漢字通用聲素研究》，山西古籍出版社
2002 年版，第 163～164 頁。
〔註423〕參見蕭旭《大戴禮記拾詁》，《澳門文獻信息學刊》第 5 期，2011 年 10 月出

彼之「華」，即本書之「訐」。俞志慧曰：「《說文》：『訐，面相斥罪，告訐也。』『迕』係『訐』字之形近而訛，王念孫所見本《新書》作『訐』，亦當是形訛。」〔註424〕其說償矣。

（11）敢問天道乎？意人故也

方向東曰：盧文弨曰：「『意』與『抑』同，《國語》作『抑』。」（P395）

按：《漢書·五行志》亦作「抑」。

（12）吾非諸史也，焉知天道

方向東曰：盧文弨曰：「『諸史』潭本作『瞽史』，同《國語》。」按：當作「瞽史」。（P395）

按：《漢書·五行志》亦作「瞽史」。

（13）君子目以正體，足以從之

按：正，《國語·周語下》、《漢書·五行志》作「定」。「定」字古文作「㝎」，從「正」得聲，讀爲正。

（14）是以觀容而知其心矣

按：「容」上當據《國語·周語下》、《漢書·五行志》補「其」字。

（15）夫合諸侯，國之大事也

方向東曰：吉府本「國」作「民」，同《國語》。（P396）

閻振益曰：國，原誤作「民」。何孟春曰：「民當作國。」夏案：何說是，茲據《周語》及李本改。（P387）

按：《國語》公序本作「國」，明道本作「民」，《漢書·五行志》作「民」，柳宗元《非國語》、《儀禮經傳通解》卷11、《通志》卷89、《永樂大典》卷2978引《國語》作「民」〔註425〕。「國」俗字作「囻」，因脫誤爲「民」。國之大事在祀戎，合諸侯是其事也〔註426〕；民之大事在農桑，合諸侯

版，第117頁。

〔註424〕俞志慧《〈國語〉韋昭注辨正》，中華書局2009年版，第34頁。

〔註425〕《永樂大典》，中華書局1986年影印，第1634頁。

〔註426〕《左傳·成公十三年》：「國之大事在祀與戎。」《六韜·龍韜·論將》：「故兵者，國之大事。」

非其事也〔註427〕。故「國」字是。

（16）今晉侯無一可焉，吾是以云

　　　方向東曰：盧文弨曰：「潭本作『吾是以知其亡』。」按；當從。（P396）

按：潭本誤。《國語・周語下》、《漢書・五行志》並作「晉侯爽二，吾是以
　　云」。

（17）犯則凌人，迂則誣人，伐則揜人

　　　方向東曰：盧文弨曰：「『誣人』與《國語》同。建本『誣』訛『無』，潭
　　本作『侮』，亦訛。」按：吉府本、《子彙》本同建本。韋昭曰：「掩人，
　　掩人之美。」（P396～397）

　　　王洲明、徐超曰：揜，通「掩」，遮蔽。（P385）

按：作「無」是其舊本。無、誣，並讀爲侮，已詳《耳痹》校補。揜，《國
　　語》作「掩」，《國語舊音》、《國語補音》作「揜」，《補音》又曰：「揜，
　　通作『掩』。」《方言》卷 6：「誣，諅與也。吳越曰誣，荊齊曰諅與，
　　猶秦晉言阿與。」郭璞注：「相阿與者，所以致誣諅。」又卷 10：「譴
　　謱，拏也。拏，揚州、會稽之語也，或謂之惹，或謂之諅。」郭璞注：
　　「言誣諅也。」此之「誣揜」，即彼之「誣諅」。「拏」謂言辭煩拏，以
　　惹亂人耳。

（18）立於淫亂之朝，而好盡言以暴人過，怨之本也

　　　方向東曰：《國語》「暴」作「招」，韋昭曰：「招，舉也。」暴，露，與「舉」
　　義近。（P397）

按：《漢書・五行志》亦作「招」。蘇林曰：「招音翹。招，舉也。」汪遠孫、
　　沈欽韓、王先謙說並同。王引之讀爲昭，未是〔註428〕。

（19）故弗順弗敬，天下不定

按：順，讀爲慎。

〔註427〕《國語・周語上》：「夫民之大事在農。」
〔註428〕參見蕭旭《國語校補》，收入《群書校補》，廣陵書社 2011 年版，第 89 頁。

《胎教》校補

此篇又見《大戴禮記・保傅》，下引省稱作「《大戴》」。

（1）如是，則其子孫慈孝，不敢淫暴

方向東曰：盧文弨曰：「不敢，別本作『不娶』。」按：王謨本作「取」。（P400）

按：作「敢」是，《大戴》、《儀禮經傳通解》卷 4 同。「敢」形誤作「取」，復誤作「娶」。慈孝，《大戴》同，《御覽》卷 540 引《大戴》作「慈悌孝愛」

（2）王后有身，七月而就蔞室

方向東曰：盧文弨曰：「蔞室，《大戴》作『宴室』。」按：盧辯曰：「宴室，郟室，次宴寢也，亦曰側室。」〔註429〕按：蔞室，與「宴室」同義。有身，指懷孕。（P400）

鍾夏曰：「蔞室」當同「宴室」，然未詳何以名蔞。（P396）

按：《說文》：「宴，安也。」也稱「晏室」，《韓子・難三》：「廣廷嚴居，眾人之所肅也；晏室獨處，曾史之所慢也。」《禮記・內則》：「妻將生子，及月辰，居側室。」鄭玄注：「側室，謂夾之室，次燕寢也。」「側室」猶言旁室，以位置命名；「宴（晏）室」以功用命名，而所指則一也。朱起鳳曰：「宴室即息宴之室，《賈子》作『蔞』，形相涉而訛。」〔註430〕其說可從。俞樾曰：「『宴室』當從《新書》作『蔞室』。《爾雅》：『陝而修曲曰樓。』蔞即樓之假字，故盧注以『郟室』解之。郟即陝也，蔞、宴字形相似，又涉注文『宴寢』而誤耳。」〔註431〕其說非也。「郟室」即「夾室」，謂正室之東西廂，取夾持爲義，與「側室」義同。陝而修曲曰樓者，郭璞注：「脩長也。」「陝」即「狹」，《釋文》：「陝，《說文》云：『隘也。』俗作狹。」「陝」取狹長爲義。盧注以「郟室」解之，但指二者是一室之別名，不謂其得名之由相同。身，讀爲娠，字亦作㝃。《玄應音義》卷 9：「娠謂懷胎也。書中亦作身、

〔註429〕原引「郟」誤作「夾」，徑正。
〔註430〕朱起鳳《辭通》，上海古籍出版社 1982 年版，第 2323 頁。
〔註431〕俞樾《群經平議》卷 17，收入王先謙《清經解續編》卷 1378，上海書店 1988 年版，第 5 冊，第 1125 頁。

儥二形，通用也。」〔註432〕

（3）王后所求音聲非禮樂，則太師撫樂而稱不習

方向東曰：劉師培曰：「『撫』當作『憮』，《大戴》作『縕』。憮、縕均藏義也。」按：既稱不習，爲何藏之，於字可通，於理難合。其說非是。（P402）

按：撫即撫拭義。羅本《玉篇殘卷》卷27「縕」字條引《大戴》作「縕瑟」，則謂急張其絃也，急引也。未知《玉篇》何據。竊謂縕讀爲揣，《說文》：「揣，撫也。」字亦作揣、抿，《玉篇》：「揣，撫也。」《集韻》：「揣、抿：《說文》：『撫也。』或省。」字亦作扷，《廣雅》：「扷，拭也。」《集韻》：「扷、揣，拭也。或從昏。」字亦作捫、捫，《玄應音義》卷3：「《聲類》云：『捫，摸。』《字林》：『捫，持也。』經文有作扷，《字林》：『扷，拭也。』」又卷14：「摩扷：古文揣，同。扷，拭也，律文或作捫。捫，摸也。」《說文》：「㨗，埒地，以巾捫之。」俗字亦作搵，《六書故》：「搵，指按也。」後漢竺大力共康孟譯《修行本起經》卷1「搵摩洗刷。」「搵摩」即「捫摩」、「扷摩」。治《大戴》諸家，皆未得其誼〔註433〕。魯迅《古小說鉤沉·青史子》但列異文〔註434〕，而無說。

（4）立而不跛，坐而不差

方向東曰：盧文弨曰：「『差』與『蹉』同，建本訛『遳』，潭本作『詭』，或是『跪』字。」按：吉府本、《子匯》本「差」作「遳」。《大戴》「跛」作「跂」。「跂」乃「跛」形近之訛。坐不跛（差），即盧辯所云「坐不邊」。（P405）

閻振益曰：遳，鄭藏本作「蹉」，《大戴》作「差」。夏案：遳、差當通。（P400）

按：王念孫謂「跂」乃「跛」形近之訛，《書鈔》卷24引《大戴》正作「跛」，《禮記·曲禮上》：「立毋跛，坐毋箕。」尤其確證〔註435〕。《御覽》卷360引已誤。「坐不邊」出《列女傳》卷1，「邊」讀爲偏，俗字作躘、儳。《廣雅》：「差，衺也。」謂足衺出也。王念孫正引《大戴》此文以

〔註432〕高麗本無「儥」字，磧砂大藏經本有。
〔註433〕參見方向東《大戴禮記匯校集解》，中華書局2008年版，第374～375頁。
〔註434〕魯迅《古小說鉤沉·青史子》，收入《魯迅全集》卷8，1938年版，第123頁。
〔註435〕王念說轉引自王引之《經義述聞》卷11，江蘇古籍出版社1985年版，第277頁。

疏證之〔註436〕。俗字作蹉，《吳越春秋‧勾踐陰謀外傳第九》：「夫射之
道……左〔足〕蹉，右足橫，左手若附枝，右手若抱兒。」潭本作「詭」，
是「詫」形譌，非「跪」字。

（5）獨處不倨

方向東曰：王聘珍曰：「倨，慢也。」（P405）

王洲明、徐超曰：一人在家不蹲坐。倨，，，通「踞」。（P393）

閻振益曰：王聘珍曰：「倨，漫（慢）也。」夏案：倨，當係踞之假。若謂
「獨處」另起一意，訓漫（慢）亦通。（P401）

按：余舊說亦云：「倨讀為踞，蹲也。」〔註437〕不踞，謂正席而坐。

（6）成王生，仁者養之，孝者繈之，四賢傍之

方向東曰：盧辯曰：「四賢，慈母及子師。」侍從於左右曰傍。（P405）

王洲明、徐超曰：四賢，四位賢者，名字不能實指。傍之，指在其左右。
（P393）

閻振益曰：孔廣森曰：「《內則》曰：『必求……使為子師，次為慈母，其次
為保母，皆居子室。』」夏案：孔引《禮記》為三母，疑誼所謂四賢，益以
乳母。（P401）

按：本書《保傅》：「故成王中立聽朝，則四聖維之，是以慮無失計，而舉無
過事。」《大戴》同。「四賢」即「四聖」，指上文所稱的周公、太公、
召公、史佚四人，盧、孔之說並非是。亦稱作「四鄰」，《史記‧夏本紀》
《集解》引《尚書大傳》：「古者天子必有四鄰，前曰疑，後曰丞，左曰
輔，右曰弼。」〔註438〕又稱作「四輔」，《漢書‧谷永傳》：「四輔既備，
成王靡有過事。」顏師古曰：「四輔，謂左輔、右弼、前疑、後丞也。《周
書‧洛誥》稱成王曰：『誕保文武受命，亂為四輔。』」傍，《漢語大字
典》引本書釋為「輔佐」〔註439〕，其說是也，而未得本字。傍讀為榜，

〔註436〕王念孫《廣雅疏證》，收入徐復主編《廣雅詁林》，江蘇古籍出版社 1992 年版，
　　　　第 182 頁。
〔註437〕參見方向東《大戴禮記匯校集解》，中華書局 2008 年版，第 387 頁。
〔註438〕《通典》卷 20、《禮記‧文王世子》孔疏引同。
〔註439〕《漢語大字典》（第二版），崇文書局、四川辭書出版社 2010 年版，第 244 頁。

輔弼也，與「維」同義。《廣雅》：「榜，輔也。」王念孫曰：「《說文》：『榜，所以輔弓弩也。』《楚辭・九章》王逸注云：『旁，輔也。』旁與榜通。榜、輔一聲之轉。榜之轉爲輔，猶方之轉爲甫，旁之轉爲溥矣。」又補引《大戴》「四賢傍之」，云：「傍，輔也。」〔註440〕王說是矣，而猶未盡。音轉又作「扶」，《說文》：「扶，左也。左，手相助也。」「左」是佐助義，《繫傳》即作「扶，佐也」。《管子・宙合》：「千里之路，不可扶以繩。」孫詒讓讀扶爲輔，舉《大戴禮記・四代》「巧匠輔繩而斲」爲證，蔣禮鴻從之〔註441〕。王筠引本書釋「傍」爲「附近」；桂馥謂「傍」同「傍」，附行也〔註442〕。皆非是。

（7）主左右不可不練也

方向東曰：盧文弨曰：「主，別本作『立』，《大戴》作『王』。」王聘珍曰：「練，擇也。練與揀音義同。」（P406）

按：王念孫曰：「『立』字是也，『主』者『立』之譌，『王』又『主』之譌耳。練，擇也。」〔註443〕練，四庫本、浙江書局本《玉海》卷58引《大戴》皆誤作「諫」，影元刊本不誤。

（8）闔閭以吳戰勝無敵，而夫差以之見禽於越

按：據下文文例，「之」字衍，《大戴》、《說苑・尊賢》、《長短經・臣行》引古語皆無此字。《說苑》、《長短經》「無敵」下有「於天下」三字。

（9）文公以晉伯，而厲公以見殺於匠麗之宮

按：匠麗，《說苑・尊賢》同，《淮南子・人間篇》、《史記・晉世家》作「匠驪」，《大戴》作「匠黎」，古音並通。《左傳・成公十七年》、《國語・晉語六》亦作「匠麗」。

〔註440〕王念孫《廣雅疏證》，收入徐復主編《廣雅詁林》，江蘇古籍出版社1992年版，第332頁。

〔註441〕蔣禮鴻《淮南子校記》，收入《蔣禮鴻集》卷4，浙江教育出版社2001年版，第225頁。

〔註442〕王筠《說文解字句讀》，中華書局1988年版，第298頁。桂馥《說文解字義證》，齊魯書社1987年版，第164頁。

〔註443〕王念說轉引自王引之《經義述聞》卷11，江蘇古籍出版社1985年版，第278頁。

（10）穆公以秦顯名尊號，而二世以劫於望夷之宮

方向東曰：《大戴》「劫」作「刺」。（P408）

按：「刺」當作「劫」，《說苑·尊賢》、《長短經·臣行》引古語皆作「劫」。《史記·李斯傳》：「二世乃出居望夷之宮……高即因劫令自殺。」亦作「劫」字。「劫」俗作「刼」、「刧」，「刺」俗作「剌（剌）」，形近致譌。

（11）稱為義主

方向東曰：劉師培曰：「《大戴》作『再爲義王』，當從之。」盧辯曰：「陽穀與召陵也。」王聘珍曰：「再爲義王，謂首止與洮之會也。」（P409）

按：王念孫曰：「盧曲說也。『再』當爲『禹』，古『稱』字。『王』當爲『主』，皆字之誤也。稱爲義主者，天下皆稱桓公爲義主也。《賈子》是其明證。」孫詒讓、王樹枏、戴禮皆從其說〔註444〕。

（12）一人之身，榮辱具施焉者，在所任也

方向東曰：具施，指皆附著，採蕭旭說。焉，於是。（P409）

王洲明、徐超曰：具，皆。施，設置、有。（P396）

按：具，《說苑·尊賢》作「俱」。焉，語氣辭。

（13）趙任藺相如而秦兵不敢出

方向東曰：《說苑·尊賢》「出」下有「鄢陵」二字。（P410）

按：此校非也。下句「安陵任周贍而國獨立」，《說苑》「安陵」作「鄢陵」。

（14）楚有申包胥而昭王復反

方向東曰：盧文弨曰：「復反，建、潭本二字倒。《大戴》同。」按：吉府本、《子匯》本亦同，《說苑·尊賢》作「反應」。反，同「返」。復，歸。（P410）

按：《說苑》、《長短經·臣行》引古語作「反位」。作「復反」是，「復」是副詞，猶言又、再。「反」指反其位。《大戴》上文「魏有公子無忌而削地復得」（《說苑》同，《賈子》脫「得」字），「復」字亦此用法。

〔註444〕參見方向東《大戴禮記匯校集解》，中華書局 2008 年版，第 396～397 頁。

（15）故同聲則處異而相應，意合則未見而相親

　　　方向東曰：《說苑・尊賢》「同聲」二字倒，《大戴》無「處」字。（P411）

按：意合，《大戴》同，《說苑》作「德合」（《治要》卷 43 引同今本）。向
　　宗魯曰：「《賈子》、《大戴》『德』作『意』，皆『悳』之譌。」〔註445〕
　　其說是也。「悳」爲「德」古字，形近譌作「意」。《長短經・論士》
　　引語曰：「夫人同明者相見，同聽者相聞，德合則未見而相親，聲同
　　則處異而相應。」亦作「德合」。《國語・晉語四》：「同德合義。」亦
　　其證。韋昭注：「合義，以德義相親。」《論語・里仁》孔子曰：「德
　　不孤，必有鄰。」何晏注：「方以類聚，同志相求，故必有鄰，是以
　　不孤。」此即「德合」之誼也。作「聲同」是，與「德合」相儷。處
　　異，《說苑》同，今本《大戴》脫「處」字。《記纂淵海》卷 5 引《大
　　戴》作「異叩」，又卷 33 引作「異類」〔註446〕，皆爲臆改，不足信
　　也。王念孫校《大戴》補「處」字，是也，而引鄒陽語「意合則胡越
　　爲昆弟」〔註447〕，則非也。蓋亦未悟「意」乃誤字。

（16）死而置屍於北堂

　　　方向東曰：盧文弨曰：「《大戴》『而』上无『死』字。而，汝也。」（P412）

按：「死」字衍。而，吉府本誤作「不」。《家語・困誓》作「汝置屍牖下」，
　　是其確證也。《新序・雜事一》省「而」字。《類聚》卷 24 引《逸禮》：
　　「而置尸於北堂。」〔註448〕

（17）靈公戚然易容而寤曰

　　　方向東曰：《大戴》作「造然失容」。戚然，憂貌。（P412）

按：盧辯曰：「造焉，驚慘之貌。」戚然，《韓詩外傳》卷 7 作「造然」，《新
　　序・雜事一》作「蹴然」，《家語・困誓》作「愕然」，《古今事文類聚》
　　前集卷 54 引《新序》作「蹵然」，《冊府元龜》卷 548 作「遽然」。造、
　　戚、蹴，並一聲之轉，字亦作踧、蹙，本字爲欶、怒，《說文》：「欶，
　　怒然也。《孟子》曰：『曾西欶然。』」宋人作「蹵然」、「遽然」者，

〔註445〕向宗魯《說苑校證》，中華書局 1987 年版，第 180 頁。
〔註446〕此據《北京圖書館古籍珍本叢刊》本，四庫本分別在卷 55、61。
〔註447〕轉引自方向東《大戴禮記匯校集解》，中華書局 2008 年版，第 403 頁。
〔註448〕《御覽》卷 456 引「置」作「致」，借字。

妄改也。

（18）立召蘧伯玉而進之，召彌子瑕而退之

方向東曰：盧文弨曰：「《大戴》『進』作『貴』。」（P412）

按：進，《新序・雜事一》同，《韓詩外傳》卷7、《類聚》卷24引《逸禮》
作「貴」〔註449〕。

（19）徙喪於堂，成禮而後去

按：徙，《大戴》、《新序・雜事一》、《類聚》卷24引《逸禮》同，《韓詩
外傳》卷7誤作「從」，《文選・演連珠》、《楊荊州誄》李善注，《後
漢書・虞詡傳》、《戴憑傳》李賢注，引《外傳》並作「徙」。

（20）陳靈公殺泄冶，而鄧元去陳以族徙

方向東曰：《大戴》「徙」作「從」。（P413）

按：徙，《韓詩外傳》卷7亦作「從」。「從」字是。

（21）故無常安之國，無宜治之民

方向東曰：俞樾曰：「按上云『無常安之國』，則此當云『無恒治之民』，
『恒』與『宜』相似而誤，《說苑・尊賢》正作『恒』字。」（P414）

按：《大戴》、《韓詩外傳》卷5、7作「宜」，《類聚》卷23引《外傳》亦
作「宜」〔註450〕，《治要》卷43引《說苑》作「恒」。戴震曰：「恒，
各本訛作『宜』，今從方本。」此俞說所本，孫詒讓、王樹枏、戴禮、
屈守元說亦同〔註451〕。《宋景文筆記》卷中作「常治之民」，義同。

（22）夫知惡古之所以危亡，不務襲迹其所〔以〕安存，則未有異於却
　　走而求及前人也

方向東曰：《說苑・尊賢》「及」作「逮」。王聘珍曰：「襲，因也。迹，行

〔註449〕《御覽》卷456引仍作「進」。

〔註450〕此據宋紹興本，嘉靖中天水胡纘宗刊本、四庫本誤作「宣」。屈守元所據
　　　　爲誤本。屈守元《韓詩外傳箋疏》，巴蜀書社1996年版，第482頁。下引
　　　　同。

〔註451〕前四說轉引自方向東《大戴禮記匯校集解》，中華書局2008年版，第411
　　　　頁。

也。」（P414）

按：襲迹，《大戴》、《說苑‧尊賢》、《家語‧觀周》同，《韓詩外傳》卷5、7作「襲蹈」，《後漢書‧楊賜傳》李賢注引《外傳》作「襲積」，《御覽》卷496引《外傳》脫作一「積」字。「積」即「迹」音誤。本書《數寧》：「後世無變故，無易常，襲迹而長久耳。」《韓子‧孤憤》：「與死人同病者，不可生也；與亡國同事者，不可存也。今襲迹於齊晉，欲國安存，不可得也。」襲，重復、因襲。迹、蹈，皆爲蹈行、遵循義。及，《大戴》、《家語》同，《外傳》卷5、7亦作「逮」。

《立後義》校補

（1）古之聖帝將立世子，則帝自朝服升自阼階上，西鄉於妃。妃抱世子自房出，東鄉

　　方向東曰：劉師培曰：「『於妃』二字係衍文。」（P416）

按：劉說是也。《儀禮經傳通解》卷4引正無「於妃」二字。

（2）太史奉書西上堂，當兩階之間，北面立，曰世子名曰某者參

　　方向東曰：盧文弨曰：「『參』即『三』。」（P416）

按：參，四庫本作「三」，《儀禮經傳通解》卷4引同。西，當據《通解》所引校作「而」，形近致譌。

（3）帝執禮稱辭，命世子曰度太祖、太宗與社稷於子者參

　　方向東曰：盧文弨曰：「別本『度』作『授』。」按：「度」當作「受」。（P416）

　　王洲明、徐超曰：度，計。（P404）

　　閻振益曰：度，通「渡」，猶言授。程本即作「授」。（P410）

按：閻說未得其本字。度，四庫本作「授」，《儀禮經傳通解》卷4引同。作「度」是其舊本，後人以同義字改作「授」。度，讀徒落切，借爲侂、託，託付。古文「宅」、「度」音通，例略。《集韻》「度」或作「庑」，「侂」或作「愩」，「跿」或作「跎」，「嚁」或作「吒（咤）」，亦其證。《管子‧輕重乙》：「故先王度用於其重。」又《揆度》：「故先王度用其重。」又《國蓄》：「故託用於其重。」此尤「度」讀爲「託」之切

證。《說文》「侂」、「託」並訓寄，音義全同，當即一字異體。《漢書·元帝紀》：「自度曲，被歌聲。」應劭曰：「自隱度作新曲，因持新曲以爲歌詩聲也。」荀悅曰：「被聲能播樂也。」臣瓚曰：「度曲，謂歌終更授其次，謂之度曲。《西京賦》曰：『度曲未終，雲起雪飛。』張衡《舞賦》：『度終復位，次受二八。』」顏師古曰：「應、荀二說皆是也。度音大各反。」據臣瓚說，「度」有「授」義，《西京賦》是其確證〔註452〕。《中華大字典》：「度，徒落切，音鐸。臣瓚云云。案：元好問詩：『不把金針度與人。』度字音義本此。」〔註453〕其說皆是也。敦煌寫卷 S.2073《廬山遠公話》：「相公處分左右，取紙筆來度與，遠公接得紙筆，遂請香爐，登時度過，拜謝相公已了，聽（廳）前自書賣身之契，不與凡同。」二「度」字猶言授與、遞給。《漢語大字典》此義誤讀作徒故切〔註454〕，以未得本字，故失其讀也。編者又未能繼承《中華大字典》的成果，在這一條是倒退了。王鍈舉唐宋例「度」訓「送、遞」者甚多〔註455〕，亦未能明其讀及本字。

（4）比使親戚不相親，兄弟不相愛，亂天下之紀，使天下之俗失，明尊敬而不讓，其道莫經於此

方向東曰：盧文弨曰：「比，語辭。建、潭本作『此』，非，今從別本。潭本『明』作『聞』。案『明』字是明知所當尊敬而不肯讓也，今從建本。又『經』字訛，疑當作『徑』。」按：陸良弼本「明」作「開」，吉府本同潭本。俞樾曰：「『俗』字絕句。『明』疑『所』字之誤。盧校於『失』字絕句，而解『明尊敬』爲『明知所當尊敬』，義未安也。吉府本作『失開尊敬』，尤誤。」按：比，及。盧說非。明尊敬，言知尊敬之理。盧說是，於「失」字斷句亦是。俞說非。蕭旭云徑當訓爲疾速，可從。（P417）

王洲明、徐超曰：比，至，及。（P404）

閻振益曰：經，假借爲徑，邪也。（P411）

〔註452〕《漢書》「度曲」有異說，此不討論。

〔註453〕《中華大字典》，中華書局1978年版，第326頁。

〔註454〕《漢語大字典》（第二版），崇文書局、四川辭書出版社2010年版，第945頁。

〔註455〕王鍈《詩詞曲語辭例釋》，中華書局1986年版，第70～71頁。王鍈《唐宋筆記語辭匯釋》，中華書局2001年版，第43～44頁。

按：比，吉府本作「此」，《儀禮經傳通解》卷 4 引同。明，吉府本作「開」
（不同潭本），《通解》引同，四庫本作「聞」。盧氏於「失」字斷句是。
「比」當作「此」，「開」當作「聞」，並形近致譌。聞，知道，與「明」
義同。於此，猶言如此。莫經，猶言不經，不合正道，不合常法。余舊
說誤。言這樣就……俗敗，雖曉得要尊敬的道理，卻不恭讓，其道不經
竟然如此。

（5）疾死置後以嫡長子，如此則親戚相愛而兄弟不争

方向東曰：盧文弨曰：「建本作『疾死致後復以驕長子』。案『致』與『置』
通，『復』字衍，『驕』字誤。潭本空『驕』字，餘同，今從別本。」按：
吉府本同建本。《子彙》本亦同，惟「致」作「置」，「而」作「也」。（P417）

按：盧校是也。「復」即「後」誤衍。吉府本「疾死」誤作「疾此」，餘同
建本。《儀禮經傳通解》卷 4 引衍一「復」字，「嫡」字不誤。「嫡」
誤作「嬌」，因又改作「驕」。

（6）而所以有天下者，以為天下開利除害，以義繼之也

方向東曰：盧文弨曰：「別本『繼』作『經』。」按：王謨本同。《治要》「所
以」下有「長」字，「為」上有「其」字。（P418）

按：「經」為「繼」形譌，《治要》卷 40、《長短經・懼誡》引皆作「繼」。
今本當補「長」、「其」二字，《長短經・懼誡》引同《治要》。

（7）以強凌弱，眾暴寡，智欺愚

方向東曰：吉府本「欺」作「治」。王謨本作「愚治智」。（P418）

按：四庫本亦作「智治愚」。作「智欺愚」是。本書《時變》：「眾搯寡，
知（智）欺愚，勇劫懼，壯淩衰。」《漢書・賈誼傳》：「眾掩寡，智
欺愚，勇威怯，壯陵衰。」《文選・塘上行》李善注引仲長子《昌言》：
「彊者勝弱，智者欺愚也。」皆其確證。《墨子・非樂上》：「強劫弱，
眾暴寡，詐欺愚，貴傲賤。」又《天志中》：「強劫弱，眾暴寡，詐謀
愚，貴傲賤。」又《兼愛中》：「強必執弱，〔眾必劫寡〕，富必侮貧，
貴必敖賤，詐必欺愚。」〔註456〕《淮南子・脩務篇》：「為天下強掩

〔註456〕「眾必劫寡」據下文反面之筆「眾不劫寡」而補。

弱，眾暴寡，詐欺愚，勇侵怯。」「智欺愚」亦即「詐欺愚」也。

（8）欲變古易常者，不死必亡，此聖人之所制也。惡民更之，故拘
為書，使結之也，所以聞於後世也

方向東曰：盧文弨曰：「書，潭本作『古』，別本作『言』，皆訛。『結』
疑當作『詰』。」劉師培曰：「『結』當作『詰』，禁也，窮治也。」按：
劉說是。疑「惡」與「制」字互倒。言變古易常，不死必亡，聖人之所
惡。制，止。制民更之，言防止民更改制度，故書之以行禁，且傳於後
世。（P418）

鍾夏曰：拘，執也。古，謂古法。結，固也，固結「聖人所制」，正與上文
「變古易常」對文。又，結，止也。亦與劉改「結」為「詰」而訓禁之義
同。（P412）

按：四庫本、吉府本作「古」，盧氏改作「書」，未言所據。別本作「言」是，
「古」乃形近之譌。言，指著作，也即指書。拘，讀居候切，借為構，
撰著。結，集結、集中。言聖人擔心人民更改古制，故撰著為著作，使
古制集中起來，傳之於後世也。

《弔屈原賦》校補

（1）意不自得

按：意，《風俗通·正失篇》引作「內」。

（2）遂自投汨羅而死

按：投，跳也。字或作趠、跋、跂，音轉則為透、趟〔註457〕。

（3）恭承嘉惠兮

方向東曰：《史記》「恭」作「其」。李善注：「《越絕書》曰：『恭承嘉惠，
述暢往事。』」（P418）

按：《史記》「恭」作「共」，借字。《鶡冠子·王鈇》：「共承嘉惠。」亦作借
字。

〔註457〕參見蕭旭《敦煌寫卷〈王梵志詩〉校補》，收入《群書校補》，廣陵書社 2011
年版，第 1271～1272 頁。

（4）造託湘流兮，敬弔先生

方向東曰：顏師古曰：「造，至也。言至湘水而因託其流也。」李善注：「言至湘水託流而弔。」（P421）

闔振益曰：張銑曰：「造，就也。湘，水名。汨羅水流入湘川，故就託此水而弔之。」（P420）

按：王叔岷引《小爾雅》：「造，進也。」〔註458〕諸說皆非。造託，謂造作文辭，言撰作此賦文於湘流也。《說苑・善說》：「楚大夫莊辛過而說之，遂造託而拜謁，起立曰：『臣願把君之手，其可乎？』」此「造託」謂製造託詞，找借口。

（5）闒茸尊顯兮，讒諛得志

方向東曰：孫志祖《文選考異》曰：「《風俗通・正失篇》引作『佞諛得意』〔註459〕。」顏師古曰：「闒茸，下才不肖之人也。」李善注：「胡廣曰：『闒茸，不才之人。』《字林》曰：『闒茸，不肖也。』」（P421）

闔振益曰：《新方言》：「闒爲小戶，茸爲小艸，故並舉以狀微賤也。」（P420）

按：章太炎說得其語源。字亦作「傝㒓」、「搨茸」、「毤毿」、「毢毿」、「傝茸」〔註460〕。《風俗通》引作「佞諛」者，佞，諂也，與「讒」同義。《論衡・答佞》：「佞人不毀人，如毀人，是讒人也。」

（6）賢聖逆曳兮，方正倒植

方向東曰：李善注：「胡廣曰：『逆曳，不得順道而行也〔註461〕。倒植者，賢不肖顛倒易位也。植，《史記》音值。』」按：《考證》作「植」，中井積德曰：「倒植，與『逆曳』同意，謂頭搶地腳朝天也。」顏師古曰：「植，立也。」（P421）

王洲明、徐超曰：逆曳，橫拉豎扯，指不被重用。植，通「置」。（P411）

〔註458〕王叔岷《史記斠證》，中華書局 2007 年版，第 2539 頁。

〔註459〕原引「諛」誤作「訥」，逕正。孫志祖引文不誤，《文選考異》卷 4，收入《續修四庫全書》第 1581 冊，上海古籍出版社 2002 年版，第 198 頁。

〔註460〕參見蕭旭《〈玉篇〉「黮」字音義考》，《中國文字研究》第 18 輯，2013 年 8 月出版，第 144～148 頁。

〔註461〕原引「得」誤作「可」，逕正。

按：《集韻》：「植，樹立也。《史記》：『方正倒植。』劉伯莊讀。」顏師古說同劉氏。錢大昕解此文云：「『植』與『置』同。《論語》：『植其杖而芸。』漢石經作『置』。」〔註462〕錢說是也，《記纂淵海》卷 7 引此文亦作「置」〔註463〕。《文選·洞簫賦》：「超騰踰曳。」四字同義連文。李善注：「曳亦踰也，或爲跇。鄭德曰：『跇，度也。』」「曳」同「跇」，字亦作「跩」、「遰」，本字爲「趨（踰）」，跳躍也。逆曳，猶言倒跳、倒躍，故不得順道而行也。《初學記》卷 22 引後漢·李尤《鞍銘》：「驅騖馳逐，騰躍覆跩。」「覆跩」亦倒跳也〔註464〕。

（7）吁嗟默默，生之無故兮

方向東曰：《史記》作「于嗟嚜嚜」。李善注：「應劭曰：『嚜嚜，不得意也。』臣瓚曰：『先生，謂屈原。』鄧展曰：『言屈原無故遇此禍也。』吳恂曰：「生之亡故，猶詩不如無生之意也。」（P422）

閻振益曰：郭嵩燾曰：「謂默默以生今生，求其故而不可得也。瓚注『生』字指屈原，誤。」（P421）

按：「生」指屈原。故，讀平聲，借爲辜。無（亡）故，謂無罪過也。下文「亦夫子之故也」，《史記》「故」作「辜」。《易·繫辭下》：「又明於憂患與故。」于省吾曰：「『故』應讀作辜。」〔註465〕皆是其證。下文「嗟若先生，獨罹此咎」，與此對應。咎亦過也。二句言默默歎息，先生本無罪過啊。郭說非是。吳國泰謂「故」訓「爲」〔註466〕，亦非是。

（8）斡棄周鼎，寶康瓠兮

方向東曰：《漢書補注》：顏師古曰：「斡，轉也，音管。鄭氏曰：『康瓠，瓦盆底也。』《爾雅》曰：『康瓠謂之甈。』」王先謙曰：「《集解》引應劭曰：『康，容也。一曰康，空也。』《索隱》引李巡云：『康謂大瓠瓢也。』」按

〔註462〕錢大昕《廿二史考異》卷 5，收入《嘉定錢大昕全集（二）》，江蘇古籍出版社 1997 年版，第 87 頁。

〔註463〕此據《北京圖書館古籍珍本叢刊》本，四庫本在卷 55。

〔註464〕參見蕭旭《〈爾雅〉「蟿螽」名義考》。

〔註465〕于省吾《雙劍誃易經新證》卷 4，收入《雙劍誃群經新證》，上海書店 1999年版，第 49 頁。

〔註466〕吳國泰《史記解詁》，1933 年成都居易簃叢著本，第 3 冊，第 46 頁。

《爾雅》郭注：『瓠，壺也。』郝疏云：『《說文》：「康瓠，破罌。」〔註467〕
《廣雅》：「甄，裂也。」《釋文》云：「康，《埤蒼》作甋，《字林》作瓶，
李本作光。」』按：光猶廣也，大也。李巡蓋以光瓠爲大瓠。郭云『瓠，壺』，
與李義異。《爾雅》此文皆言瓦器，當以郭爲長。據此，康瓠謂瓦壺之毀裂
者也。」按：王說見長。（P422～423）

按：應劭又曰：「斡音筦。筦，轉也。」筦訓轉，即「斡」之借字。字亦
作逭，《方言》卷12：「逭，轉也。」又卷13：「逭，周也。」郭璞注：
「謂周轉也。」周鼎，周室之鼎，謂寶器也。《漢書·吾丘壽王傳》：
「鼎爲周出，故名曰周鼎。」段玉裁曰：「康之言空也，瓠之言壺也。
空壺謂破罌也。罌已破矣，無所用之，空之而已。」〔註468〕段氏「空
之而已」或未安，餘說皆是。康、空一聲之轉，從「康」之字，多爲
空義，應劭所引一說是也。瓠、壺亦一聲之轉，古多通用。此指瓦製
之壺，《埤蒼》作「甋」，加義符作瓦壺的專字。《字林》作「瓶」，亦
音之轉。李巡作「光」，亦音之轉，李氏解爲「大」，空則大矣。王先
謙解爲「瓦壺之毀裂者」，非是。康瓠，空大的瓦壺，指瓦盆，其底
部形如已剖之瓠，故以名焉。其名「甄」者，則取剖裂爲義，取義不
同。錢繹曰：「周鼎猶言完鼎，康瓠猶言破瓠。《集解》引如淳曰：『康
瓠，大瓠也。』應劭、李巡、鄭氏云云，說者紛紛，皆不得其解，惟
鄭氏之說近之。蓋瓦盆底形如已剖之瓠，故謂之瓠，以其非全盆，故
謂之甄。瓦盆底謂之甄，猶破罌謂之甄，皆以破得名也。郭氏訓瓠爲
壺，則康之義未了。應劭訓康爲容，又爲空，於義稍近。如淳、李巡
之說，失之遠矣。」〔註469〕其說有得有失。朱駿聲曰：「康，叚借又
爲剛。《爾雅》：『康瓠謂之甄。』《說文》：『甄，康瓠，破罌也。』按：
《法言·先知》：『剛則甄，柔則坯。』甄之爲言裂也。《史記》《索隱》
引李巡《爾雅注》：『大瓠。』則謂借爲廣。」〔註470〕皆失之。

（9）嗟苦先生，獨離此咎兮

方向東曰：《漢書》「苦」作「若」，《永樂大典》本引同，當從。胡克家《考

〔註467〕原引「罌」作「甖」，據《說文》徑正。
〔註468〕段玉裁《說文解字注》，上海古籍出版社1981年版，第639頁。
〔註469〕錢繹《方言箋疏》卷5，上海古籍出版社1984年版，第318～319頁。
〔註470〕朱駿聲《說文通訓定聲》，武漢市古籍書店1983年版，第925頁。

異》有詳說。《漢書》應劭曰：「苦，勞苦。屈原遇此難也。」（P423）

王耕心曰：「嗟若」見《周易》，作「若」是也，說見胡克家《考異》。（P92）

閻振益曰：王先謙曰：「《史記》、《文選》『若』作『苦』，據注文亦當作『苦』，明本書誤。」夏案：王說是，茲據《史記》改。（P422）

按：《漢書》應劭注「勞苦屈原遇此難也」作一句讀，無前一「苦」字。《集解》、李善注引應劭說，「勞苦」前皆有一「苦」字，蓋亦後人妄增。《御覽》卷 697、《記纂淵海》卷 36、《方輿勝覽》卷 23、《崇古文訣》卷 3 引作「若」，是宋人所見，皆作「若」字。《文選・顏延年・祭屈原文》：「曰若先生，逢辰之缺。」李善注引此文，亦作「嗟若」〔註471〕。「曰若」是發語詞，《尚書》習用。顏延年易「嗟若」作「曰若」，義雖稍有別，然可證賈子本作「若」字也。《史記》亦誤作「苦」，《班馬字類》卷 4 引《史記》作「若」，不誤。《漢書・息夫躬傳》《絕命辭》：「嗟若是兮欲何留？」是漢人自有「嗟若」之語。王叔岷從王先謙說，謂胡克家《考異》說非〔註472〕，此則僨矣。

（10）鳳漂漂其高逝兮，固自引而遠去

方向東曰：《漢書》、《賈集》、《永樂大典》「漂漂」作「縹縹」。《史記》「逝」作「遰」，「引」作「縮」。李周翰注：「逝，往也。」（P423）

王耕心曰：「縹」、「漂」當作「飄」，諸家皆通借字。「逝」正文作「遰」，亦通借字。（P92）

閻振益曰：《素問》注：「引，謂引出。」自引，猶言引身，即抽身。（P422）

按：鳳，林家驪讀為風〔註473〕，非也。王叔岷曰：「《說文》：『遰，去也。』遰與逝音義通。（《鹽鐵論・褒賢》：『鸞鳳見而高逝。』似本《賈子》，字亦作逝。）縮、引義亦通。」〔註474〕漂漂，《白氏六帖事類集》卷 29〔註475〕、《方輿勝覽》卷 23 引作「飄飄」。《索隱》：「遰，音逝。」

〔註471〕胡克家《考異》引陳說，已經指出《祭屈原文》可以互證，但未引文。胡克家《文選考異》卷 10，《文選》附錄，中華書局 1977 年版，第 981 頁。

〔註472〕王叔岷《史記斠證》，中華書局 2007 年版，第 2541～2542 頁。

〔註473〕林家驪《劉邦〈大風歌〉中「風」當作「鳳」解》，《文史》第 63 輯，2003 年版，第 33 頁。

〔註474〕王叔岷《史記斠證》，中華書局 2007 年版，第 2543 頁。

〔註475〕《白帖》在卷 94。

「遷」同「逝」，亦作「䠶」、「蹰」，跳也，去也，行也。《淮南子・覽冥篇》：「還至其曾逝萬仞之上，翱翔四海。」高誘注：「曾，猶高也。逝，猶飛也。」「曾逝」義同〔註476〕。固，猶將也〔註477〕。《說文》：「揩，蹴引也。」又「縮，一曰蹴也。」「縮」同「揩」，蹴引猶言縮而引之。閻氏引《素問》注，非是。

（11）襲九淵之神龍兮，沕深潛以自珍

方向東曰：《漢書》、《賈集》、《永樂大典》「深」作「淵」。鄧展曰：「襲，重也。」王先謙曰：「襲，深藏也。」李善注：「《音義》曰：『襲，覆也。猶言察也。』張晏曰：『沕，潛藏也。』」〔註478〕呂向曰：「襲，猶察也。」（P424）

鍾夏曰：此當謂襲神龍之迹。《文選・封禪文》注：「沕，沒也。」《集韻》：「沒，沉溺也。」王先謙曰：「上有淵字，此當爲深。」王說是。（P423）

按：《集解》引或曰：「襲，覆也，猶言察也。」又引徐廣曰：「沕，潛藏也。」此李善所本。周壽昌曰：「襲，猶合也。言比合于九淵之神龍也。」〔註479〕王叔岷曰：「襲，猶入也。下文《正義》引顧野王釋此句云：『沒深藏以自珍。』沕有沒義。淵、深本同義。然此作淵，蓋涉上『九淵』字而誤。」〔註480〕襲，當讀爲習，效法。《釋名》：「褶，襲也。」《文選・齊竟陵文宣王行狀》：「龜謀襲吉。」李善註：「《尚書》曰：『乃卜三龜，一習吉。』襲與習通。」皆其相通之證〔註481〕。舊說皆不確。朱駿聲讀襲爲接〔註482〕，亦非是。沕訓潛藏，讀爲沒，沈（沉）沒也，顧野王說是也。《玉篇》：「沕，亡弗切，沒也，繽紛軋沕，不可分子也。」〔註483〕《篆隸萬象名義》：「沕，亡笔反，沒

〔註476〕參見蕭旭《〈爾雅〉「㺄貐」名義考》。

〔註477〕參見蕭旭《古書虛詞旁釋》，廣陵書社2007年版，第123頁。

〔註478〕原引「潛藏」誤作「深藏」，逕據原書訂正。

〔註479〕周壽昌《漢書注校補》卷35，收入《叢書集成新編》第112冊，新文豐出版公司1985年印行，第257頁。

〔註480〕王叔岷《史記斠證》，中華書局2007年版，第2543頁。

〔註481〕另參見張儒、劉毓慶《漢字通用聲素研究》，山西古籍出版社2002年版，第979頁。

〔註482〕朱駿聲《說文通訓定聲》，武漢市古籍書店1983年版，第111頁。

〔註483〕「子」字各本同，惟四庫本作「分」，胡吉宣訂作「兒」；胡氏又訂「繽紛」作「縮紛」，亦是。「縮紛」亦作「瞋盼」。《史記・司馬相如傳》《上林賦》：「於

也。」「亡弗」、「亡筆」二切，是一音之變。朱駿聲曰：「沒，字亦作汩。」〔註484〕深，《史記》、《文選》同，《六書故》卷6引作「困」，古「淵」字。深潛，猶言深藏。

（12）使騏驥可得係而羈兮，豈云異夫犬羊

方向東曰：《漢書》、《賈集》、《永樂大典》「騏驥」作「麒麟」。（P424）

按：《類聚》卷40、《古今事文類聚》前集卷31、《古今事文類聚》別集卷21引作「麒麟」。《楚辭·惜誓》：「使麒麟可得羈而係兮，又何已異虖犬羊？」亦作「麒麟」，洪興祖注引此文同。豈云，猶言何以〔註485〕。

（13）般紛紛其離此尤兮，亦夫子之故也

方向東曰：《史記》「故」作「辜」。李善注：「李奇曰：『般，久也。紛，亂也。』應劭曰：『般，音班。或曰：般桓不去。紛紛，構讒意也。』犍為舍人《爾雅注》曰：『尤，怨尤也。』〔註486〕李奇曰：『亦夫子不如麟鳳不逝之故，罹此咎。』〔註487〕言般桓不去，離此怨尤，亦夫子自為之故，不可尤人也。」（P424）

閻振益曰：王先謙曰：「經典般、斑、班字皆通用。斑，亂貌。」夏案：此「故」當假為辜。（P423）

按：「般紛紛」是「般紛」的長言，「般紛」是「繽紛」的音轉，故為亂貌。

（14）歷九州而相君兮，何必怀此邦也

方向東曰：《史記》「歷」作「瞝」。（P424）

按：《索隱》：「瞝，音丑知反，謂歷觀也。《漢書》作『歷九州』。」錢大昕曰：「瞝，當讀如离，离、歷聲相近。」〔註488〕錢說是。

是乎周覽泛觀，瞋盼軋沕。」又《大人賦》：「西望崑崙之軋沕荒忽兮。」《漢書》、《文選》作「繽紛軋芴」。《漢書·禮樂志》：「假清風軋忽，激長至重觴。」「軋沕」、「軋芴」、「軋忽」並一音之轉。胡吉宣《玉篇校釋》，上海古籍出版社1989年版，第3762頁。

〔註484〕朱駿聲《說文通訓定聲》，武漢市古籍書店1983年版，第629頁。

〔註485〕參見蕭旭《古書虛詞旁釋》，廣陵書社2007年版，第85頁。

〔註486〕原引「怨尤」誤作「怨大」，逕正。

〔註487〕原引誤以「故」屬下句，逕正。

〔註488〕錢大昕《廿二史考異》卷5，收入《嘉定錢大昕全集（二）》，江蘇古籍出版

（15）見細德之險徵兮，遙曾擊而去之

方向東曰：《史記》、《漢書》、《賈集》「徵」作「微」，「曾」作「增」。《史記》「遙」作「搖」，「擊」作「翮逝」。顏師古曰：「增，重也。言見苟細之人險阨之證，故重擊其羽而高去。」李善注：「如淳曰：『鳳凰曾擊九千里，絕雲氣。遙，遠。曾，高高上飛意也。』鄭玄曰：『擊音攻擊之擊。』李奇曰：『遙，遠也。曾，益也。』險徵，謂輕爲徵祥也。」按：曾，《永樂大典》引作「矰」，當從。（P425）

閻振益曰：王先謙曰：「宋祁曰：『作微非是。』《文選》作『徵』，李善并爲『險徵』作注，是在唐世，本已各異，『徵』義爲長。」王念孫曰：「增，或作曾，猶高也。顏訓爲重，失之。遙者，疾也。《方言》曰：『搖，疾也。』又曰：『遙，疾行也。』搖與遙通。如〔淳〕訓遙爲遠，亦失之。」（P424）

按：王念孫、王先謙說是〔註489〕。宋祁曰：「浙本微作徵，作微者非是，上言微，注言證，意自相會。」《困學紀聞》卷12：「顏注云：『見苟細之人險阨之證。』則微當作徵。」所說皆是。《白氏六帖事類集》卷29引作「微」，是唐人所見已誤。曾，《古今事文類聚》前集卷31、《方輿勝覽》卷23、《崇古文訣》卷3引作「矰」，《古今事文類聚》別集卷21引作「繒」，皆誤。《史記》作「搖增翮逝而去之」，《白氏六帖事類集》卷29引作「搖增翮而去之」〔註490〕，亦皆誤以「搖」爲搖動，「增」爲增加，故添一「翮」字耳。《文選·宋玉·對楚王問》：「鳳凰上擊九千里，絕雲霓，負蒼天，足亂浮雲，翱翔乎杳冥之上。」「曾擊」即「上擊」也。吳國泰曰：「險當爲儉字之借。儉微者細德之狀。增者層字之借。層翮言毛羽之豐滿也。」〔註491〕王叔岷曰：「搖與遙，增與曾，翮與擊，並古字通用。《漢書補注》：錢大昭曰：『擊即翮也……古擊、鬲通用。』王念孫云云。如王說，則此文翮乃擊之借字。竊以爲擊借爲翮，於義亦得。增或曾不必訓爲高。《楚辭》王

社1997年版，第87頁。
〔註489〕王念孫說見《漢書雜志》，收入《讀書雜志》卷5，中國書店1985年版，第62頁。
〔註490〕《白帖》在卷94，「增」誤作「矰」。
〔註491〕吳國泰《史記解詁》，1933年成都居易簃叢著本，第3冊，第46頁。

注：『曾，舉也。』『搖增翮』、『遙增擊』、『遙曾擊』義並猶『速舉翮』耳。」〔註492〕皆未得。

《鵩鳥賦》校補

方向東曰：《史記》、《漢書》、《賈集》「鵩」作「服」。（P427）

按：《論衡·指瑞》、《類聚》卷92引引作「服」，《御覽》卷23引作「鵩」，字並同。

（1）乃為賦以自廣

方向東曰：《索隱》：「姚氏云：『廣，猶寬也。』」（P428）

按：李善注：「自廣，自寬也。」廣讀爲懬，《說文》：「懬，一曰寬也。」「懬」即心寬義之專字。

（2）庚子日斜

方向東曰：《史記》「斜」作「施」。孟康曰：「日斜，日昳時。」李善注：「李奇曰：『日西斜時也。』」（P428）

王耕心曰：斜，《漢書》如文，《文選》同，《史記》「斜」作「施」。今定如文。（P92）

按：王氏未達通借。《集解》引徐廣曰：「施，亦作斜。」《索隱》：「施，音移，施猶西斜也。《漢書》作斜也。」錢大昕曰：「施，古斜字。《史記·賈生列傳》：『庚子日施兮。』《漢書》作斜。斜、邪音義同也。」〔註493〕段玉裁曰：「《史記》『庚子日施』，施即《說文》暆字也。」〔註494〕諸說並是，而未探本。施音移，讀爲迆。《說文》：「迆，衺行也。」日西斜的專字作暆，《說文》：「暆，日行暆暆也。」「斜」爲俗字〔註495〕。昳之言昳，不正也。字亦作跌，《廣雅》：「戻，跌也。」字亦省作失，馬王堆帛書《陰陽五行》有「日失」一詞，于豪亮讀爲「日昳」〔註496〕。

〔註492〕王叔岷《史記斠證》，中華書局2007年版，第2545頁。
〔註493〕錢大昕《潛研堂文集》卷9《答問六》，收入《嘉定錢大昕全集（九）》，江蘇古籍出版社1997年版，第129頁。
〔註494〕段玉裁《說文解字注》，上海古籍出版社1981年版，第304頁。
〔註495〕參見蕭旭《〈越絕書〉校補（續）》、《孔叢子校補》。
〔註496〕于豪亮《秦簡〈日書〉記時記月諸問題》，收入《雲夢秦簡研究》，中華書局

（3）止于坐隅兮，貌甚閒暇

　　方向東曰：李善注：「閒暇，不驚恐也。」（P428）

按：閑，《史記》、《漢書》、《類聚》卷 92 引作「閒」。顏師古曰：「閒，讀曰閑。」《類聚》卷 92 引作「閇」，「閇」俗字，形之譌也。

（4）野鳥入室，主人將去

按：《漢書》、《類聚》卷 92 引同，《史記》、《法苑珠林》卷 31 引「室」作「處」。《論衡・指瑞》引作「服鳥入室，主人當去」，又《遭虎》引下句同此。王叔岷曰：「當，猶將也。」〔註 497〕去，謂死也。

（5）易物來萃

　　方向東曰：《史記》「萃」作「集」，《漢書》、《賈集》作「崒」。《漢書補注》：「孟康曰：『崒音萃。萃，聚集也。』王念孫曰：『崒者，止也。集亦止也。非聚集之謂。』王訓是也，班蓋借崒爲萃。」（P428）

按：周壽昌曰：「崒當音猝，言其來也猝然。蓋服不過一鳥，必非類集。胡云：『萃，聚也。《毛詩》：「墓門有梅，有鴞萃止。」傳：「萃，集也。」』壽昌謂墓門爲鴞集之所，故可云萃。屋隅則鴞非常止，故來必云崒也。」〔註 498〕王說是，周說非也。

（6）請問于鵬兮

　　方向東曰：《漢書》、《賈集》作「問于子服」。王耕心曰：「子服者，加以美稱，顏師古說是也。」〔註 499〕（P429）

按：《史記》、《類聚》卷 92 引并作「請問于鵬」。宋祁曰：「子服，姚本作『于服』。」「子」即「于」誤衍。朱熹《楚辭集注》、王耕心從顏說，非也。周壽昌曰：「子，猶汝也。《詩》『相彼鳥矣』，又『爾牛來思』、『爾羊來思』，加一字以成文，子服之稱亦猶是，不必爲美稱也。觀《史記》作『請問于服兮』，可知顏注謂子服爲美稱，太迂。」〔註 500〕

　　1981 年版，第 352 頁。

〔註 497〕王叔岷《史記斠證》，中華書局 2007 年版，第 2548 頁。

〔註 498〕周壽昌《漢書注校補》卷 35，收入《叢書集成新編》第 112 冊，新文豐出版公司 1985 年印行，第 257 頁。

〔註 499〕原本「于」皆誤作「於」，逕正。

〔註 500〕周壽昌《漢書注校補》卷 35，收入《叢書集成新編》第 112 冊，新文豐出版

亦皆非是。

（7）吉乎告我，凶言其災

按：災，《史記》作「菑」。《正義》：「菑，音災。」

（8）淹速之度兮，語余其期

　　方向東曰：《史記》「速」作「数」。李善注：「淹，遲也。速，疾也。」（P429）

按：《集解》引徐廣曰：「數，速也。」方以智曰：「數，讀如速。賈誼賦『淹
數之度』是也。」〔註501〕淹謂淹滯、久留。字亦省作「奄速」，宋・劉
敞《懷歸》：「奄速不可期，升沉亦難謀。」

（9）鵩迺歎息，舉首奮翼，口不能言，請對以臆

　　方向東曰：《史記》、《漢書》、《賈集》「臆」作「意」。李善注：「請以臆中
之事以對也。」（P429）

按：劉良注：「請對以臆中之事也。」王念孫曰：「正文本作『請對以意』，
謂口不能言，而以意對也。」胡紹煐從其說〔註502〕。《漢書・敘傳》《幽
通賦》：「黃神邈而靡質兮，儀遺讖以臆對。」應劭曰：「臆，胸臆也。」
胡紹煐曰：「按臆與意同。本書《鵩鳥賦》：『請對以臆。』《漢書》作『意』，
可證。儀，擬也。言擬遺讖而以意對之也。作『臆』者借字耳。」〔註
503〕皆未得。《類聚》卷92引作「臆」。臆、意，並讀爲噫，古音苦代
反，後轉作「億」音，與「翼」合韻。《說文》：「噫，飽食（出）息也。」
〔註504〕本指吃飽後歎出的氣，本文即指歎息。字亦作欬，《說文》：「欬，
屰氣也。」《莊子・齊物論篇》：「大塊噫氣，其名曰風。」言天地所欬
的氣，就是風。《左傳・昭公二十四年》：「左顧而欬，乃殺之；右顧而

公司1985年印行，第257頁。
〔註501〕方以智《通雅》卷5，收入《方以智全書》第1冊，上海古籍出版社1988年
版，第219頁。
〔註502〕王念孫《史記雜志》，收入《讀書雜志》卷3，中國書店1985年版，第4頁。
胡紹煐《文選箋證》卷16，收入《續修四庫全書》第1582冊，上海古籍出
版社2002年版，第181頁。
〔註503〕胡紹煐《文選箋證》卷17，收入《續修四庫全書》第1582冊，上海古籍出
版社2002年版，第187頁。
〔註504〕《玄應音義》卷11、14、18、20引「食」作「出」。《玉篇》、《文選・長門賦》
李善注引《字林》亦作「出」。

笑，乃止。」欸亦指歎息，與「笑」對舉。言左顧而歎氣則殺之，右顧
而笑則不殺也。俗言「唉聲歎氣」者，「唉」當作此字。

（10）形氣轉續兮，變化而嬗

方向東曰：《史記》、《漢書》、《賈集》「嬗」作「嬗」。李善注：「韋昭曰：
『而，如也。』蘇林曰：『轉續，相傳與也。嬗音蟬，如蜩蟬之蛻化也。』
或曰：『嬗，相連也。』」張銑曰：「轉，授也。言形氣相授，與如蟬之蛻
皮。」（P429）

按：「嬗音蟬」是舊音，非蘇林語。《集解》引服虔曰：「嬗音如蟬，謂變蛻
也。」又引或曰：「蟬蔓相連也。」《索隱》引蘇林曰：「嬗音蟬，謂其
相傳與也。」顏師古曰：「此（嬗）即禪代字。蘇說是也。」「而」是連
詞，不訓如，韋昭說非也。嬗，讀爲嬗。《說文》：「嬗，一曰傳也。」
字亦作禪，《廣雅》：「禪，傳也。」《淮南子・精神篇》：「以不同形相嬗
也。」高誘注：「嬗，傳也。」《莊子・寓言》「嬗」作「禪」。字亦作襢、
儃、擅〔註505〕。服虔、蘇林、張銑皆失之。

（11）沕穆無窮兮，胡可勝言

方向東曰：顏師古曰：「沕穆，深微貌。」李善注：「沕穆，不可分別也。」
（P429）

按：《索隱》：「沕穆，深微貌。」即說本顏氏。《廣韻》：「沕，沕穆，微也。」
「沕穆」也作「物穆」、「昒穆」，《淮南子・原道篇》：「物穆無窮，變無
形像。」王念孫曰：「高注曰：『穆，美。』莊氏伯鴻曰：『物穆，疑當
作沕穆。《史記・賈生傳》：『沕穆無窮兮，胡可勝言。』《漢書》作『沕
穆無閒』。顏師古曰：『沕穆，深微貌，沕音勿。』《說苑・指武篇》亦
云『昒穆無窮，變無形像。』沕、昒、物古字通。高注專解穆字，蓋失
之矣。」〔註506〕《說苑》作「昒穆」，王氏失檢。盧文弨曰：「『昒』當
與『沕』同。」〔註507〕考《說文》：「昒，尙冥也。」又「昒，目冥遠

〔註505〕參見王筠《說文解字句讀》，中華書局 1988 年版，第 498 頁。
〔註506〕王念孫《淮南子雜志》，收入《讀書雜志》卷 12，中國書店 1985 年版，第 71
頁。
〔註507〕盧文弨《說苑校正》，收入《群書拾補》，《續修四庫全書》第 1149 冊，上海
古籍出版社 2002 年版，第 423 頁。

視也。一曰旦明也。」又「昧，目不明也。」音轉又爲昧，《說文》：「昧爽，旦明也。一曰闇也。」指天明前尚闇。《小爾雅》：「昧，冥也。」《廣雅》：「吻、昧，冥也。」《漢書・郊祀志上》「吻爽」，又《司馬相如傳》「曶爽闇昧」，亦即是「昧爽」。字亦作沫，《集韻》：「沫，微晦也。」《易・豐》：「日中見沫。」王弼注：「沫，微昧之明也。」《釋文》：「沫，微昧之光也。《字林》作昧，鄭作昧。服虔云：『日中而昏也。』」《漢書・五行志下》、《王商傳》、《王莽傳》三引並作「昧」，《廣韻》「昧」字條引同；馬王堆帛書《周易》作「茉」。故日冥爲吻（昧），目冥爲吻（昧），其義一也。段玉裁注「吻」字曰：「冥當作瞑。目雖合而能遠視也。」段氏誤解作「瞑合」，改字非也；但段氏謂「吻、曶一字也，與昧同，故日部有昧無吻」〔註508〕，則得之。穆之言廖，幽微也。故「沕穆」連文，有幽冥深微之義。吳國泰曰：「沕穆者冥昧之借。冥昧言幽深也。」〔註509〕其說近之。「沕穆」倒言音轉作「穆忞」，《淮南子・原道篇》「穆忞隱閔，純德獨存。」高誘注：「穆忞隱閔，皆無形之類也。」

（12）斯遊遂成兮，卒被五刑

方向東曰：《漢書補注》：「應劭曰：『李斯西遊于秦，身登相位，二世時爲趙高所讒，身伏五刑。』宋祁曰：『注姚本伏作被。』遂，達也。遂成，謂身達而名成。」（P430）

按：李善注引應劭說，「伏」作「被」。遂，猶終也。王叔岷曰：「『遂成』複語，遂亦成也。《補注》強分爲兩義，似未審。」〔註510〕與《補注》說，吾皆不取。五刑，《類聚》卷92引誤作「正刑」〔註511〕。

（13）夫禍之與福兮，何異糾纏

按：何異，《類聚》卷92引誤作「何以」。

（14）大鈞播物兮，坱圠無垠

方向東曰：《史記》「大鈞播物」作「大專槃物」，「圠」作「軋」。《索隱》：

〔註508〕段玉裁《說文解字注》，上海古籍出版社1981年版，第131頁。
〔註509〕吳國泰《史記解詁》，1933年成都居易簃叢著本，第3冊，第46頁。
〔註510〕王叔岷《史記斠證》，中華書局2007年版，第2552頁。
〔註511〕此據宋紹興刻本，四庫本不誤。下同。

「無垠，謂無有際畔也。郭璞注《方言》云『坱圠者，不測也。』王逸注《楚詞》云：『坱圠，雲霧氣昧也。』」（P432）

閻振益曰：《廣雅》：「播，搖也。」（P431）

按：黃善夫本「不測」作「不利」，今本郭璞注同。《索隱》：「漢書云『大鈞播物』，此專讀曰鈞。槃猶轉也，與播義同。」《六書故》卷4：「坱，土和壄（厚）也。圠，土密凝也。坱圠無垠，謂造化播物，猶均（鈞）者之埏埴土物，坱圠沖融無迹也。垠謂垠鄂，應劭謂無垠爲無限齊，非也。」《正字通》：「圠譌作軋，軋、圠聲近義別，從圠爲正。」錢大昕曰：「專與鈞聲相轉，舌齒異音，而均爲出聲，此假借之例也。槃讀爲般，補完切。般、播聲相近。」〔註512〕周壽昌曰：「蓋坱同央，即荒廣之意，指六合而言。圠同札，即深厚之意，指九重而言。言其廣厚無界也。」〔註513〕朱駿聲曰：「專，叚借爲圜。《索隱》讀曰鈞。按：圜，天體也。」又「槃，叚借爲般。」〔註514〕王叔岷曰：「《考證》：『朱錦綬曰：專之與鈞，聲形各別。作專者，專有員義。故大鈞可作大專，猶言大圓耳。』案『大專』猶『大圓』、『大圜』，與『大鈞』同旨，謂天也。朱說是。」〔註515〕吳國泰曰：「專者轉字之借。槃者般字之借。般者般旋也。坱軋者泱乙之借。《說文》：『泱，滃也。』《廣雅》：『泱泱，流也。』乙，《說文》：『艸木冤曲而出也。』《文賦》：『思乙乙其若抽。』注：『抽也。』水流木抽，引伸之皆有廣大無盡之義。」〔註516〕（a）讀專爲轉，是也。字亦作團，圓則同源，指天體的專用字。「鈞」亦借字，字或作均。《管子・七法》：「不明於則而欲出號令，猶立朝夕於運均之上。」尹注：「均，陶者之輪也。」字或作摶，《說文》：「摶，圓也。」字或作塼，《周禮・冬官・考工記》：「器中塼，豆中縣。」《集韻》：「塼，陶人作器具，《周禮》：『器中塼。』或作墫。」

〔註512〕錢大昕《廿二史考異》卷5，收入《嘉定錢大昕全集（二）》，江蘇古籍出版社1997年版，第87頁。

〔註513〕周壽昌《漢書注校補》卷35，收入《叢書集成新編》第112冊，新文豐出版公司1985年印行，第258頁。

〔註514〕朱駿聲《說文通訓定聲》，武漢市古籍書店1983年版，第758、743頁。

〔註515〕王叔岷《史記斠證》，中華書局2007年版，第2553頁。

〔註516〕吳國泰《史記解詁》，1933年成都居易簃叢著本，第3冊，第46頁。吳氏引「木」誤作「本」，「思乙乙」誤作「心乙乙」，皆徑正。

戴震曰：「鄭用牧曰：『塼讀如『大專槃物』之專，聲義同鈞，作器下所轉者也。』〔註517〕惠士奇曰：「《淮南子》曰：『一塼炭燠，掇之則爛指，萬石俱燠，去之十步而不死。』蓋塼者坯之式，則坯亦可名爲塼，入火而燠，則塼爲瓦器之坯矣。塼讀爲埏，《老子》：『埏埴以爲器。』埏埴者，坯也。《鶡冠子》曰：『塼塼之土。』注云：『塼，形坯。』即剴以擬度之器。又曰：『合塼同根，謂之宇宙。』〔註518〕合塼者，器中塼之謂也。塼一作專，《服賦》曰：『大專槃物。』專讀爲鈞。陶家名模下圓轉者爲鈞。然則鈞、專、埏、塼，文雖異而音義皆同矣。」呂飛鵬採惠說〔註519〕。惠說「鈞、專、塼」音義皆同，是也。「埏」則不同，「埏」或作「挻」，猶言延也〔註520〕。（b）讀槃、播爲般，均是。《趙史記·世家》：「乃稱疾不朝番吾君。」《集解》引徐廣曰：「番音盤。」又「秦攻番吾。」《正義》：「番，音婆，又音盤。」《蘇秦傳》《正義》、《張儀傳》《索隱》、《廉頗藺相如列傳》《索隱》並云「番吾」之「番」音婆又音盤。《逸周書·王會》：「般吾白虎。」「番吾」即「般吾」也。《韓子·外儲說左上》：「趙主父令工施鈎梯而緣潘吾。」一本作「播吾」，亦即「般吾」也。王先謙曰：「播吾，即番吾，又作鄱吾。」〔註521〕皆其證也。字亦作番、蟠，馬王堆帛書《十六經·三禁》：「番于下土，施於九州。」又《十問》：「坡（彼）生之多，尙（上）察於天，下播於地。」上博楚簡《凡物流形》：「旻（得）而解之，上宁（賓）於天，下番於淵。」〔註522〕《淮南子·原道篇》：「蟠委錯紾，與萬物始終〔流轉〕。」〔註523〕又《道應篇》：「上際於天，下蟠於地。」龍蛇之蟠曲爲蟠，故字從虫；水之旋曲爲潘、瀿，故字從水；絲之亂曰

〔註517〕戴震《考工記圖》卷下，收入《皇清經解》卷564，上海書店1988年版，第3冊，878頁。

〔註518〕《鶡冠子·天權》原文作「合塼同根，命曰宇宙」。

〔註519〕惠士奇《禮說》卷14，《叢書集成三編》第24冊，新文豐出版公司1997年印行，第461頁。呂飛鵬《周禮補注》卷6，收入《續修四庫全書》第81冊，上海古籍出版社2002年版，第565頁。

〔註520〕參見蕭旭《淮南子校補》，花木蘭文化出版社2014年版，第507頁。

〔註521〕王先謙說轉引自王先愼《韓非子集解》，中華書局1998年版，第276頁。

〔註522〕此從復旦大學出土文獻與古文字研究中心研究生讀書會《〈上博（七）·凡物流形〉重編釋文》，http://www.gwz.fudan.edu.cn/SrcShow.asp?Src_ID=581。

〔註523〕「流轉」二字據《御覽》卷58引補。

繙，故字從糸；石之盤紆曰磐，故字從石；髮之盤曲曰鬌，故字從髟；
目之轉視曰瞥，故字從目；手之不正曰攀，故字從手；足之跛行曰蹳、
跘，屈足曰躄，故字從足；其義一也〔註 524〕。(c)《集解》：「垖音若
央，圠音若乙。」「垖圠」、「垖軋」是秦漢人語，後世亦沿用之。《鶡
冠子‧世兵》：「垖軋森垠，孰錘得之？」〔註 525〕《楚辭‧招隱士》：「垖
兮圠，山曲岪。」王逸注：「霧氣昧也。」朱熹注：「垖軋，相切摩之
音。」《文選‧魯靈光殿賦》：「鬱垖圠以嶒崚。」李善注：「垖圠，無
齊限之皃。」又《吳都賦》：「爾乃地勢垖圠，卉木挺蔓。」劉淵林注：
「垖圠，莽泱也，高下不平貌也。」《玉篇》、《廣韻》并云：「圠，山
曲。」「圠」無山曲義，蓋即由誤讀《楚辭》，而爲此釋。字亦作「軮
軋」，《方言》卷 10：「讓、極，吃也，楚語也，或謂之軋。」郭璞注：
「軮軋，氣不利也。」《玉篇殘卷》引作「垖軋」。字亦作「軮軋」，《廣
韻》：「軮，軮軋，聲也。」《漢書‧揚雄傳》《甘泉賦》：「據輪軒而周
流兮，忽軮軋而亡垠。」顏師古曰：「軮軋，遠相映也。」《集韻》採
顏說。《文選》作「垖圠」，李善注：「垖圠，廣大貌。」倒言則作「軋
軮」、「軋垖」，《道德指歸論‧方而不割篇》：「浮沈軋軮，與道相得。」
〔註 526〕《文選‧七發》：「軋盤涌裔，原不可當。」李善注：「軋垖，
無垠貌也。」垖、軮、軮之言央也，《說文》：「央，一曰久也。」《素
問‧四氣調神大論》：「則未央絕滅。」王冰注：「央，久也，遠也。」
「央」有廣大久遠義，故塵埃廣大爲垖，水大爲泱，火光大、火氣大
爲煐，山足大爲峡，風高爲颶，禍大爲殃（狭），鈴聲大爲鍈，卵脬大
爲腴，盆大爲盎（瓷），目深爲眏，長廊爲廇，禾下葉多爲秧，自大之
皃爲怏怏然，其義一也。大則不明、昏闇、渾濁，故日不明爲眏（暎），
目不明爲眏，聲闇爲詇（諳、嗆），雲霧之氣闇爲霙，酒濁爲醠（酻），
竹無色爲箃（亦爲竹名），其義亦一也。《說文》：「怏，不服懟也。」
《方言》卷 12：「軮，強也，懟也。」《廣雅》：「怏，強也，懟也。」
「怏（軮）」謂情不舒暢、怨恨也，亦取此義。圠、軋之言乙也（「乙」

〔註 524〕參見蕭旭《淮南子校補》，花木蘭文化出版社 2014 年版，第 366〜368 頁。
〔註 525〕「森」是古「無」字。
〔註 526〕此據四庫本、《叢書集成初編》影印《祕冊彙函》本，道藏本誤作「軋軮」。

舊音軋），言難出之聲乙乙然也。《文選・文賦》李善注：「乙，難出之貌。《說文》曰：『陰氣尙強，其出乙乙然。』乙音軋。」〔註527〕「央乙」謂難出之聲乙乙而久遠也。故《廣韻》云「軮軋，聲也」，朱熹云「坱軋，相切摩之音」，皆取其本義。王逸云「坱軋，霧氣昧也」〔註528〕，取其引申義。劉淵林云「坱圠，莽沕也」，顏師古云「軮軋，遠相映也」，李善云「坱圠，廣大貌」，又云「無垠貌」、「無齊限之皃」，皆取其久遠義。口吃謂之軋，郭璞云「軮軋，氣不利也」，皆取其難出之義也。音轉又作「勠扤」〔註529〕，《玉篇》：「勠，倔強也。扤，勠扤也。」《廣韻》：「扤，勠扤。」又「勠，勠扤，屈強皃。」《集韻》：「扤，勠扤，屈強也。」此亦取其難出之義，故云「倔強」，謂奮力而出也。《廣韻》：「魢，鮽魢，魚名。」其魚群游，作聲軋軋，故名鮽魢也。張伯元曰：「『坱圠』中的『坱』爲吳越語，《一切經音義》卷99『坱鬱』注引《考聲》云：『吳越謂塵起爲坱。』」〔註530〕此拘於字形，所引不當。

（15）忽然為人兮，何足控摶

方向東曰：《漢書》、《賈集》「摶」作「揣」。李善注：「控摶，愛生之意也。孟康曰：『控，引也。摶，持也。言人生忽然，何足引持自貴惜也。』如淳曰：『摶，或作揣。』晉灼曰：『許愼云：「揣，量也。」度商曰揣。言何足度量己之年命長短而惜之乎？』按在此賦訓摶爲量，義以未是。至於合韻，全復參差。且《史記》揣作摶字，如淳、孟康義爲是也。《鶡冠子》曰：『彼時之至，安可復還，安可控摶也。』」按：《漢書》如淳、孟康皆依「揣」釋義，與李善引不同，疑爲李善所改。（P433）

王耕心曰：「摶」正文，「揣」通假。「控摶」古無確詁，大率引持把玩之意，猶俗所謂摶弄也。晉灼不考六書音韻，惟從《漢書》，以「揣量」爲解，非也。（P93）

〔註527〕參見蕭旭《象聲詞「札札」考》。

〔註528〕「霧氣昧也」是「坱軋」的釋語，而非單釋「軋」字。《慧琳音義》卷99引誤作「坱，霧氣映昧也」。

〔註529〕《周禮・天官・酒正》：「三曰盎齊。」鄭玄注：「盎，猶翁也。成而翁翁然蔥白色，如今酇白矣。」《釋名》：「盎齊，盎，滃滃然濁色也。」皆其例。從「翁」之字，亦多有「大而多」之義。

〔註530〕張伯元《〈鵬賦〉與〈世兵篇〉異文考》，《華東政法大學學報》2005年第6期，第98頁。

閻振益曰：《莊子‧天地》：「忽然出，勃然動。」注：「忽、勃，皆無心而應之貌。」夏按：猶云自然。（P432）

按：李善注《選》，每改字以就正文，此善注通例。「揣」乃「搏」借字，晉灼說非也。吳國泰曰：「控搏者，謂保持固結也。」〔註531〕王叔岷曰：「揣之古音與搏字近，故二字相通。搏，古專字。控搏，謂控制專擅耳。黃善夫本、殿本《索隱》『忽然』並作『或然』。」〔註532〕吳說非是，王氏解爲「專擅」誤，餘說皆是。上文「大鈞播物，塊圠無垠」，此承其文。控謂引控，搏謂圓轉。《文選‧長笛賦》：「冬雪揣封乎其枝。」李善注：「鄭玄毛詩《箋》曰：『團聚貌。』揣與團古字通。」〔註533〕忽，讀爲或。忽然，猶言偶然。《論衡‧自紀》：「不常有而忽見曰妖。」忽見，猶言偶見。賈子言大鈞播物，只是偶然成人，不足引控圓轉之使故意爲人也。《論衡‧物勢》：「夫天地合氣，人偶自生也。」諸家「愛生」、「貴惜」之說，皆非是。

（16）愚士繫俗兮，窘若囚拘

方向東曰：《史記》「愚」作「拘」，「窘」作「攌」。《考證》：「『拘』字與『囚拘』複。」《漢書》、《賈集》「窘」作「僒」。胡克家曰：「窘當作僒，注同。」李善注：「窘，囚拘之貌。」劉良曰：「窘，困也。愚者繫縛俗累，囚如困人之拘束也。」（P434～435）

按：《集解》引徐廣曰：「攌音華板反，又音脘。」《索隱》：「攌音和板反。《說文》云『攌，大木柵也』。《漢書》作『僒』，音去隕反。」顏師古曰：「李奇曰：『僒音塊。』蘇林曰：『皆人肩傴僒爾，音欺全反。』蘇音是。」宋‧王觀國《學林》卷9：「《史記》『攌如囚拘』，《漢書》『僒若囚拘』，用字不同者，蓋賈誼文當時相傳非一本，其用字固有不同處。司馬遷、班固各以其所傳賈誼文纂而作史，故其用字有不同也。攌乃攌束之意，字書窘亦作僒，然則攌、僒二字雖不同音，而其義則皆有囚束拘繫之意，於文無嫌也。《文選》蓋用《漢書》編入選也，止用窘字，而李善、五臣注皆曰『窘，拘困也』，然則僒爲窘可

〔註531〕吳國泰《史記解詁》，1933年成都居易簃叢著本，第3冊，第47頁。
〔註532〕王叔岷《史記斠證》，中華書局2007年版，第2555頁。
〔註533〕參見朱起鳳《辭通》，上海古籍出版社1982年版，第569頁。

知矣。李奇、蘇林、顏師古三人之說皆非也。」錢大昕曰：「《說文》無摳字，《索隱》殆誤也。《漢書》作僒，而蘇林音欺全反，卻與圍音相近。」〔註534〕王叔岷曰：「『拘』字涉下文『囚拘』字而誤。《索隱》單本『摳』作『楗』，《說文》既訓『大木柵』，則其字當從木。楗義爲大木柵，引申有困窘義。」〔註535〕考《集韻》：「摳，木柵也。《史記》『摳若囚拘』，劉伯莊讀。」小司馬說當本劉伯莊。「說文」乃「說者」之誤，小司馬引或說，有不稱其名（或其名已佚），以「說者」目之者〔註536〕。《文選·張茂先·答何邵》：「吏道何其迫，窘然坐自拘。」李善注引《鵩鳥賦》「愚士繫俗，窘若囚拘」以證之。是張茂先所據本，亦作「窘」字也。《史記》作「拘士」者，「拘」乃「抱」字省文，「抱」同「怐」、「佝」，愚也，與「囚拘」之「拘」不同字。《考證》、王叔岷謂「拘」字非，拘於字形，未達厥誼也。

（17）眾人惑惑兮，好惡積億

方向東曰：《史記》、《文選》五臣本「惑惑」作「或或」，「億」作「意」。《漢書補注》：「李奇曰：『惑惑，東西也。所好所惡，積之萬億也。』臣瓚曰：『言眾懷好惡積之心意也。』王念孫曰：『李、薛二說皆非也。意者，滿也。意字本作薏，或作億，又作臆。《說文》：「億，滿也。」』先謙曰：《說文》：『惑，亂也。』惑惑，謂惑之甚。」按：億當作胸臆解。（P435）

鍾夏曰：此文作意、作億皆可通。王念孫必謂訓滿，釋曰「積滿於中」，「於中」即意也，其說殊牽強。（P435）

按：《增韻》：「意，與臆同，賈誼《服賦》：『請對以意。』《史記》作臆。又曰：『好惡積意。』亦音臆。」朱熹《楚辭集注》：「積意，言積之智臆

〔註534〕錢大昕《廿二史考異》卷5，收入《嘉定錢大昕全集（二）》，江蘇古籍出版社1997年版，第87頁。

〔註535〕王叔岷《史記斠證》，中華書局2007年版，第2558頁。

〔註536〕《高祖本紀》《索隱》：「說者以爲天子賜姓命氏，諸侯命族，族者氏之別名也。」《建元已來王子侯者年表》《索隱》：「說者或以爲琅邪被縣，恐不然也。」《刺客傳》《索隱》：「說者云以馬屎燻令失明。」《張叔傳》《索隱》：「說者云刑名家即太史公所說六家之二也。」《司馬相如傳》《索隱》：「說者以雲罕爲旌旗，非也。」皆是其例。

也。」《六書故》:「臆,《說文》曰:『胸骨也。』伯氏曰:『胸岐骨也。』又作肊。古通作意,賈誼《服賦》:『好惡積意。』」皆解爲「胸臆」。呂向注:「好惡積億,言多也。」宋・任廣《書敘指南》卷 20:「多之言曰積億:賈誼。」呂向、任廣、王念孫說是。錢大昕亦曰:「意當作薏。」〔註 537〕《文選》李善本作「惑惑」。《家語・觀周》:「人皆或之(或),我獨不徙。」《治要》卷 10 引作「惑惑」。《說苑・敬愼》:「衆人惑惑,我獨不從(徙)。」字或作「㦯㦯」、「域域」,皆借音字〔註 538〕。

(18) 乘流則逝兮,得坻則止

方向東曰:《御覽》卷 71「則」作「爰」。《漢書》、《賈集》「坻」作「坎」。《漢書補注》:「孟康曰:『《易》坎爲險,遇險難而止也。』張晏曰:『謂夷易則仕,險難則隱也。坻,水中小洲也。』先謙案:坻、坎意同,總謂不可行耳,不當作險難解。」(P436)

王耕心曰:「坎止」之義,《易》家之古訓,作「坻」以示異,非也。(P93)

按:《御覽》卷 71 引上「則」作「爰」,下仍作「則」字。《集解》:「徐廣曰:『坻,一作坎。』」駰案:張晏曰:『坻,水中小洲也。』」《索隱》:「《漢書》坻作坎,《周易・坎》九二:『坎有險。』言君子見險則止。」「坻」字是,《御覽》卷 71、《野客叢書》卷 29、《崇古文訣》卷 3 引同,與「乘流」相應,與《易》之「坎」無涉。唐・楊炯《浮漚賦》:「夫其得坻則止,乘風則逝。」唐・常袞《浮萍賦》:「乘流則遊,得坻則止。」是所見本亦作「坻」字。唐・王績《祭杜康新廟文》:「乘流則逝,遇坎則止。」所據亦誤本也。言順流而下,遇坻則止也。王先謙解作「不可行」,亦非。

(19) 不以生故自寶兮,養空而浮

方向東曰:《史記》「浮」作「游」。《漢書》「寶」作「保」。《漢書補注》:「服虔曰:『道家養空虛若浮舟也。』」《漢書注商》:「養疑瀁字之省,爲古文漾字。」(P436)

按:唐・楊炯《王勃集序》:「養空而浮,賈生終逝。」所據亦作「浮」。《文

〔註 537〕錢大昕《廿二史考異》卷 5,收入《嘉定錢大昕全集(二)》,江蘇古籍出版社 1997 年版,第 87 頁。
〔註 538〕參見蕭旭《家語校補》。

苑英華》卷 699「養」誤作「義」。《索隱》：「養空而遊，言體道之人，但養空性，而心若浮舟也。」養空，養空虛之性也，此道家要旨。唐・王維《贈焦道士》：「天老能行氣，吾師不養空。」吳氏讀爲「瀁（漾）」，非也。王叔岷曰：「養借爲翔。《淮南子・人間篇》：『翱翔乎忽荒之上。』與『養空而游』義近。」〔註 539〕亦非是。

（20）細故蔕芥，何足以疑

方向東曰：《史記》「蔕芥」作「懘芥」，《賈集》作「芥蔕」。李善注：「《鶡冠子》曰：『細故蒂茢，奚足以疑。』『蒂茢』與『蔕芥』古字通。張揖《子虛賦》注曰：『蔕芥，刺鯁也。』」（P437）

按：（a）蔕芥，《漢書》同，《楚辭集注》作「芥蔕」，《記纂淵海》卷 48 引同。李善注引《鶡冠子》作「蒂茢」，《鶡冠子・世兵》作「蒂蒯」，《子匯本》本陸佃注：「一本蒂作蔕，蒯作茢。茢，猶芥也。蒂芥，刺鯁也。」（b）《集解》引韋昭曰：「懘音士介反。」《索隱》：「茢音介。《漢書》作『介』。張揖云：『遰介，鯁刺也。以言細微事故不足遰介我心，故云何足以疑也。』」《正義》：「懘，忍邁反。茢，加邁反。」顏師古曰：「蔕芥，小鯁也。蔕音丑芥反。」劉良曰：「細故，小狹之人也。蔕芥，怵惕也。言小狹之人，怵惕於災變，何足與言凝滯之事乎？」朱熹曰：「芥蔕，小草也。」方以智曰：「帶介，通作『蔕芥』、『懘茢』、『薑芥』、『蠆介』、『蒂芥』。」〔註 540〕錢大昕曰：「茢不成字，當作薊。薊、芥聲相近，故《漢書》作芥。」〔註 541〕吳玉搢曰：「懘茢、蒂蒯、薑芥，蔕芥也。《漢書・司馬相如・子虛賦》：『吞若雲夢者八九，于其胷中，曾不蔕芥。』張揖曰：『刺鯁也。』……《文選・張衡・西京賦》：『睚眦薑芥。』註亦引張揖《子虛賦》云：『刺鯁也。』『薑芥』亦與『蔕芥』同。按蔕字有二義二音，蔕芥之蔕，本音薑，即懘字之假借。今俗既倒用爲『芥蔕』，而又讀蔕如帝，皆誤。」〔註

〔註 539〕王叔岷《史記斠證》，中華書局 2007 年版，第 2561 頁。

〔註 540〕方以智《通雅》卷 7，收入《方以智全書》第 1 冊，上海古籍出版社 1988 年版，第 272 頁。

〔註 541〕錢大昕《廿二史考異》卷 5，收入《嘉定錢大昕全集（二）》，江蘇古籍出版社 1997 年版，第 87 頁。

〔註 542〕吳玉搢《別雅》卷 4，收入景印文淵閣《四庫全書》第 222 冊，臺灣商務印書館 1986 年初版，第 722 頁。

542）朱駿聲「懑」曰：「蔪者蔽之誤字。懑蔪疑借爲滯塊，猶磊塊也。或作蒂芥，非。」〔註543〕吳世拱曰：「蔪，《文選》注引作蓟，《說文》作蔪。」黃懷信曰：「裂，《叢刊》本、朱氏本、《學津》本作『衣』。按：『裂』作『裂』者字之誤。『蔪』當作『蓟』，或本是。《道藏》本作『裝』，聚珍本作『罙』，亦皆非。裂，《類篇》：『同「蒂」，刺鯁也。或作裂。』蓟，借爲芥。言太細必成鯁芥，無足疑也。」〔註544〕《道藏》本作「裝」，同「裂」，其右上易「刀」作「刃」，黃懷信誤認作「裝」字。（c）「裂」當作「裂」，形近致譌。作「衣」者，「裂」字之脫誤。黃懷信謂「作裂者字之誤」，傎矣。「蔪」當作「蓟」，「蓟」是「蔪」俗字。《玉篇》：「蓟，同『蔪』，俗。」《干祿字書》：「蓟、蔪：上通下正。」錢大昕謂「蓟不成字，當作蔪」，失考；而謂「蔪、芥聲相近」，甚確。「裂蓟（蔪）」是「裂蔪」形譌，亦即「蒂芥」之音轉。字亦作「懑芥」、「憰忦」，《集韻》：「懑，丑邁切，懑芥，刺鯁也，或作蒂、裂。」又「憰，憰忦，心不安也，或書作懑，通作蒂。」《類篇》：「裂，丑邁切，懑芥，刺鯁也，或作裂。」（黃懷信引文有誤）「裂」皆當作「裂」，各本並誤。李善、方以智、吳玉搢謂又通作「薑芥」，亦甚確。古從介、從劍、從蒂與從丰（㓞）之字皆通借〔註545〕。考《說文》：「忦，憂也。」《方言》卷12：「忦，恨也。」《廣雅》：「忦、怵、惕，懼也。」《集韻》：「忦，《博雅》：『憂也。懼也。』一曰恨也，通作恝。」又「忿，憂也。」「忦（忿）」言憂懼、憂恨、怵惕，字亦省作介，《列子·黃帝》：「不用介意。」，《漢書·陳湯傳》：「使

〔註543〕朱駿聲《說文通訓定聲》，武漢市古籍書店1983年版，第655頁。
〔註544〕黃懷信《鶡冠子彙校集注》，中華書局2004年版，第300頁。吳世拱說轉引自此書。
〔註545〕（1）從介、從丰（㓞）通借，參見張儒、劉毓慶《漢字通用聲素研究》，山西古籍出版社2002年版，第632頁。《說文》：「丰，讀若介。」《易·睽》：「見輿曳，其牛掣。」《釋文》：「掣，鄭作挈，《說文》作𢳚，子夏作契。」上博楚簡本（三）作「𢳚」，阜陽漢簡本作「絜」。亦其證也。（2）從劍、從丰（㓞）通借者，《禮記·樂記》：「武王克殷，反商，未及下車而封黃帝之後於薊。」《說文》：「郪，周封黃帝之後于郪也。」「薊」即「郪」。《說文》：「劍，楚人謂治魚也，讀若鍥。」《廣雅》：「劍，割也。」王念孫謂「劍」與「鍥」、「契」、「挈」同。《集韻》：「蔪，懑蔪，緶刺也，通作芥。」皆其證也。王念孫《廣雅疏證》，收入徐復主編《廣雅詁林》，江蘇古籍出版社1992年版，第153頁。（3）從蒂、從丰（㓞）通借者，「趝（趌）」或作「跐」，又或作「遰」、「躉（蹛）」，是其例。參見蕭旭《〈爾雅〉「猰貐」名義考》。

百姓介然有秦民之恨。」當即「忦」字。音變爲「懨（惡）」、「蠹」、「遳」、「裂」，或借「薑」爲之，合爲雙音詞則曰「懨忦」、「蠹芥」、「蔕芥」、「遳介」、「裂薊」、「惡薊」、「薑芥」〔註546〕。字亦作「薑介」，《文選·西京賦》：「睚眦薑芥。」《白氏六帖事類集》卷13引作「薑介」〔註547〕。《莊子·齊物論》郭象注：「故蕩然無薑介於胷中也。」倒言則爲「芥蔕」、「介蔕」，《風俗通義·怪神》：「何不芥蔕於其胷腹而割裂之哉？」宋·李綱《太白》：「萬乘尚僚友，公卿何介蔕？」吳玉搢指出「蔕字有二義二音，蔕芥之蔕，本音薑，即惡字之假借」，前說皆是，而以「惡」爲本字則未得。其作「蒂芥」者，誤讀爲「根蒂」之「蒂」，即「蒂」字之音，吳玉搢也已指出。張伯元曰：「『蔕』字也寫作『蒂』，『縪』字見信陽簡、仰天湖簡，都出於楚墓，按常理推測鶡冠子不會不用楚地的常見詞。」〔註548〕張氏不知此「蔕」與「蒂」異音異字，而又失考于前人成說。劉良曰「蔕芥，怵惕也」，此得其本義矣。張揖曰「蔕芥，刺鯁（綆）也」者，此憂懼之引申義。《史記·司馬相如傳》《子虛賦》：「曾不蔕芥。」《索隱》引郭璞曰：「言不覺有也。」郭氏釋「不蔕芥」爲「不覺有」，即無憂懼之謂。朱熹曰「芥蔕，小草也」，此望文生義，失之遠矣。宋·任廣《書敘指南》卷18：「相怨小事曰細故芥蔕：《鵩賦》。」此說是也，故猶事也，細故猶言小事。疑，疑懼。賈子言因小事而憂懼，哪值得啊。黃懷信解爲「太細必成鯁芥，無足疑也」，殊失其指。

《旱雲賦》校補

方向東曰：本篇以《古文苑》四部叢刊本爲底本。（P439）

按：見《古文苑》卷3，元陳仁子《文選補遺》卷31、明張溥《漢魏六朝百三家集》卷1亦引賈賦。《類聚》卷100、明梅鼎祚《西漢文紀》卷9、明張溥《漢魏六朝百三家集》卷4引漢東方朔《旱頌》略同，文辭稍異，蓋仿賈誼之作。

〔註546〕此古漢語常例，「作」音變爲「做」，合言則曰「做作」，是其例也。例詳蕭旭《「嬰兒」語源考》。
〔註547〕《白帖》在卷47。
〔註548〕張伯元《〈鵩賦〉與〈世兵篇〉異文考》，《華東政法大學學報》2005年第6期，第99頁。

（1）遙望白雲之蓬勃兮，潝澹澹而妄止

　　方向東曰：《說文》：「潝，雲氣起也。」《後漢書・班彪傳》李賢注：「澹，隨風之貌也。」章樵註：「雲興而不雨，則雲爲妄出矣。」（P439）

　　閻振益曰：蓬勃，《類聚》引作「豐淳」。止，至也。夏按：朱駿聲曰：「豐，《詩》作豐，豐後出字也。」《一切經音義》卷7：「淳，濃也。」朱起鳳曰：「蓬勃，雲氣盛貌。」是二文義同字殊。（P447～448）

　按：《類聚》卷100引《旱頌》作「遙望白雲之豐淳，潝曈曈而妄止」。陳仁子注：「潝潝，川谷吐氣貌。澹澹，水動貌。」《山堂肆考》卷240：「潝潝澹澹，白雲行貌。」妄，讀爲亡。亡止，猶言不停止。曈曈，日光盛貌，義不相屬。以「豐（豐）淳」形容白雲，亦不通。疑「淳」爲「浡」形誤。「豐浡」即「蓬勃」。

（2）相搏（摶）據而俱興兮，妄倚儷而時有

　　方向東曰：《賈集》、嚴輯本「搏」作「摶」，當作「摶」。《管子・內業》尹注：「摶，謂結聚也。」妄，亂。倚儷，又作「倚麗」、「迤邐」、「邐迤」等，曲折連綿貌。（P439～440）據

　　王洲明、徐超本曰：摶據，聚集、牽動。摶，團。據，引。倚儷，奇麗。（P422）

　　閻振益本曰：《管子・內業》注：「摶，謂結聚也。」《廣雅》：「據，引也。」《說文》：「妄，亂也。倚，依也。」《集韻》：「儷，幷也。」（P448）

　按：此字《古文苑》叢刊本作「摶」，確是「摶」字，《龍谿精舍叢書》本、墨海金壺本同，《守山閣叢書》本、四庫本作「搏」。《文選補遺》卷31作「摶」，當是「摶」；《百三家集》卷1作「搏」。作「搏」字是也。據，《古文苑》叢刊本作「擄」，俗字。此承上文「象虎驚與龍駭」而言，「據」亦「搏」也，對文有異，混言無別。《戰國策・楚策一》：「此所謂兩虎相搏者也。」《文選・雜體詩》李善註、《御覽》卷315引「搏」並作「據」，敦煌寫卷P.5034V《春秋後語》亦作「據」。據，讀爲豦，同音通借。《說文》：「豦，鬭相丮不解也。從豕、虍，豕虍之鬭不解也。一曰，虎兩足舉。」〔註549〕《老子》第55章：「毒蟲不螫，猛獸不據，攫鳥不搏。」《鹽鐵論・擊之篇》：「虎兕相據而螻蟻得志。」

〔註549〕《繫傳》作「豕虍之鬭不相捨」，《廣韻》引同。

此言雲如龍虎相搏擊而興起。「倚儷」不得音轉作「逶邐」，此當讀爲「奇麗」，狀如龍虎相鬥壯觀之雲也。妄，空也，徒也。言徒然常有奇麗之雲，而不下雨。

（3）遂積聚而給沓兮，相紛薄而慷慨

方向東曰：《賈集》「給」作「合」。嚴輯本注：「《文選·敬亭山詩》注作『合』。」當從。合沓，重沓也。紛薄，紛雜交錯貌。（P440）

王洲明、徐超曰：薄，迫。（P422）

閻振益曰：《文選·蜀都賦》注：「紛薄，飛揚也。」又《富春渚詩》注：「薄，與泊同。」（P448）

按：給，《古文苑》各本同，《文選補遺》卷 31 亦同，《百三家集》卷 1 亦作「合」。《韻補》卷 4「慨」字條引上句誤作「逐積聚而治沓」。「治」當即「給」之譌。《文選·蜀都賦》：「毛群陸離，羽族紛泊。」呂延濟注：「紛薄，飛揚也。」劉淵林注：「紛泊，飛薄也。」「紛薄」同「紛泊」，紛雜、紛沓貌。《文選·西京賦》：「起彼集此，霍繹紛泊。」薛綜註：「霍繹紛泊，飛走之貌。」字亦作「芬泊」，敦煌寫卷 S.328《伍子胥變文》：「魚鱉蹤（縱）橫，鷗鴻芬泊。」音轉又作「芬茀」，《文選·甘泉賦》：「香芬茀以穹隆兮，擊薄櫨而將榮。」錢大昭曰：「茀，古馥字。《詩·楚茨》『苾芬孝祀。』《韓詩》苾作馥，薛君曰：『香貌。』」〔註550〕王先謙曰：「茀即馥字。」〔註551〕王說當本錢氏。其說非也。王念孫曰：「馥與祕古亦同聲。《玉篇》：『䭉，大香也。』揚雄《甘泉賦》：『雲香芬茀以穹隆兮。』張衡《七辯》云：『芳以薑椒，拂以桂蘭。』郭璞《椒贊》云：『䭉其芬辛。』䭉、拂、茀並通，合言之則曰『祕䭉』。」〔註552〕宋·韓淲《一翦梅》：「紛薄香濃，怕見綢繆。」是「紛薄」即「芬茀」也。重言則作「紛紛泊泊」，唐·王建《宛轉詞》：「紛紛泊泊夜飛鴉，寂寂寞寞離人家。」音轉又作「芬芬䭉䭉」、「紛紛勃勃（敦敦）」，《廣雅》：「芬芬、䭉䭉，香也。」《通

〔註550〕錢大昭《漢書辨疑》卷 20，收入《叢書集成初編》第 164 冊，中華書局 1985 年影印，第 346 頁。

〔註551〕王先謙《漢書補注》卷 87，中華書局 1983 年版，第 1492 頁。

〔註552〕王念孫《廣雅疏證》，收入徐復主編《廣雅詁林》，江蘇古籍出版社 1992 年版，第 633 頁。

典》卷 162 引《風雲氣候雜占》：「兩軍相對，遙見軍上有氣，紛紛勃勃，如煙如塵，賊凶，敗。」〔註553〕敦博 076V《占雲氣書》作「紛紛教教」。芬芬馞馞形容香氣，紛紛勃勃形容兇氣，皆狀其盛，其義一也。

（4）陰陽分而不相得兮，更惟貪邪而狼戾

方向東曰：《賈集》「邪」作「婪」。貪邪，貪婪奸邪。狼戾，猶交橫也。（P440）

王洲明、徐超曰：貪邪，貪財邪辟。狼戾，兇狠。（P423）

閻振益曰：《漢書·嚴助傳》顏注：「狼性貪戾，凡言狼戾，謂貪而戾。」

王念孫曰：「狼亦戾也。《廣雅》：『狼戾，很也。』」（P449）

按：《文選補遺》卷 31、《百三家集》卷 1 亦作「貪婪」。狼戾，當作「狠戾」，即「很戾」，乖戾也。古籍「狠戾」每訛作「狼戾」〔註554〕。

（5）或深潛而閉藏兮，爭離剌而並逝

方向東曰：《賈集》「离」下有「剌」字，当有。離剌，乖戾不合。（P440）

按：《文選補遺》卷 31、《百三家集》卷 1 亦有「剌」字。

（6）隆盛暑而無聊兮，煎砂石而爛渭

方向東曰：嚴輯本「渭」作「煟」，《賈集》同。《書鈔》卷 156 引「渭」作「煨」。無聊，指不樂。章樵註：「渭水枯竭至於焦爛。」按：渭，疑當作潰。古書從胃與從貴得聲之字相通。爛潰即爛壞。（P441）

按：《文選補遺》卷 31、《百三家集》卷 1 亦作「煟」，《補遺》注：「煟，于貴切，光貌。」《補遺》「盛」誤作「益」。「煟」訓光貌，非其誼也。「渭」字不誤。《說苑·君道》：「湯之時，大旱七年，雒坼川竭，煎沙爛石。」《董子·循天之道》：「爲寒則凝冰裂地，爲熱則焦沙爛石。」《道德指歸論·大成若缺篇》：「陽之至也，煎砂爛石。」《齊民要術》卷 10：「大陽氣盛也，鑠玉爛石。」比例諸文句，則「爛」下必是名詞，與上「煎砂石」是同一結構。無聊，猶言無助，沒奈何。

〔註553〕《唐開元占經》卷 97 同。
〔註554〕參見蕭旭《〈廣雅〉「狼，很也、鷙也」補正》。

（7）湯風至而含熱兮，群生悶滿而愁憒

方向東曰：《賈集》上句作「陽風吸習熇熇」，「滿」作「懑」。嚴輯本「含」作「合」，注：「《書鈔》卷 156 作『陽風至而含熱兮』。」按：當作「湯風」，如湯之風。章樵註：「湯風，溫風也。《月令》：『六月節，溫風至。』」悶滿，同「悶懑」，煩悶。愁憒，憂愁煩亂。（P441）

閻振益曰：疑衍「滿」字。「滿」為「悶」之旁注。（P449～450）

按：閻說非是。《文選補遺》卷 31、《百三家集》卷 1 同《賈集》。《類聚》卷 100 引《旱頌》作「陽風吸習而熇熇，群生閔懑而愁憒」。閔、悶一聲之轉。文獻中「湯風」是動賓結構，同「盪（蕩）風」，猶言冒風、衝風。非其誼也。此文當作「陽風」，謂夏風。《靈樞經・論勇》：「春青風，夏陽風，秋涼風，冬寒風。」陽之言煬，煬熱、煬烈〔註 555〕。吸，讀為翕，猶言煬熱。《詩・大東》：「載翕其舌。」《玉篇》「吸」字條引作「吸」，是其證也。《方言》卷 12：「翕，煬也。」又卷 13：「翕，炙也。」《文選・思玄賦》：「溫風翕其增熱兮。」舊注引《說文》：「翕，煬也。」「溫風」即炎風，亦即陽風。字亦作熻，《廣雅》：「熻、炙，爇也。」《玉篇》：「熻，熱也。」《廣韻》：「熻，熻熱。」習，讀為襲，重。「吸習」謂煬熱重重，引申則狀其盛也。字或作「熻熠」，《類聚》卷 1 晉・陸冲《風賦》：「猥熻熠以盈扉，洌纚縣以結幕。」此例亦以狀炎風。字或作「翕習」，《後漢書・馬融傳》《廣成頌》：「翕習春風，含津吐榮。」《文選・魯靈光殿賦》：「祥風翕習以颯灑，激芳香而常芬。」李善注：「翕習，盛貌。」呂向注：「翕習，風來貌。」《陸士龍集》卷 3 載鄭曼季答詩：「清風翕習，扇彼蘭茝。」此三例以狀春風、清風、祥風，則但取其引申義。漢・蔡邕《釋誨》：「隆貴翕習，積富無崖。」《文選・蜀都賦》：「藏鏹巨萬，鈲摡兼呈，亦以財雄，翕習邊城。」呂延濟注：「翕習，威盛貌。」又《鵩鳥賦》：「飛不飄颺，翔不翕習。」李周翰注：「翕習，急疾貌。」又《吳都賦》：「翕習容裔，靡靡愔愔。」劉淵林注：「翕習容裔，音樂之狀。」劉良注：「翕習，盛貌。」字亦作「歙習」，《抱朴子・勤求》：「凡夫不識妍蚩，共為吹揚，增長妖妄，

〔註 555〕《初學記》卷 3 引梁元帝《纂要》：「春曰青陽，亦曰發生、芳春、青春、陽春、三春、九春，天曰蒼天，風曰陽風、春風、暄風、柔風、惠風。」《御覽》卷 19 引略同。春風曰「陽風」，與夏風亦曰「陽風」，取義不同。

為彼巧偽之人，虛生華譽，歡習逐廣，莫能甄別。」熇熇，熾熱貌。

（8）畎畝枯槁而失澤兮，壞石相聚而為害

方向東曰：澤，水也。失澤，指無水。章樵註：「雨既不至，壞石為風日
所暴，皆能吸畎畝之滋潤以害苗。」（P441）

按：壞，《古文苑》作「壤」。畎畝，《文選補遺》卷 31、《百三家集》卷 1
作「壠畝」。失澤，《文選補遺》作「允布」。《類聚》卷 100 引《旱頌》：
「壠畝枯槁而允布，壞石相聚而為害。」澤，光澤。以枯槁，故而失去
光澤也。「允布」無義，當誤。

（9）農夫垂拱而無聊兮，釋其鉏耨而下淚

方向東曰：嚴輯本「聊」作「事」，《賈集》同，又「鉏耨」作「耨鉏」，
「淚」作「涕」。（P441）

按：《文選補遺》卷 31、《百三家集》卷 1 同《賈集》。《類聚》卷 100 引《旱
頌》：「農夫垂拱而無為，釋其穫鉏而下涕。」無聊，亦猶言無助。作「無
為」非，蓋習於「垂拱無為而治」而誤。

（10）憂疆畔之遇害兮，痛皇天之靡惠

方向東曰：《賈集》「憂」作「悲」，「遇害」作「遭禍」。嚴輯本「疆」下
注云：「一作壤。」（P441）

按：《古文苑》注：「疆，一作壤。」《文選補遺》卷 31 作「悲疆畔之遭禍，
痛皇天之靡濟」。《百三家集》卷 1 同《賈集》。《類聚》卷 100 引《旱
頌》：「悲壇畔之遭禍，痛皇天之靡濟。」「壇」乃「壇」形譌，「壇」
同「疆」。

（11）陰氣辟而留滯兮，厭暴至而沈沒

方向東曰：嚴輯本「壓（厭）」作「猒」。《賈集》「至」作「戾」。辟。開。
壓（厭），多。暴，忽。（P442）

王洲明、徐超本曰：辟，聚。厭，足，多。暴至，突然而至。沈沒，消失。
（P425）

閻振益曰：辟，假借為避。《說文》：「厭，笮也。」段注：「笮者，迫也。」
《集韻》：「暴，日乾也，或作曝。」《小爾雅》：「暴，曬也。」（P450）

按：《古文苑》作「猒暴至」，《文選補遺》卷31作「猒暴戾」，作「厭暴戾」。閻氏亂引一通，皆非其誼。辟，讀爲襞，卷疊，引申爲積聚。《說文》：「襞，韏衣。」《繫傳》：「臣鍇曰：猶卷也，襞摺疊衣也。」《漢書·司馬相如傳》：「襞積褰縐。」襞亦積也。古多借「辟」字爲之。《莊子·田子方》：「口辟焉而不能言。」《釋文》引司馬彪曰：「辟，卷不開也。」《史記·扁鵲倉公傳》：「夫悍藥入中，則邪氣辟矣。」《索隱》：「辟，猶聚也。」《素問·調經論》：「虛者聶辟，氣不足。」王冰注：「聶謂聶皺。辟謂辟疊也。」《文選·七發》：「乃鍊乃鑠，萬辟千灌。」李善注：「辟，謂疊之。灌，謂鑄之。《典論》曰：『魏太子丕造百辟寶劍，長四尺。王粲《刀銘》曰：『灌辟以數質，象以呈也。』」「猒」同「厭」，讀爲奄，猶言忽然。《國語·晉語六》韋昭注：「厭，謂掩其不備也。」《荀子·儒效》、《禮論》楊倞注並曰：「厭，掩也。」皆爲聲訓。敦煌寫卷S.5957：「掩輪王之寶位，訪道幽巖；證最後之涅槃，誓居深谷。」「掩」讀爲厭（猒），P.2854正作「猒」〔註556〕。下文「來何暴也」，即承此「暴至」而問。暴，疾速。言陰氣積聚而留滯，忽然疾至，終至於沈沒也。

（12）憭兮慄兮，以鬱怫兮

方向東曰：「慄」原作「慓」，據嚴輯本、《古文苑》韓元吉本改。憭慄，悽愴也。鬱怫，亦作「怫鬱」，不安貌。（P442）

按：憭慄，字亦作「憭栗」、「懰慄」「潦洌」、「潦烈」、「繚戾」、「繚候」、「繚例」等形〔註557〕。鬱怫，字或作「鬱罪」、「巏峀」，《西京雜記》卷6：「制爲屛風，鬱罪穹隆。」南梁·何遜《七召·宮室》：「疑崑閬之鬱罪，俹滄溟之瀇瀁。」《文苑英華》卷352作「巏峀」，《昭明太子集》卷2同。字亦作「鬱拂」，《類聚》卷62魏·卞蘭《許昌宮賦》：「天鹿軒轟以揚怒，師子鬱拂而負楨。」《初學記》卷21晉·成公綏《隸書賦》：「長波鬱拂，微勢縹緲。」《樂府詩集》卷25《黃淡思歌辭》：「江外何鬱拂，龍洲廣州出。」字亦作「鬱茀」，《摩訶止觀》卷

〔註556〕參見蕭旭《敦煌願文集校補》，收入《群書校補》，廣陵書社2011年版，第1005頁。

〔註557〕參見蕭旭《「流利」考》。

4：「香欲者，即是鬱茀氛氳，蘭馨麝氣，芬芳酷烈郁毓之物。」唐·
張說《游龍山靜勝寺》：「鬱茀吐崗嶺，微蒙在煙霧。」音轉又作「鬱
勃」，《周禮·春官·典同》：「弇聲鬱。」鄭玄注：「弇則聲鬱勃不出
也。」音轉又作「鬱浡」，明·王世貞《歷三關記》：「望層山鬱浡，
矗不知其幾千百。」《類聚》卷 89 魏·應瑒《楊柳賦》：「攄豐節而廣
布，紛鬱勃以敷陽。」倒言則作「怫鬱」、「弗鬱」、「佛鬱」、「拂鬱」、
「沸鬱」、「茀鬱」、「勃鬱」等形〔註 558〕。《釋名》：「肺，勃也，言其
氣勃鬱也。」

《簴賦》校補

（1）牧太平以深志，象巨獸之屈奇，妙彫文以刻鏤，舒循尾之采垂，
舉其鋸牙以左右相指，負大鐘而欲飛——《類聚》卷 44

妙彫文以刻鏤兮，象巨獸之屈奇兮，戴高角之峩峩，負大鐘而顧
飛，美哉爛兮，亦天地之大式——《古文苑》卷 21、《初學記》卷
16

方向東曰：《賈集》「牧」作「攷」。牧當訓察，與「攷」同義。循，修長。
顧，思念，與「欲」義近。（P444～445）

王耕心曰：「循」乃「脩」字形近之誤，今改正。（P94）

按：王說是也。牧，《古文苑》卷 21 章樵註引《類聚》作「攷」，《百三家
集》卷 1 同；《書鈔》卷 111 引作「收」〔註 559〕。「攷」、「收」皆「牧」
形譌。屈奇，《玉海》卷 109 引同，《書鈔》引作「筐奇」。「顧」為「故」
音誤，「故」又「欲」形譌，《御覽》卷 582、《玉海》引亦作「欲」。

（2）攖擊拳以螑虯，負大鐘而欲飛——《御覽》卷 582

方向東曰：嚴輯本「擊」字旁注：「當作攣。」《御覽》卷 582 作「攣」。攖
猶握。螑虯，曲貌。（P444～445）

按：此所據《御覽》為四庫本，影宋本作「攖攣拳」。「攣拳」是漢人語，卷

〔註 558〕參見朱起鳳《辭通》卷 16、22，上海古籍出版社 1982 年版，第 1733～1734、
2361～2362 頁。
〔註 559〕《書鈔》據孔本，陳本、四庫本作「牧」。下同。

曲貌。《釋名》：「臠，臠也，其體上曲臠拳然也。」〔註560〕字亦作「攣捲」、「攣痪」、「攣跬」，《類聚》卷 35 南朝‧宋‧晁（吳）道元《與天公牋》：「申腳則足出，攣捲則脊露。」〔註561〕《緯略》卷 2 引作「攣跬」。宋、元本《法苑珠林》卷 74：「所以朝餐無寄，夜寢無依，鳥棲鹿宿，赤露攣捲，傍路安眠，循廓求食。」麗藏本作「痪攣」，宋、元本《諸經要集》卷 14 作「攣痪」。《宋高僧傳》卷 21：「外有萬餘人，盡戴帽，形且攣跬，從吾乞救。」字亦作「攣跬」、「攣拳」，《止觀輔行傳弘決》卷 2：「攣跬臥地。」《法華經句解》卷 2：「矬陋攣躄：矬矮醜陋，攣拳跛躄。」字亦作「攣卷」，宋‧陳言《三因極一病証方論》卷 2：「挾風則眩暈嘔噦，兼寒則攣卷掣痛。」倒言則作「拳攣」、「卷攣」，《備急千金要方》卷 10：「手屈拳攣。」又卷 44「筋癲疾者，身拳攣，急脈。」《鍼灸甲乙經》卷 11 作「卷攣」。又作「捲攣」，《太清神鑑》卷 6：「髮捲攣及赤黃者，窮下。」又作「跬攣」，《仁齋傷寒類書》卷 5「厥逆而燥，不得眠，惡寒，跬攣，脈不出而燥。」又作「痪攣」、「痪攣」，「攣」同「攣」，見《玉篇》。《慧琳音義》卷 67 引《考聲》：「痪，痪攣，手足病也。」《玉篇》：「攖，結也。」攖之言嬰，字亦作纓。《文選‧天臺山賦》李善注：「《說文》曰：『嬰，繞也。』纓與嬰通。」又《責躬詩》、《贈劉琨》、《赴洛道中作》、《豫章行》、《五等論》、《秋懷詩》李善注引《說文》同，今本《說文》作「嬰，頸飾也」，段玉裁據李善引改正〔註562〕。

〔註560〕《文選‧西京賦》李善注引脫作「臠，柱上曲拳也」。

〔註561〕《類聚》據宋紹興刻本，四庫本「脊」誤作「拳」。據《緯略》卷 2 引校「晁」為「吳」，《書敘指南》卷 19 引作「喬」。

〔註562〕段玉裁《說文解字注》，上海古籍出版社 1981 年版，第 621 頁。